北京教育学院首届"教师学习与专业发展"国际研讨会学术成果

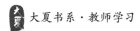

Teacher Learning and
Professional Development

教师学习与专业发展
关键问题研究与多元实践探索

何劲松　主编
钟祖荣　李　雯　副主编

华东师范大学出版社
ECNUP
全国百佳图书出版单位
·上海·

图书在版编目（CIP）数据

教师学习与专业发展：关键问题研究与多元实践探索 / 何劲松主编 . —上海：华东师范大学出版社，2021
ISBN 978- 7-5760-1287-3

Ⅰ.①教… Ⅱ.①何… Ⅲ.①师资培养 Ⅳ.① G451.2

中国版本图书馆 CIP 数据核字（2021）第 026592 号

大夏书系·教师学习

教师学习与专业发展：关键问题研究与多元实践探索

主　　编 何劲松
副 主 编 钟祖荣　李 雯
责任编辑 任红瑚
责任校对 杨　坤
封面设计 百丰艺术

出版发行 华东师范大学出版社
社　　址 上海市中山北路 3663 号　　　邮编　200062
网　　址 www.ecnupress.com.cn
电　　话 021-60821666　　行政传真　021-62572105
客服电话 021-62865537
邮购电话 021-62869887　　地址　上海市中山北路 3663 号华东师范大学校内先锋路口
网　　店 http://hdsdcbs.tmall.com/

印 刷 者 北京季蜂印刷有限公司
开　　本 700×1000　16 开
插　　页 1
印　　张 17.5
字　　数 230 千字
版　　次 2021 年 3 月第一版
印　　次 2022 年 6 月第三次
印　　数 4 001 - 6 000
书　　号 ISBN 978-7-5760-1287-3
定　　价 69.80 元

出 版 人 王　焰

（如发现本版图书有印订质量问题，请寄回本社市场部调换或电话 021-62865537 联系）

序

2018 年是贯彻党的十九大精神的开局之年，是中国改革开放的 40 周年，也是决胜全面建成小康社会、实施"十三五"规划承上启下的关键一年。就教育领域而言，2018 年可以说是中国教师教育元年。2018 年 1 月，中共中央国务院印发了《关于全面深化新时代教师队伍建设改革的意见》，这是新中国成立以来党中央出台的第一个专门面向教师队伍建设的里程碑式政策文件，对如何建设一支高素质、专业化的教师队伍做出了国家层面的战略部署。2018 年 3 月，教育部等五部门联合印发了《教师教育振兴行动计划（2018–2022）》，明确提出了完善各级各类教师教育的重要举措。2018 年 9 月，我国召开了第四次全国教育工作会议，习近平总书记在会上强调指出，育才由育师始，育人者先受教育，把教师教育作为建设一支宏大的高素质、专业化教师队伍的重要基础。2018 年 10 月，北京市率先召开全市教育大会，健全首都教育"4+N"政策体系，对加强教师队伍建设予以高度重视。由此，提升教师教育质量已成为党和国家在新时代教育发展中的关键领域和重要环节。

2018 年也是北京教育学院成立 65 周年。北京教育学院作为专门从事教师职后教育学术研究与实践探索的高等院校，始终坚持服务基础教育改革与发展的办学道路，以促进干部教师专业成长和学校办学质量提升为己任，为北京市基础教育改革与发展提供了专业的智力支持，发挥了重要的推动作用。

面向新时代，北京教育学院锐意探索教师职后教育的专业发展路径，积极推进人才培养模式改革，着力完善人才培养体系。在过去的几年中，北京教育学院发挥自身优势，聚焦教师学习的实践探索和学术研究，系统构建职后教师教育的完整体系，积极推进独具特色的学科建设和课程建设，逐步建立了面向新入职教师、优秀青年教师、骨干教师以及特级教师等不同发展阶段教师的"3+1+N"人才培养体系，为职后教师教育的实践探索奠定了坚实基础。

为纪念改革开放40周年，深入贯彻落实全国教育大会精神及北京市全市教育大会精神，进一步加强新时代的教师队伍建设，提升教师专业发展水平，同时也为庆祝北京教育学院建院65周年，2018年11月28-29日，北京教育学院组织召开了首届"教师学习与专业发展"国际研讨会。本次研讨会聚焦会议主题组织了四个专题分论坛：一是教师学习规律与实践转化，二是教师学习影响因素与实践应对，三是教师学习方式变革与实践创新，四是教师学习管理与实践改进。来自美国、英国、加拿大、芬兰、日本等国家的20余名国际学者和国内该领域的研究者、培训者及实践者等400多人参加了此次国际研讨会。英国剑桥大学教育学院院长海沃德（Geoff Hayward）教授、香港大学教育学院院长古德温（Lin Goodwin）教授、北京师范大学教育学部部长朱旭东教授、美国布鲁金斯学会布朗教育政策中心主任汉森（Michael Hansen）博士和北京教育学院副院长钟祖荣教授等五位知名学者分别做了大会主旨报告。来自美国、芬兰、加拿大、德国、日本、南非和中国各师范院校的知名学者、北京市知名中小学和国际学校的优秀校长，以及北京教育学院的学术骨干教师共27人，在分论坛上做了精彩的报告。

本次研讨会的学术成果包括《教师学习与专业发展：关键问题研究与多元实践探索》和《教师学习与专业发展：历史回溯与未来展望》两本著作。《教师学习与专业发展：关键问题研究与多元实践探索》收录了从大会提交的论文中精选的18篇论文，内容包括教师学习规律与实践转化、教师学习影响因素与实践应对、教师学习方式变革与实践创新和教师学习管理与实践改进等四个部分，附录部分收录了本次研讨会的会议综述。这本著作呈现了对教师学习有深入研究的国内外专家学者的最新研究成果，深入探讨了关于教师学习的重要理论建构和实践探索。另一本《教师学习与专业发展：历史回溯与未来展望》则呈现了关于教师教育的学术文献的系统梳理和深入研究。为了提升研讨会的学术水准，北京教育学院科研处在会议筹备阶段专门组建了学术文献研究小组，汇集学院中青年学术骨干教师聚焦会议主题开展系统、深入的学术文献研究。这本著作从教师学习的理论基础与学习规律、教师学习的影响因素、教师学习的方式、教师学习的管理与共同体构建等四个维度，分九章系统、深入地梳理和总结了近年来国内外相关的学术文献，并结合当前中小学教师学习的实践探索与核心问题进行细致评述。附录部分收录了《新时代教师教育学科建设的现状与方向——北京教育学院教师教育学科建设研讨会综述》《近五年有关教师学习与专业发展的教育政策简介》以及《近十年教师学习与专业发展的硕博论文》《近五年有关教师学习与专业发展的外文文献》《近五年有关教师学习与专业发展的相关课题》等三个索引。

这两本著作由北京教育学院科研处处长李雯教授负责策划和统稿，由北京教育学院副院长钟祖荣负责审核，由北京教育学院院长何劲松负责整体指导和最后审定。两本著作的目标读者包括关注教师学习与专业发展的研究者、从事教师教育的培训者和中小学的校长与教师。这两本著作既能够为有效开展教师学习与专业发展的实践探索提供系统的理论依据，也能够为深入推进教师学习与专业发展的学术研究奠定坚实的理论基础。就学术研究而言，教师学习与专业发展是备受关注的综合问题；就实践探索而言，教师学习与专业发展是至关重要的复杂现象。由于研究时间和水平所限，这两本著作呈现的内容尚有很多不足之处，恳请广大读者批评和指正。

目 录

第三辑　教师学习方式变革与实践创新

第四辑　教师学习管理与实践改进

附　录

第一辑　教师学习规律与实践转化

教师具身学习的概念内涵、价值意义和达成路径[①]

裴　淼[②]

摘要： 教师具身学习是指教师通过身体体验和感知运动获得专业经验，从而丰富专业知识、增强专业能力，是教师专业学习的方式之一。教师具身学习应该并且能够在教育和成人实践中实施和实现，它能带动个体全面地参与学习过程，实现不同社会层级学习者的教育公平；它还能够引发转化性学习，这是教育之本，也是成人教育之核心。角色扮演和教育戏剧等综合性活动势必成为激活多模态体验、触发转化性学习的具身学习的有效通路之一。

关键词： 教师教育；具身学习；教师具身学习；学生学习

一、问题的提出

乡村教育的低质量和低效率让学生的学习举步维艰，教师的工作也少有成就感。这一直是各国面临的严峻问题，中国也不例外。各国政府都认识到为了实现教育和社会的公平，必须积极应对这样的挑战，并出台相应的政策实施教育改革以改善这些地区教育的落后局面。中国教育部等六部

① 本文发表于《陕西师范大学学报（哲学社会科学版）》，2018 年第 1 期，第 169–176 页。本文是中央高校基本科研业务费专项资金资助课题 "学校场域下的教师学习模式研究"（SKZZY2014097）的成果之一。
② 裴淼，教育学博士，教育部普通高校人文社会科学重点研究基地北京师范大学教师教育研究中心副教授。

门于 2016 年 12 月 16 日发布的《教育脱贫攻坚"十三五"规划》是国家首个教育脱贫的行动纲领，国家将投入大量经费帮助贫困地区改善办学条件。这些贫困地区基本集中在偏远的农村和少数民族地区，良好的教育政策环境在对这些教师给予支持的同时，也无形中给他们施加了压力。《国家中长期教育改革和发展规划纲要（2010–2020 年）》明确提出"要注重学思结合，倡导启发式、探究式、讨论式、参与式教学，帮助学生学会学习"[1]，要求教师利用特有的在地资源发展学生的认知能力[2]。乡村和少数民族地区的教师缺少相应的学科教学能力、教育理念和策略以达成这样的要求。如何通过教师培训或阶段性的现场指导、答疑解惑，协助和促进教师接受和学习先进的教育教学理念和实操策略，并真正合理运用于教学中，是提升这些地区教育质量不可回避的现实问题。

历时 4 年，由教育部和联合国儿童基金会共同资助的、以北京师范大学教育学部的学者作为核心技术团队支持的"移动教育资源与培训中心"项目在云南的两个少数民族地区成效显著。[3]参与项目的教师能够有效学习、积极转化并灵活运用项目推行的全身动作反应法（Total Physical Response，TPR）的教学理念和操作策略，并基于语言和文化适切的教育学以及 TPR 的理论对自己的教学进行解读和阐释。项目取得如此成效的原因之一是我们在集中培训和现场指导时采用了教师具身学习的方式。本文将对具身学习（embodied learning）① 这一概念进行界定，论证其在教师作为成人的学习以及课堂教学方面的意义和价值，并提出提升教师具身学习的有效路径。

二、教师具身学习的概念内涵

从国内外文献中未能检索到教师具身学习的概念，因此我们将梳理相

---

① 在英文文献中，embodied learning 与 somatic learning 和 experiential learning、embodiment 等术语经常互换使用，本文将统一用"具身学习"来指代这些术语。

关概念的演化和进阶，整合后给出定义。这些概念包括具身认知、具身学习、成人具身学习和教师学习。

在成人学习中，身体参与的重要性越来越被认识到，但是成人教育领域中的具身学习研究还比较鲜见。具身学习是 20 世纪末基于认知心理学领域的具身认知（embodied cognition）概念提出并不断发展的。具身认知概念的提出缘起于哲学层面对笛卡尔身心二元论的质疑和批判，成为开启第二代认知科学的标志性概念。[4]第二代认知科学以心智的具身性为其本质特征。心智的具身性是指"心智有赖于身体之生理的、神经的结构及活动形式……根植于人的身体结构及身体与世界（环境）的相互作用之中"[5]。具身认知强调身体及其感觉运动系统参与认知的建构过程[6]，身体体验、身体活动方式以及身体结构都会影响我们对事物的感知和对周围环境的认识。具身认知研究汲取了人文主义心理学特别是现象学的许多见解，梅洛 - 庞蒂、杜威、胡塞尔、皮亚杰和维果斯基等人的理论中有关身体经验和体验以及身体与文化环境互动的观念，都是具身认知研究的思想渊源。

具身学习延续了具身认知概念对身体的强调和回归，将身体看做是学习和获取知识的路径和资源，强调身体的认知属性[7]，特别是身体的体验学习[8]。在具身学习的文献中，学者们比较认同马修斯（Matthews）在 1998 年提出的定义。马修斯认为，具身学习是"涉及感觉、感知、身与心的相互作用和反作用的体验学习，是对于存在和行动的具身体验"。[8]董芬和彭亮认为，"具身学习是一种用身体来认知、用身体来想象和用身体来思考与行动的学习，身体是学习的起点，身体是学习的工具"。[9]具身学习同样强调身体、认知与环境的互动统一。[10]从上述定义可以看出具身学习的特性主要包括生理性、情绪性、认知性和情境性。

具身学习的生理属性是指身体通过各种感官来收集信息，除了耳听眼观，还包括触摸、品尝、嗅闻和移动，其中移动是指通过身体及其感觉运动系统来预测方位及空间。例如，婴儿不睁开眼睛找寻母亲乳头的位置、成人辨别方向以及人们对方位的感知等都反映了具身学习的生理属性。身体的生理构造和遗传信息会直接影响人感知世界的性质和方式。[10]例如莫肯人（也被称为海上吉普赛人），他们的儿童在潜水时，其瞳孔直径会收缩到 1.96 毫米，而欧美的同龄人会扩大到 2.5 毫米，这样的身体结构让莫肯人在水下看得更清楚，从而适应他们的海上生活。① 阿曼（Amann）认为，通过各种感官获取的信息传递到大脑，形成精细化的神经网络（elaborate nerves networks），这是人类学习、思考和创新的神经生物学基础。[11]

具身学习的情绪性是指这个概念不仅联结起身体和心智，还凸显身体体验的情感维度。[12] 悉尼科技大学的研究者曾对悉尼南部社会经济相对落后地区的 150 名初一和初二的学生进行了研究。他们让这些学生欣赏经典音乐、参观各类博物馆等，然后评估这些学生的观察力、行动力、倾听习惯和学习动机等方面的变化，结果发现这些学生表现得很愉悦。他们通过身体不断地表达着对事物的热情、兴致和相互的关爱。[13] 这项研究启发教育者要对灵动的身体保持敏感性，这样才能够更好地提升教学设计和促进学生的发展。

具身学习虽然强调身体在学习和认知中的关键作用，但也不忽视或贬低认知要素。具身活动虽然强调认知过程对身体和环境的依赖，因为身体嵌入环境，身体、认知和环境是动态的统一体，但是它弱化认知的纯心理属性，而将认知作为"一种与身体密切相关，或者通过身体及其活动方式而实现的适应环境的活动"[4]。第二代认知科学的认知观因其与现实社会的联结，将认知科学带出实验室，对人类学习具有重要意义和深远影响。

多尔·阿尔巴（Dall Alba）深入分析了梅洛·庞蒂的具身（embodiment）概念，指出身体不仅是一个生物器官，还是一个有生命的（lived）、主动的实体（active entity）或者文化概念（cultural construct），并与其所处的生态环境和人类社会环境不断进行互动，这就是具身学习的情境性。[14] 这一属性凸显身体与社会情境的相互作用。这种相互作用在教育领域可以指代教育话语和组织环境对教师身份的建构作用，[15] 或者将教学本身视为具身学习和知识生成的活动，从而重视教师的能动性及其以往经验的价值。[16]

---

① 见百度百科词条（https://baike.baidu.com/item/% E8% 8E% AB% E8% 82% AF% E4% BA% BA/10287058？ fr = aladdin）。

对于身心二元论的破除以及身体与心智在认知和学习中同等重要的讨论，使得成人学习和成人教育领域也更为关注具身学习。[17]美国学者凯洛琳·克拉克（Carolyn Clark）在其2001年发表的《另辟蹊径：成人学习中的创新路径》一文中，将具身学习概念引入成人教育领域。[18]福莱勒（Freiler）基于泰国海啸中幸存的莫肯人的经验，探讨了成人具身学习的实际应用。莫肯人为适应自然环境而逐步形成的敏锐洞察力与其认知方式相关联，使得他们很好地利用身体进行学习，关键时刻甚至可以帮助他们脱离危险。[19]具身学习应该观照作为知识和信息获取路径的成人身体及其体验，因为身体体验是人类最早、最直接的感知世界的方式，为成人认识世界提供了最原始的资料。成人体验包含肢体、精神、情绪和认知等多个层次，并与身体及其感觉运动系统、身体位置和活动方式相关。[20]它不仅促进成人思维的表征以及隐喻性哲理的生成，也蕴含着成人处身于世界的活动对实践的反作用。[15]基于以上具身学习和成人学习的理论和观点，我国学者李楠和王园园认为，成人具身学习是指"在日常生活或工作中以身体及其感觉运动系统的活动方式或者经验为主体，以身体及其感觉运动系统与周围环境的互动，通过感觉运动系统而发生在心理和情感水平上的变化，而这种变化又通过身体及其感觉运动系统做出反应的一种成人学习方式"[21]。

教师学习是成人学习，并且教师学习发生在教师专业成长和教学实践的多个场域，是教师持续生长的具身过程（ongoing embodied process）[16]。教师学习是"教师在其工作场域通过各种方式获得经验或使经验发生持续变化（sustained changes）的过程，以建构性、社会性、自主性、日常性、情境性、实践性和系统复杂性为核心特征"[22]。

基于对以上相关概念的分析和解读，结合教师教育领域的教师专业发展、教师变化和教师专业性等核心概念，我们将它们整合进阶为教师具身学习的定义，即教师通过身体体验和感知运动等获得专业经验、专业精神和专业认知的改变，从而丰富专业知识，增强专业能力，是教师专业学习的方式之一。具身学习强调教师身体与周围环境特别是其工作场域不断互动而获得持续的生理、心理、情绪、认知和社会性上的变化，其理论基础是多学科的，涉及生物科学、认知科学（包括脑科学）、教育学、社会学和哲学。

在这一定义中，我们将认同的具身学习概念的特性涵盖其中：生物性表现在教师对身体及其感觉运动的体验，这是成人具身学习概念特别强调的一点；情境性表现在将教师具身学习的有效发生地定位在教师所处的周围环境特别是其工作场域中，这也是教师学习概念很重要的一个维度；情绪性和认知性体现在教师具身学习所引发的认知和情绪等方面的持续变化，即转化性学习发生。

三、教师具身学习的意义和价值：全人参与和转化性学习

有学者主张应该把身体带回到课程和学校教育中，但是查普曼（Chapman）却认为没有必要这么做，因为身体一直都在教室中。[15] 我们需要做的就是意识到它的存在，并重新认识它在教师和学生学习中不可分割也不可替代的角色和价值。

现代教育中的课程知识通常以文字的方式呈现在课本之上。伯恩斯坦（Bernstein）将这样的知识界定为语言代码（speech code）或学校代码（school based code），[23] 教师是这些合法化知识的传递者。偏远乡村或少数民族地区学生的经验具体而又有较强烈的地域依赖性，相比较而言，城镇学生因为在地理、社会和文化上的易流动性使得他们的经验更精细、抽象而易于总结推广，也更接近正式的学校代码，这也因此造成社会和教育的不公平。

但是，随着人们越来越认可学习是具身的过程，身体在教育教学实践中的角色和认识论的价值凸显出来。有学者提出用肢体策略（corporealdevice）或身体代码（body code）等概念将其合法化[24]，但目前还更多局限在健康瘦身等领域。在教育领域的研究基本集中于体育教育中，这也算是对"重新联结身体和符号"（reuniting the somatic and semiotic）的理念与实践[25]的接纳和回应，以及教学中对身体和心智同等

看重的教育思想观念的转向。为此，具身学习作为获取知识的路径和资源被强烈地主张纳入学校课程和学习过程中。[8]蕴含具身元素的学校课程还被认为有利于解决教育不公平的现象[9]，因为老师可以在语言和文化适切的教育学思想指导下，学会尊重并将乡村和少数民族地区学生的日常地域性经验纳入课程学习中，甚至建构成学校代码。

在一项实证研究中，教师采用多模态方式（multimodal approach），动用言语、行动特别是手势甚至是整个身体的移动来完成科学课教学，即通过整合课堂话语、课件资源和具身活动，成功地让学生理解和掌握抽象的科学概念。[26]其实具身学习的多模态方式在阿曼的具身学习建模中就已经呈现出来，它包括运动、感官、情绪和精神四个维度（见图1）。[11]因为重视个体认知、情绪、精神、身体和社会等各个维度对学习的作用，也被认为是全人学习（whole person learning），这样的整合和模式更有利于学习者的充分参与，其至组织者也易于参与其中。[11][13]

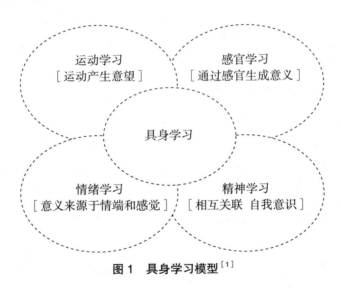

图1　具身学习模型[1]

具身学习还可以引发转化性学习（transformative learning），即让教师产生不同的感觉或思考，产生新的观点，甚至开始行动。[27]梅启罗（Mezirow）最早将转化性学习界定为哲理性话语和批判性思维的生成[28]。近期研究已经证实学习过程中如有身体的参与将更容易引起它的发生。[15]

具身学习所能引发的转化性学习对教师学习又有怎样的启发呢？从现象学和解释学角度看，梅洛－庞蒂认为专业实践是通过具身学习获得和形成知识的过程，学习处在身体与环境不断互动的情境中。利维洛斯还进一步认定教师学习是教师持续生长的具身过程。[16]综合以上观点，我们认同利维洛斯的说法，即教师具身学习指向教师在身体、精神、情绪、认知、社会性和专业等方面的不断转化和生长。

霍斯特（Horst）的研究证实了以上关于教师具身学习的观点。她通过行动研究带动15位女性管理者练习瑜伽。通过练习，这15位女性认识到瑜伽活动非常好地将她们的身体与其所从事的管理工作联结起来。这表现在身体的控制和灵活性、精神上的包容和自信以及情感上的安全和舒适。[29]迈耶（Meyer）列举了某些公司通过具身活动将工作场景转化为游戏场景（playspace）的做法，其结果是整个公司各个层面的员工都全身心地投入工作，公司成为每个人发现新自己、尝试新做法、生成新能力的真实学习平台。[30]这个研究同时也论证了具身学习的情境性、空间性和时间性，其中时间性是指学习者以往经验与当下经验的联接。利维洛斯将这些观念引入教育现场，再次证明教师能动性和以往经验在教师学习中的重要价值。

论证至此，教师具身学习应该并且能够在教育和教师教育实践中实施和实现，它能带动个体全面地参与学习过程，实现不同地域学习者的教育公平。它还能够引发转化性学习，这是教育之本，也是成人教育之核心。

四、教师具身学习提升的有效路径：整合身体的全人活动

笛卡尔身心二元论影响下的传统教育一直强调通过言语和听说来获得知识，同时要禁锢和规训身体及其活动以完成认知发展。但是，因为具身学习能将学习者作为全人带入学习过程，同时强调积极参与和转化性学习，因此在教育领域逐渐被合法化。对于成人学习者，以身体为主的活动、艺术体验和表达活动、反思和对话活动以及综合性活动，已经被甄别并验证能够促进具身学习的发生，并指向多维度转化性学习。

某些身体运动，例如太极、瑜伽或者亚历山大疗法一直被用于促进具身学习。其中，太极的特点是动作舒缓、自我控制以及身心与思维的联结，可以强身健体、管理压力，更有助于自我修复和更新。不过到目前为止，太极更多地用于帮助老年人和病患进行放松和调节的辅助治疗。马修斯作为校队跑手的经历不仅训练了他坚强、奉献、分享、勇于承担等意志，还帮助他养成了自我规划、自我实现、以平常心看待得失等品质。正是这些品质帮助他度过枯燥乏味的高中学习生活。[8]前面介绍过的霍斯特与15位女性管理者同做瑜伽的行动研究也说明了瑜伽动作可以将身体与精神、心理和情绪和谐而清晰地联结起来，从瑜伽呼吸、平衡和体位训练中获取的平和帮助这些管理者从繁杂的日常事务中暂时逃离出来，静心反思：如何创新而放下焦虑，如何开放身心而变得更为包容和灵活以及如何分享经验和促进对话。逐渐地，她们发现自己"成为了更好的自己和管理者"[29]。

　　有学者主张，在教育和教学中应合理而有效地利用听觉、视觉和触觉等感官学习路径。阿曼和霍斯特也认同学习可以通过音乐和艺术等手段来进行具象表征或个性表达。[29]因此任何训练感觉能力的活动，无论是用于表达还是体验，都将有利于具身学习。

　　在具身体验之后，日记或者叙事是个体最有效地反思在体验过程中的感受、感知、思维和观念的记录。[18]霍斯特认为，通过眼神交流、体态调整和手势变换等方式，身体可以成为交流的工具，当然具身经验也可以通过话语进行交流。[29]叙事故事也是具身体验的一个组成要素，特别是它能够激活我们在过去事件中的情感体验。基于其行动研究，霍斯特将反思和对话视为促进具身学习的两条路径，并进一步说明要使学习者更为积极地参与、更为批判性地评价自我反思或者互动交流，应该多进行诸如"什么""如何"特别是"为什么"等探查性的提问。

　　具身学习能够将学习者作为全人卷入学习过程，因此角色扮演和教育戏剧等综合性活动势必成为激活多模态体验、触发转化性学习和具身学习的有效路径之一。克罗蒂斯（Crowdes）的实证研究展示了通过推搡、抵抗和互换位置等戏剧活动帮助学生具身体验了相互对抗双方之间的张力，从而对抽象的权利关系有了更为形象和具身的认识。[31]马修斯的小学5年级的科学老师让学生身着白大褂，有模有样地演绎科学家如何进行猜想、实验、分析和验证，这样的经历不仅让人着迷，更让人记忆深刻而且长久。这些都是综合性活动带动具身学习的实证研究。

无论何种路径，自身学习对于参与者来说都是有趣的、好玩的、有意义的和高参与的，特别是具身体验的。因为具备这样性质的活动，其本身会诱发能动性，导向回报和收获。而收获既可以是知识的生成，也可以是人的生长。

五、结　语

具身学习在其他领域已经相对成熟并被认同，但教师具身学习却还是教师教育领域的新兴概念，虽然在教育教学实践中这个概念及其蕴含的理念已经在实施，并取得了一定实效。本文将这个概念凸显出来，既引发教育界特别是教师教育界的足够重视，也为实践中的教师具身学习活动铺陈理论基础。

另外，我们还将通过不断的实证研究验证这一概念的现实合理性和普适性，在更接近自然的教学条件中探究教师如何具身学习以及影响学习效果的机制等问题。在学习科学理论视角的支撑下，我们正在构建教师学习数字实验室，期望利用数字科技和配套软件获取的大数据能助力这些研究，研究结果也必将有助于教师教育者将这些成果迁移到教师学习和教师教育的不同场景中。

参考文献

［1］中华人民共和国教育部.国家中长期教育改革和发展规划纲要（2010-2020年）［EB/OL］.中华人民共和国教育部网，2010-07-09.
［2］朱旭东.论我国农村教师培训系统的重建［J］.教师教育研究，2011（6）.
［3］裴淼，姜琪.TPR教学法在腾冲民族学校开花结果［J］.中国教师，2016（3）.

［4］叶浩生.具身认知：认知心理学的新取向［J］.心理科学进展，2010（5）.

［5］李其维."认知革命"与"第二代认知科学"刍议［J］.心理学报，2008（12）.

［6］Lakoff. G, Johnson. M. *Philosophy in the Flesh：The Embodied Mind and its Challenge to Western Thought*［M］. New York：Basic Books, 1999.

［7］Gustafson. D. L. *Embodied Learning：The Body as an Epistemological Site*［M］// Mayberry. M, Rose EC. Meeting the Challenge：Innovative Feminist Pedagogies in Action. New York：Routledge, 1999.

［8］Matthews, J. C. Somatic Knowing and Education［J］. *Educational Forum*, 1998, 62（3）.

［9］董芬，彭亮.身体视域下的体验学习与具身学习［J］.教育导刊，2016（4）.

［10］Cheville, J. Confronting the Problem of Embodiment［J］. *International Journal of Qualitative Studies in Education*, 2006, 18（1）.

［11］Amann, L. *Creating Space for Somatic Ways of Knowing Within Transformative Learning Theory*［M］//Wiessner, A., Meyer, S. R., Pfhal, N. L. Proceedingsof the Fifth International Conference on TransformativeLearning. New York：Teacher's College, Columbia University, 2003.

［12］孙毅.核心情感隐喻的具身性本源［J］.陕西师范大学教育学报：哲学社会科学版，2013（1）.

［13］Yooj, Loch S. Learning Bodies：What do Teachers Learn from Embodied Practice［J］. *Issues in Educational Research*, 2016, 26（3）.

［14］Dall Alba G. Learning Professional Ways of Being：Ambiguities of Becoming［J］. *Educational Philosophyand Theory*, 2009, 41（1）.

［15］Chapman, Valerie–Lee. *Adult Education and the Body：Changing Performances of Teaching and Learning*［M］//Adult Education Research Conference Proceedings, 1998.

［16］Riveros, A. Beyond Collaboration：Embodied Teacher Learning and the Disourse of Collaboration in Education Reform［J］. *Studies in Philosophy and Education*, 2012, 31（6）.

［17］Merriam, S. B., Bieremanll. *Adult Learning：Linking Theory and Practice*［M］. San Franscio：JosseyBass, 2014.

［18］Clark, M. C. Off the Beaten Path：Some Creative Approaches to Adult Learning［J］. *New Directions for Adult and Continuing Education*, 2001（89）.

［19］Freiler, T. J. Learning through the Body［J］. *New Directions for Adult and Continuing Education*, 2008（119）.

［20］Knowles, M. S. *The Modern Practice of Adult Education*：*From Pedagogy to Andragogy*［M］. New York：Cambridge Books, 1980.

［21］李楠, 王园园 . 具身学习探析［J］. 湖北大学成人教育学院学报, 2012（3）.

［22］裴淼, 朱旭东, 毛菊 . 论学校场域下教师学习数字实验室的构建［J］. 教育研究与实验, 2016（1）.

［23］Bernstein, B. *Pedagogy, Symbolic Control and Identity*：*Theory, Research, Critique*［M］. London：Taylorand Francis, 1996/2000.

［24］Evans, J., Davies, B., Rich, E., Bernstein. *Body Pedagogies and the Corporeal Device*［M］//Ivinson, G., Davies, B., Fitzb, B., *Knowledge and Identity*：*Concepts and Applications in Bernstein's Sociology*. London：Routledge, 2010.

［25］Ivison, G. The Body and Pedagogy：Beyond Absent, Moving Bodies in Pedagogic Practice［J］. *British Journalof Sociology Education*, 2012, 33（4）.

［26］Kress, G., Jewitt, C., Ogbore, J., Tastsarelis, C. *Multimodal Teaching and Learning*：*The Rhetorics of the Science Classrooms*［M］. London：Continuum, 2001.

［27］Taylor, E. W. *Fostering Transformative Learning*：*A Critical Review*［M］//Taylor, E. W., The Theory and Practice of Transformative Learning：A Critical Review. Columbus, Ohio：HERIC Clearinghouse.

［28］Mezirow, J. *Transformative Dimensions of Adult Learning*［M］. San Francisco：JosseyBass, 1991.

［29］Horst, T. L. *The Body in Adult Education*：*Introducinga Somatic Learning Model*［M］//Paper Presented at theAdult Education Research Conference, Kansas Sate University, St. Louis, MO, 2008.

［30］Meyer, P. *Embodied Learning at Work*：*Making the Mind set Shift from Workpalce to Play Space*［M］. New Directions for Adult and Continuing Education（No. 134）. San Francisco：Jossey Bass, 2012.

［31］Crowdes, M. S. Embodying Sociological Imagination：Pedagogical Support for Linking Bodies to Minds［J］. *Teaching Sociology*, 2000, 28（1）.

教师改变：国内教师专业发展研究趋势及其反思

——基于 1998–2017 年 CSSCI 数据的文献计量分析 [①]

肖美艳　刘　玉　许国动 [②]

摘要： 教师是教育教学改革的关键力量。教师专业发展又是影响教师的核心因素。运用 CiteSpace 对教师专业发展进行梳理发现，教师专业发展作为一个上位概念，其内涵已经从传统的研究对象教师个体的发展到重视教师学习的过程乃至多元路径下的教师改变。这些概念的提出均有各自的研究前提与假设。教师改变作为教师专业发展概念中的一个新兴概念，蕴含了教师与教育实践两个变量，再现了教师与教育实践应有的双向度的互动关系。因此，对教师改变开展系列研究，对丰富教师专业发展内涵具有重要的理论价值。

关键词： 教师发展；教师学习；专业学习；教师改变

教师作为教育教学内涵提升与改革的关键和重要推动力量，研究其如何应对工作条件和工作要求的变化，如何理解变革和参与教育实践等系列问题是至关重要的。教育变革需要教师参与到变革和专业发展活动中去，只有当教师对其在教学中运用的专业知识、教学技能不断地进行批判性反

① 本文是广东省教育厅创新强校工程教育科研（高校认定）资助项目（2016GXJK116）阶段成果之一。

② 肖美艳，华南师范大学公共管理学院博士生，中山大学新华学院管理学院教师；刘玉，广东金融学院副研究员，研究方向是教学督导与评价；许国动，广东金融学院副研究员，领导力发展研究中心主任，教育学博士，研究方向为教师发展与学生成长等。

思和持续性改善，进而改变教学行为和教学信念以应对学生群体和社会需求的新变化时，变革才有可能成功。

一、文献来源与研究方法

在 CSSCI 对"教师改变"和"教师专业发展"所有字段进行检索，检索结果分别获得 13 条和 1387 条，合计 1400 条。通过 CiteSpace 去重后获得 1355 条，文献年份分布情况如图 1 所示，选取时间段为 1999–2017 年共计 18 年。通过年度与文献相关系数 R 平方（0.2959）可知，该研究领域发展趋势尚不稳定。

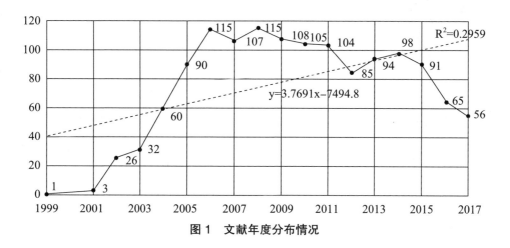

图 1　文献年度分布情况

通过文献计量分析方法及其工具 CiteSpace5.2.R2 对所选取样本进行文献计量分析，在此基础上进行理论分析。其中，软件参数设置中，凡是 on/off 或 off/on 的参数设置均为 on，最大引用跨度（Look Back Years）年数为 –1；最大相邻节点数（Max.No.Links to Retain）为 2。

二、分析结果

（一）作者、机构分布特征及其主题思想分析

1.作者分布情况

在共现频数 2 及以上作者群体中，其中，80 位作者关注该研究领域，共现作者如表 1。

表 1　共现作者频次为 3 及以上的作者分布

频次	作者	年份	半衰期	聚类	频次	作者	年份	半衰期	聚类
8	卢乃桂	2006	1	7	3	王陆	2007	0	9
5	胡惠闵	2006	1	39	3	汪晓东	2009	0	0
4	顾小清	2005	3	21	3	赵明仁	2006	0	29
4	秦丹	2009	3	0	3	崔允漷	2011	0	43
4	陈向明	2008	6	51	3	尹弘飚	2014	0	8
4	钟启泉	2002	6	56					

从中介中心性和 Sigma 的重要性指标来看，均无特征值，说明该研究领域发展不成熟，且无突出影响的学者。在文献半衰期的影响持久性来看，陈向明和钟启全影响力较大。另外，该研究领域的知识基础主要涉及的作者有钟洪蕊（2009）、秦丹（2009）、焦建利（2009）、汪晓东（2009）、GU LIMIN（2009）、陈亮（2017）、冯大鸣（2008）、郑晓丽（2009）、丁邦平（2007）、胡红杏（2014）和郭绍青（2014）共计 11 人。其中，秦丹的影响力较大。

通过聚类分析发现，学者共同关注较为成熟的研究领域是教师专业发展（自然合作）。结合当前时代背景，技术对教师整体素质和全面发展的贡献已获得广泛共识。如何利用技术手段来促进教师专业技能的提升就成为当下教师专业发展的重要课题。通过系统梳理国内相关研究发现，目前主要从内涵、背景与政策、标准与评价、途径与方式、历程与阶段以及模式

等方面开展基础研究。[1]系统而直接地阐述技术支持的教师专业发展的政策、标准、评价和模式方面的研究尚不多见。可见，技术支持的教师专业发展研究与实践在我国刚刚起步。

2. 机构分布情况

在共现频数 2 及以上的作者群体中共计 53 个研究机构关注该领域。从频次前 12 位、突现机构 1 个、半衰期前 6 个共计 12 个机构比较重要，如表 2 所示。其中，中介中心性和 Sigma 均无特征值，这说明该研究领域无突出影响的机构。另外，突现机构是沈阳师范大学（3.74），在 2007-2012 年产出成果较多。

表 2　国内比较重要的共现机构分布情况

频次	排名重要性	机构	年份	半衰期	聚类
8	0.15	华东师范大学.教育学.	2005	11	38
33	0.15	华东师范大学.课程与教学研究.	2002	6	1
16	0.15	沈阳师范大学.教师专业发展学.	2007	3	44
4	0.15	北京师范大学.教育学.	2010	3	9
5	0.15	华东师范大学.课程与教学.	2010	2	15
4	0.15	华东师范大学.基础教育改革与发展研究.	2008	2	33
3	0.15	浙江师范大学.	2006	0	6
3	0.15	南京师范大学.教育科学学.	2013	0	16
3	0.15	华东师范大学.教育科学学.	2005	0	17
3	0.15	安庆师范学院.教育学.	2010	0	25
3	0.15	南京师范大学.课程与教学研究.	2008	0	28
3	0.15	西北师范大学.教育学.	2006	0	0

其中，通过聚类分析，西北师范大学教育学院等 6 个机构共同关注的较为成熟的领域是高校教师培训中心。其中，该领域的前沿关键词主要有：教师专业发展、协统时代、高校教师培训中心、教师培训、美国高校教师

专业发展培训和美国高校。从排名的重要性来分析，该研究前沿的机构主要有：北京市高等学校师资培训中心（2013，1）、厦门大学教育研究院（2013，1）、北京邮电大学网络教育学院（2016，0.15）、首都师范大学教育科学学院（2004，0.15）、西北师范大学教育学院（2006，0.15）和课程教材研究所（2006，0.15）等6个机构。

在机构共现主题中，有来自教育部哲学社会科学研究重大攻关项目"人才强校战略的理论与实践研究"的研究成果，该项目分析美国高校教师专业发展培训中心较为成熟和完整的组织结构，主要介绍了四种模式，即集中化的教学中心、由单个教师负责的培训中心、支持教师培训的咨询委员会（"项目和服务交流"）和大学系统的办公室[2]。

（二）热点分布特征及其主题思想分析

1. 热点分布特征

在共现频数2及以上的作者群体中共计147个共现关键词关注该研究领域，其中，通过聚类分析，共有8个研究主题。

从频次、突现机构、中介中心性和Sigma重要关键词前10位，除去重复关键词共计19个比较重要，分布情况如表3所示。

表3 热点（重要）关键词分布情况

频次	突现	中心性	Σ	关键词	频次	突现	中心性	Σ	关键词
97	10.28	0.11	2.85	教师教育	10	4.59	0	1	tpack
131	5.95	0.13	2.02	专业发展	7	3.28	0	1	校本研修
45	5.57	0.04	1.25	课程改革	9	3.06	0	1	校本教研
13	6.71	0.03	1.2	教学研究	19		0	1	教育改革
54	3.76	0.03	1.13	教师	16		0	1	教师学习
25	5.41	0.01	1.05	教师专业化	15		0	1	中小学教师
19	3.79	0.01	1.03	农村教师	14		0	1	教育信息化
13	3.41	0	1.02	美国教育	33		0.02	1	教师培训
22	5.88	0	1.01	教育研究	1007		1.59	1	教师专业发展
13	5.43	0	1.01	教学改革					

其中，突现关键词共 13 个，教师教育（10.28）突现强度最高，具体分布如图 1 所示。

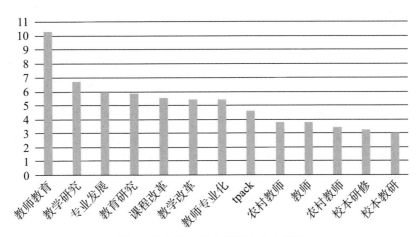

图 1　热点关键词突现强度分布情况

其中，教师教育、专业发展和美国教育的持续时间最长，均为 6 年，这说明这三个热点在特定时期都持续受到关注，具体分布情况见图 2 所示。

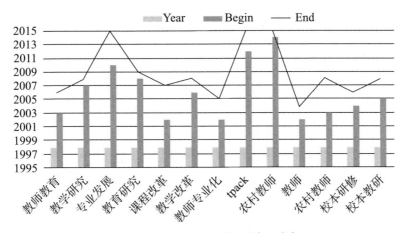

图 2　热点关键词突现年份情况分布

2. 热点理论分析

（1）自我认同：外显与内生的深度融合。

教师自我身份认同是教师专业发展的前提和基础。它是教师根据自身专业体验所形成的反思性自我，不仅体现了教师对外部规约的认识，也体现了教师对自身专业发展的审视。反思性教学以教学情景问题创新性解决为逻辑起点；以实现教学过程最佳化为动力；以激发教师的教育智慧为抓手；以促进师生的共同发展为逻辑归宿。反思性教学可促进教师专业信念、专业知识、专业能力和专业自我意识的发展。[3] 据此，研究视域逐渐转向人类学。哲学人类学对个体"存在"非常关注，它重视教师发展的"内在超越"之路。文化人类学重在个体发展的"文化"品性，它关注教师"人文伦理"理念的养成。历史人类学提出个体发展以教育生活史为基础，它倡导教师发展是生活史的生成。[4] 目前学界普遍共识是教师专业发展应消解外部主导和外部依赖，重视教师内生性和自组织式发展。

第一，教师专业发展的内驱力是其自我的身份认同。教师专业身份是教师对"我是谁"以及"我将成为谁"的认知，是成长为好教师的核心。科瑟根（Korthagen F.A.J.）提出的教师改变水平理论发现，教师专业身份是一个包含环境、行为、能力、信念、认同和使命六个水平的综合体。"使命"和"环境"水平有差异地构成教师专业身份；"信念"、"能力"和"行为"水平深刻存在于在职教师的教师专业身份中；"认同"水平以先赋方式契入职前教师的专业身份。从使命、信念、行为、环境等多个层面对教师施加影响，这些重要举措可促进教师专业身份的积极构建。[5] 教师专业发展的基础是其自我身份认同，自我认知是自我认同的前提。自我认知具有行动性、日常性和实践性特征。

教师自我认同受社会环境和个体的影响。为此，学校要创设良好的环境，比如学校管理对教师学习的认同与内在激励，教师培训对教师外在学习与内心学习的有效整合，教育信息化为教师内心学习提供的外显化与交互性的平台[6]，以满足教师的自主需要、能力需要和归属需要，同时教师自身也需要促进专业发展意识的觉醒，进行动机自我调节。[7]

第二，教师自组织是推动教师成长的重要机制。社会已经发展到协同时代，个体对组织的依赖是前所未有的挑战。因此，在教育组织中，教师对正式组织、非正式组织或者自组织的依赖也是前所未有的。教师合作文化是影响教师专业发展有效性因素。因此，教师教育政策的制定要着眼于满足内生性需求，创生教师协作和专业协同氛围的营造，建构其长效激励机制。[8]这就为教师自组织实践与发展提供了理论论证。

教师自组织是推动专业向高级复杂演化的重要机制，具有专业统整、专业智慧生成和专业创新功能。作为自觉有目的的活动，教师的自组织依赖开放性的专业活动过程、非平衡的专业工作状态、非线性的教学体系、自主的专业决策和留有教学闲暇。在专业活动中，教师的自组织依托三种模式来影响教师专业发展。[9]教师自组织的主要形式是教师学习共同体。专业学习共同体是院校双方为加强学生学习而协同工作，创造并共享学习机会与成果，维持并促进教育工作者学习的学习型组织。[10]其具有超越合作、协作等学习共同体的内涵和运行特征，是基于提高教师专业知能初衷，根据教学实践真实的问题，以协同原则为理念、对学习中各种要素整合，进行深度学习的自组织系统，是教师成长的主要路径。

第三，教师自我成长的重要路径是教师学习。教师自我重建不仅是内心价值的重建，更重要的是学习方式、学习理念重建。因此，教师学习逐渐成为教师自我重建的主导性概念。这是一种旨在促进学生有效学习、关注教师学习自主导向、强调工作场景中真实探究，以及倡导学校变革的持续更新的教师学习理念，其实质是教师内在的思想、能力和情感的改变。

在教师学习的途径与方式上，学校本位的教师学习模式被提出来。学校本位是以在地为场域、以建立学习共同体为载体、以师生和学校组织的发展为愿景，学校灵活运用综合的教育资源，追求学校效能的提升。校本教师专业发展包含三个要素：一是需求驱动，即教师专业发展必须是基于教师自身的兴趣与需求，它揭示了教师专业发展的源动力；二是专业合作，对于教师个体而言，专业发展的重要路径和标志在于，如何通过专业合作提升自身基于情景的专业知识和智慧，它揭示了教师知识是基于情景的，而情景知识的获得有赖于教师同伴为了实现知识共享而开展的专业合作；三是支持制度，即无论作为个体还是群体，教师专业发展都是一种过程，需要学校建立一套支持制度，以保障此过程是专业的、可持续的。它揭示了教师专业这种持续的发展过程有赖于专业的支持制度的保障。[11]

第四，重视项目设计在教师专业发展中的作用。教师专业发展存在"外铄"和"内塑"两种路向。现有研究主要是从内塑的角度阐释了教师专业发展的路向。项目设计更多是从外铄的角度审视教师专业发展的条件提供与环境创设。比如，制度安排和政策体系的完善和一体化；校本文化与研究社团的良性互动；教师的教学哲学凝练；教师的反思性行动研究。[12]另外，社会性软件的出现和不断发展，尤其为教师专业发展提供了新的模式和途径。它从默会性知识的角度，提出教师的默会知识对教师日常教育教学行为及专业发展有着非常重要的作用。社会性软件有利于教师的默会知识和显性知识的相互转化，是教师专业发展的有利工具。[13]

在项目设计中，校本研修也被视为促进教师专业发展的有效途径，其主要是结合本校的信息化建设，积极开展研修实践。但从整体上看，现阶段以校为本的研修在促进教师信息化教学能力发展的实效性上尚不显著。此外，通过对现有的网络工具、资源、服务和环境的研究和探索发现，自主学习、交流协商、专题讨论、协作研究和评价反思等五种适合教师专业发展的模式。[14]

第五，教师自我认同的反思性研究得以强化。教师专业发展多元化范式内涵的阐释多有论争。专业发展是将教师看成不完整的人，按照通用标准，通过各种培训，传授预设的知识；专业学习是以教师经验为逻辑起点，理解教学实践的情景化问题，与同行和专家共同生成知识的过程。二者出现具有历时性和共时性，但需要深入探究二者差异，才可以架起教师经验与教育行政部门、教师教育者和研究者的桥梁。[15]此外，根据日常生活批判理论，教师专业发展是指在特定的教育环境和教师的专业领域内，通过持续性的学习、思考和教育实践，提升专业水平，并运用所获得的专业素质促进学生全面发展的创造性思维和创造性实践过程。[16]教师专业发展究竟是用教育理论指导实践，还是用教师实践经验促进其专业发展，这其实是逻辑的论争：前者秉持的是理性逻辑，后者秉承的是实践逻辑。与其争论不如重审教育理论与教师实践的各自需求，确立并提升不同立场的融合意识，推进教师专业的有效发展。[17]

作为文化倾向与价值立场的反智主义对教育产生了广泛的影响。在教育系统内部，反智主义往往以隐蔽的方式呈现，主要表现为对某一类型、性质或层次知识的否定。反智主义的最危险状况是教师的反智，具体表现为教师专业发展中的技术主义倾向。这一倾向将教育科学演变成了选择性科学与工程科学。当前，在促进教师专业发展的过程中，不少教师与培训者往往将教师专业发展定位于教师对学科知识的丰富和对教育教学法的提高上，这种认识并不利于教师专业水平的提高。倡导教师走出工具理性的基本路径是"创新与理论并重"，促成经验、理论、技术间互动与生成，形塑教师实践智慧。[18]

关于师德"失范"现象折射出了教师专业发展的多重困境。专业情感困境——多重压力下的专业角色"迷茫"；专业理念困境——"应试教育"下的教育理念的单向度生长；专业知识困境——学科依附下的知识体系建构欠缺科学性、系统性；专业能力困境——"应试教育能力"一枝独大与"育人"能力艰难发展；师德发展困境——低效的师德"他律"与放松的师德"自律"并存。消除师德"失范"现象的根本在于超越教师专业发展的困境：创新培养、培训体系建设，推动教师专业知识、能力的完善；实施师德"气候"建设，推动教师教育情感养成和师德发展；构建"过程监控"体系，形成师德发展"保障机制"；通过机制建设提升师德"他律"效果，推动师德"自律"进程。[19]

总之，教师职业倦怠等问题严重影响到了高校教师的身心健康和教学质量。而教师心理韧性研究对重新审视和缓解其职业倦怠和工作压力问题，促进教师心理和专业自主发展提供了新视角。具有良好韧性的教师能够积极应对面临的挑战，保持对教学的投入与专注。[20]

（2）技术哲学视域下的教师专业发展的新视界。

第一，开放大学成为推进教师专业发展的新常态。在技术哲学的新语境下，开放大学成为了研究者共同的关注点。加强师资队伍建设是推进开放大学发展的重点任务。我国开放大学师资队伍整体状况是总量庞大但结构失衡，实践经验丰富但质量不高，外在政策重视但内在制度缺乏。为适应新形势的要求，开放大学教师专业发展必须有所进步，专业学术水平、教学技术和信息技术这三个方面的提高构成了远程教育教师专业的内涵。[21]

"知识人"社会角色分类方法，即把教师角色与知识联系在一起，为开放大学教师专业发展提供了新的思路和参考[22]。按照"知识人"社会角色分类方法对开放大学教师专业发展的四个基本问题，即"是谁"、"怎么分类"、"需要什么样的知识"、"职责是什么"进行探析发现，开放大学教师依赖的知识系统是教师知识；开放大学教师知识是从学科教学法知识向整合技术学科教学法知识转变；开放大学教师以课程为载体来传播知识，以课程团队为"社会圈子"，通过课程开发和设计、课程实施、课程评价、课程协调和管理等途径来参与知识。

第二，教师专业素养的信息技术能力受到关注。整合技术的学科教学知识（Technological Pedagogical Content Knowledge，简称 TPACK）是教师专业化过程中出现的一个新概念，是教育信息化对教师知识提出的新要求。教师 TPACK 的改善是教师专业发展的核心。[23] TPACK 作为一个动态的专业化生成过程，具有个体化、情境化、综合性、实践性、缄默性、易变性和建构性的特点。教师专业发展需要教育大数据与教师专业化知识相融合，并运用大数据技术构建丰富的学习情境，开展教学策略分析，拓展教学内容，支持教学评价，让教师在一定的情境中通过个人的不断探究，积极对学科知识、教学知识和技术知识进行综合、创新与意义建构，不断促进 TPACK 框架中四个相互交织的复合元素的生成，实现对教师 TPACK 的深入理解，最终成为教师个人的教育理论与实践智慧，促进教师整合技术的学科教学知识的持续发展。[24]在此背景下，数据素养是大数据时代信息素养的新内容，是当前教师需要掌握的新技能，是新时代教师专业发展的新趋势。多元数据驱动的教学将成为未来教师开展教学实践的主流，教师能够通过数据平台和多种工具获取多样化的学习数据，揭示学生的行为、学习偏好等隐性信息，打破以往主要依据经验和观察等方式进行教学决策的惯例。教师数据素养层次模型主要由知识技能、教学实践、教学探究和态度意识四个层面构成。[25]

从专业知识、专业技能、支持性素养和专业情意四个维度对当前远程教育教师专业素养现状进行了调查，结果表明，教师对专业素养中的情意素养最为重视，尤其是责任心，被认为是远程教育教师需要具备的最重要的专业素养；教师最不满意的专业素养是技能素养，其中对网络课程开发能力感到最不满意；教师专业素养的现状和自我期望有差距，即专业发展内在需求的矛盾；教师认为其最大的专业发展需求是学科知识。[26]

第三，教育信息化催生教师专业发展新范式。生命过程型是教师专业发展的新模式，它是对传统教师专业发展模型的继承、反思、整合与超越，它坚守激发教师原始能量、尊重教师历史经验、联结教师文化境遇等理念，倡导冥想、对话、自我探究与终身化学习等教师专业化的行动方案。[27]这种新模式蕴含了对时代背景的诠释、对理论支撑的思考以及教师教育实践转变的应对。这种新模式与其说是形式的改革，不如说是理念的突破。与此相适，出现了新的教师专业发展途径。

信息时代教师专业发展是知识网络的共享过程。教师知识共享网络是一种社会参与网络，教师知识共享行为是网络中的社会行动，是一个重构的过程。为此，教师应开展网络教研。网络教研作为教师专业发展的重要手段，已经成为教育研究与教育实践密切关注的重要问题，像基于不同角度对网络教研中的教师专业发展构建具体的网络教研模式，比如"案例学习＋行动训练＋反馈评价"的教师教学技能培训模式，创设基于网络的教师教育培训资源和互动学习平台，培养和强化教师的信息化教学能力，以适应新时代教育改革和教师专业发展的需要。[28]从教师专业发展学校（Professional Development School，简称 PDS）角度来看，信息化环境下的教师专业发展学校（PDS）能在更大范围内发挥功能，促进教育教学质量提升。教师专业发展学校（PDS）研究亟需深入。[29]

（三）前沿分布情况

1. 基本分布特征

在前沿领域中，共有 142 个作者形成了前沿领域网络共现结构。按照频次前 7 位、突现文献 4 篇、中心性明显的 7 篇和 Σ 明显差异的 4 篇和半衰期 11 篇，共计 20 篇，如表 4 所示。

表 4　研究前沿领域领域的重要文献分布情况

频次	突现	中心性	Σ	作者	年份	期刊	半衰期	聚类
2		0	1	课题组	2000	华东师范大学学报（教育科学版）	8	0
2		0	1	辛涛	1999	高等师范教育研究	8	0
2		0	1	陈丽	2004	中国远程教育	8	5
2		0	1	杨亭亭	2004	中国电化教育	8	5
2		0	1	刘毅	2009	心理发展与教育	8	8
2		0	1	夏纪梅	2002	外语界	8	23
2		0	1	白益民	2002	华东师范大学学报（教育科学版）	8	25
2		0	1	时伟	2008	教育研究	8	33
2		0	1	连榕	2004	心理学报	8	42
2		0	1	时长江	2007	教育发展研究	8	43
2		0	1	徐廷福	2006	教育研究	8	57
7	3.84	0.01	1.04	陈向明	2009	教育研究	7	3
9	4.37	0	1.02	陈向明	2003	北京大学教育评论	7	1
17	6.11	0.03	1.18	陈向明	2003	北京大学教育评论	5	0
13	4.37	0.01	1.03	钟启泉	2001	教育研究	5	0
4		0.01	1	石中英	2006	教育研究	5	1
9		0.01	1	钟启泉	2003	教育发展研究	4	0
8		0	1	焦建利	2009	远程教育杂志	4	15
8		0.02	1	陈向明	2008	北京大学教育评论	3	1
3		0.01	1	何克抗	2012	电化教育研究	3	3

在前沿文献中，主要有陈向明的文章《实践性知识：教师专业发展的知识基础》（6.1075，2006-2009）（4.3701，2010-2011），同一篇文章分别在两个时间段突现程度比较大，说明在不同时期受到高度关注；陈向明另外一篇文章《教师实践性知识构成要素的探讨》（3.8395，2015-2017）在当下依然受到较大的关注；第三篇文献钟启泉的《教师"专业化"：理念、制度、课题》（4.3741，1999-2008）一文长期受到关注。同时，支撑该研究主题的知识基础共计24篇。按照频次大于2的高频关键词7个、突现值2个、中心性显著差异的3个、Σ显著差异的2个和半衰期前9个，共计13个作者的文献作为该研究主题的知识基础，见表5所示。

表5　实践反思的知识基础

频次	突现值	中心性	Σ	作者	年份	文献来源	半衰期
2		0	1	课题组	2000	华东师范大学学报（教育科学版）	8
2		0	1	辛涛	1999	高等师范教育研究	8
17	6.11	0.03	1.18	陈向明	2003	北京大学教育评论	5
13	4.37	0.01	1.03	钟启泉	2001	教育研究	5
2		0	1	鲍嵘	2002	高等师范教育研究	5
2		0	1	张立昌	2001	教育研究	5
9		0.01	1	钟启泉	2003	教育发展研究	4
2		0	1	吴刚	2004	教育研究	4
2		0	1	吴惠青	2003	教育研究	4
4		0	1	于泽元	2004	高等教育研究	3
4		0	1	卢乃桂	2006	比较教育研究	3
3		0	1	石鸥	2004	中国教育学刊	3
3		0	1	姜勇	2004	教育理论与实践	3

2.研究前沿思想

通过前沿共现聚类分析发现，陈向明等24人形成了实践反思／教学学术聚类结果，而其它前沿领域还都在活跃发展过程中，尚未形成明确的聚类结果。

（1）教师实践性知识：教师专业化争论与进展。

教师实践性知识相关领域，目前尚未得到学者们的充分关注。教师教学实践知识作为一种独特的知识形式，为教师专业自主权的诉求提供了依据。实践性知识的问题定位于"重要性"和"具体途径"之间的"可能性"问题，也就是教师专业发展的知识基础之一，它是实然的取向而不是应然的取向，主要指教学实践过程中的教学信念。教师的实践性知识是其实践的行动指南，并在其教育教学实践中反映教育学知识，涉及教育信念、自我知识、人际知识、情境知识、策略性知识和批判反思知识等方面。同时，强调其重要性的原因是为教师赋权提供批判性武器和为教师专业发展提供建设性工具。[30]教师实践性知识也有主体、问题情境、行动中反思和信念等要素。主体是教师，教师拥有自己独特的知识。教师实践性知识通常是在具体的问题解决过程中体现出来，具有价值导向性、情境依赖性、背景丰富性等特性，其特征主要表现在行动性、身体化、默会性，具有外显性，但却又隐藏在教师的整体经验之中，它能够被提炼为一种信念，这种信念将受到教师后续行动的检验，并产生深远影响。[31]另外，教师实践知识交流与养成还存在明显的障碍。有效的教师教育将有可能消除这些障碍，促进教师实践知识制度化构建，才能成为教师专业发展有力的保障。[32]

（2）实践反思与教学学术：从教师专业发展的理论探索到实践知识转向。

实践反思与教学学术是教师专业发展的深化与提升阶段。教师专业发展的内涵主要从两个方面理解，从个体、群体的角度和从社会学角度进行解释。人们对教师专业发展的理解越来越宽泛，从关注教师专业发展的结果，即获得履行教学功能的知识、能力和品性，转变为强调教师专业发展的过程，即教师的终身学习，再转向注重教师专业发展的目的，即发挥教师的自主意识并鼓励教师参与社会变革。教师专业发展的理论有宏观和微观两个方面，前者可划分为现代主义和后现代主义，区别在于认识论基础、教育模式、专业伦理、自主性、发展动力和发展方式等方面；后者教师专业发展的研究根据其目的、内容、阶段和作用等方面形成了不同的理论取向。

目前，有从哲学、心理学、社会学、生态学、复杂系统科学视角等角度研究教师专业发展。其中，从哲学的角度研究教师专业发展成为一种普遍范式。从教育学角度对教师专业发展进行的研究，重点集中在讨论课程与教师的关系问题上，学者的研究基本上形成两种思路，教师外在于课程说和教师与课程良性互动说。从文化学的角度对教师专业发展的研究，教师文化是此类研究的一个逻辑起点，核心问题是如何改变教师文化以利于教师专业发展和学生学业成绩的提高；教师身份的建构，而赋权是教师身份建构的关键所在；建立基于合作的教师文化来促进教师专业发展。在方法论和方法上也呈现出多元化的趋势，如理性思辨方法论、实证主义方法论、人文或解释主义方法论和批判主义方法论等。[33]

四、结　语

教师专业发展是一门显学，涉及理论与实践两个层面。在理论层面，更多开展的是审视性与反思性研究，比如对教师专业发展概念的深化与拓展，对教师专业发展理论的探索与挖掘；在实践层面，更多开展的是基于时代语境下的教师专业发展的新路径与新形式。总之，理论和实践层面亟待相融合。在这一研究领域中，演绎出了多种分支，比如专业发展、专业学习与专业生活等等。这种百花齐放、百家争鸣的理论研究态势，从根本上有利于引领教师专业发展这一研究领域的成熟发展。

不同的研究基于不同的逻辑起点。教师专业发展是基于"缺陷人"的研究假设，教师专业学习是基于"自主人"（或"建构人"）的假设而各自开展的研究。它们提供了不同的研究立场，拓展了研究视域。然而，这两种研究假设提出的必要条件或者前提条件是教育教学相对稳定、少变化甚至是不变化，是这样一个静态环境中生成的研究，研究视域只有教师这样一个单独变量，即围绕教师而论教师。但教育实践是一个复杂、多变的系统活动，是情境性、人文性、科学性、长期性的综合体现。教师离不开教学实践，离不开教育环境。因此，应将教师与对象二者同时纳入研究视野中，将其视为一个整体来研究。在这个场域中，教师按照特定的逻辑参与的教学实践是集中教育规则与教师个人策略的场所。教师在场域中建设自己的行为、制定自己的策略时，要依据场域也即教育实践（或教育环境）的变化而不断调整。"环境人"研究假设将教师真正置于教育实践中来观察与研究。与此相适，"教师改变"概念涵盖了教师与对象两类变量。这一概念并非仅仅单纯站在教师或教学实践环境的角度进行单向度的研究，相反，这是在承认教师与教育实践的紧密关系的基础上，既考虑教育实践的客观影响，同时也尊重教师在教师专业发展中的主体性，凸显了教师自主与环境影响相互协同作用、双向度的教师专业发展新模式。尤其是结合当前时代语境，信息社会、教育技术的不断革新，教育理论与实践的不断深化发展，这一切都要求教师必须做出适时地调整与改变。因此，这是一个动态发展的过程，是一个"忍痛割爱、冲击适应和专业再生"的过程。虽然教师专业学习也蕴含了教师要改变，但专业学习中的改变更强调的是通过对专业技术、知识的学习而进行的非根本性改变。教师的显性改变是行为转变的实践层面，隐性改变是价值观、态度、身份等精神层面，这种变革性、综合性改变挑战了教师身份的刻板认知，从而使其不适应和不安全。[34]换言之，教师专业学习、专业发展或是专业生活是为了教师改变。

有关"教师改变"的讨论，从整体上看，教师改变尚处于西方话语体系之中。教师改变及其催生的理论体系已经成为诸多教师教育政策和实践所依赖的重要理论基础，其研究观点也较为丰富，"教师改变"讨论焦点的需要发生转移。教师改变不应该是被动的，反之，教师学习的复杂过程中不断地发生着教师改变，教师在日常的教学实践中，在教师专业发展活动中，通过专业成长反思，转变为主动的学习者，[35]克拉克和霍林斯沃思（Clarke & Hollingsworth）将教师学习与成长视之为持续的教师改变。国内学者主要集中在教师改变的条件、现状、过程、途径等方面。教师身处教育改革洪流的中心，是改革的参与者与亲历者；同时，教师也是教育改革的带动者与引领者，是其根本动力所在。教师通过批判性反思自身信念，教学行为发生改变满足改革的需求，学校变革从而更好地走向成功。改革推动者应该明白，组织体系、教学材料、课程，以及教学策略的规划、启动或推行是由教师来实施完成的，这样才能取得积极的效果。反之，期望通过管理体制、指令性考核以及教材配套来达到目的注定难以达到改革的初衷。

教师改变是一个动态发展的复杂漫长过程。如何衡量教师改变？有哪些指标或外显型的表现以此支撑或论证？仅仅依靠隐形的自我内驱力是无法从根本上保证教师改变的完成的。那么，教师改变的影响因素以及之间关系是怎样的？教师改变不是一个事件或一个培训即可实现的，但不能忽视事件或培训在教师改变中所带来的影响。教师改变究竟与教师培训有着怎样的关系？二者是如何相互影响？教师通过培训产生改变的影响以及如何产生的影响？教师改变的逻辑落脚点在于改变学生的学习，如何改变和改变的效果如何等等系列问题，都需要思考与研究。关于教师改变的思辨研究目前相对较多，但实证研究鲜有。因此，从实证的角度去研究教师改变，也不失为一个有益的尝试与探索。

参考文献

[1]焦建利，汪晓东，秦丹.技术支持的教师专业发展：中国文献综述［J］.远程教育杂志，2009，17（1）：18-24.

[2]李欣，严文蕃，谢新水.美国高校教师专业发展培训中心的发端、历程及模式

［J］. 江苏高教，2013（1）：146–149.

［3］仲秀英，周先进. 教师专业发展：反思性教学的视角［J］. 中国教育学刊，2006（11）：67–69+72.

［4］姜勇. 人类学视野中的教师专业发展研究新转向［J］. 外国教育研究，2009（10）：29–33.

［5］李子建，陶丽，黄显涵. 从教师改变水平看教师专业身份构成——基于职前与在职教师的比较研究［J］. 教育发展研究，2016（18）：66–71.

［6］唐志强. 教师内心学习的专业体认与外部支持［J］. 教育科学，2013（2）：39–43.

［7］林高标，林燕真. 动机的自我决定理论及其对教师专业发展的启示［J］. 教育发展研究，2013（4）：24–28.

［8］陈纯槿. 国际视域下的教师专业发展及其影响因素——基于 TALIS 数据的实证研究［J］. 比较教育研究，2017（6）：84–92.

［9］阳泽，杨润勇. 自组织：教师专业发展的重要机制［J］. 教育研究，2013（10）：95–102.

［10］杨文明. 专业学习共同体：缘起、内涵及运行策略［J］. 高教探索，2013（4）：17–21.

［11］崔允漷. 学校本位教师专业发展：框架及其意义［J］. 教育发展研究，2011（18）：67–72.

［12］黄欢. 文化生态取向下的教师专业发展模式及其策略——以外语教师专业发展为例［J］. 湖南社会科学，2016（4）：206–209.

［13］张静芬. 从默会知识的视角看社会性软件在教师专业发展中的作用［J］. 中国远程教育，2008（2）：71–73.

［14］谢海波. 网络环境下促进教师专业发展的模式和策略研究［J］. 中国电化教育，2011（8）：104–109.

［15］陈向明. 从教师"专业发展"到教师"专业学习"［J］. 教育发展研究，2013（8）：1–7.

［16］王卫东. 教师专业生活的理论阐释：以日常生活批判理论为参照［J］. 教育学报，2013（2）：21–28.

［17］程良宏. 教师专业发展的路径及其超越——基于理论逻辑和实践逻辑的思考［J］. 教育发展研究，2010（Z2）：112–116.

[18] 蔡春. 智慧出，有大伪——论教师专业发展中的技术主义及其反智倾向 [J].
湖南师范大学教育科学学报，2014（3）：19-23.

[19] 陆道坤. 师德"失范"现象折射出的教师专业发展困境与思考 [J]. 教育科学，
2013，29（4）：69-75.

[20] 范琳. 大学教师韧性发展：基于教师韧性影响因素研究的视角 [J]. 江苏高教，
2017（12）：56-59.

[21] 王军锋，傅刚善. 技术哲学视域下远程教育教师专业发展探析 [J]. 现代远距
离教育，2013（4）：75-80.

[22] 陈君贤. "知识人"社会角色分类方法的启示——基于开放大学教师专业发展
的研究视角 [J]. 远程教育杂志，2016（6）：78-85.

[23] 邱学青，李正. 基于知识管理视角的高校教师专业发展策略研究 [J]. 高等工
程教育研究，2013（6）：81-85.

[24] 胡水星. 教师 TPACK 专业发展研究：基于教育大数据的视角 [J]. 教育研究，
2016（5）：110-116.

[25] 李青，任一姝. 教师数据素养能力模型及发展策略研究 [J]. 开放教育研究，
2016（6）：65-73.

[26] 翁朱华. 现代远程教育教师专业素养研究 [J]. 中国电化教育，2012（2）：
71-77.

[27] 唐松林，魏珊. 聚焦生命：教师专业发展传统模型的反思与超越 [J]. 教师教
育研究，2013，25（5）：49-55.

[28] 李学杰. 基于网络环境的教师教学技能培训模式构建 [J]. 中国电化教育，
2013（7）：69-73.

[29] 赵可云，李兴保，苫雨. 教师专业发展学校（PDS）研究现状分析及信息化趋
势思考 [J]. 中国电化教育，2013（11）：25-29.

[30] 陈向明. 实践性知识：教师专业发展的知识基础 [J]. 北京大学教育评论，
2003（1）：104—112.

[31] 陈向明. 对教师实践性知识构成要素的探讨 [J]. 教育研究，2009（10）：
66-73.

[32] 鲍嵘. 论教师教学实践知识及其养成——兼谈教师专业发展的基础 [J]. 高等
师范教育研究，2002（3）：7-10.

[33] 朱旭东，周钧. 教师专业发展研究述评 [J]. 中国教育学刊，2007（1）：68-73.

［34］马效义.教师改变的理论研究：回顾与思考［J］.北京教育学院学报，2014
　　（3）：1-5.

［35］Harrison, C. Changing Assessment Practices in Science Classrooms［M］. Valuing
　　Assessment in Science Education：Pedagogy, Curriculum, Policy. Springer
　　Netherlands, 2013：347-358.

论教师的专业学习力

龙宝新[①]

摘要： 教师专业成长力是在不同发展阶段引发教师成长提速的根本原因，其首要类型是专业学习力。教师专业学习力是指那些在教师专业自我与教育环境交互作用中驱动、促进教师专业快速成长的力量总和。教师学习力由学习原动力与学习操作力两部分组成：前者指教师专业学习的内驱力，后者包括教师的理论吸收力、经验借鉴力、情境理解力和问题研究力等。每一种教师学习力都包含着一些具体学习力类型。

关键词： 专业学习力；内驱力；吸收力；借鉴力；理解力；研究力

当今，培养"成长型教师"，拓展教师的专业成长力，为教师专业终生、持续、高效发展奠基成为教师教育系统肩负的首要使命。教师专业成长不是匀速直线上升的过程，在不同时期教师成长的加速度是不一样的。正如物理学所言，力是产生加速度的原因。专业成长加速度的存在决定了教师专业成长具有周期性和波动性，教师专业成就的巅峰水平代表着教师终身专业成长的高度与境界，教师教育为教师终身持续发展奠基就是为提高教师专业成就的巅峰水平而储存潜能和爆发力。正是在这一意义上，我们认为，探究导致教师专业成长力的类型与来源格外重要，对这一问题的探明很有可能彻底重构现有的教师专业发展制度与体系，导致当代教师教育实践发生由"专业知能干预"下的他主模式走向"成长动力供给"下的

---

① 龙宝新，陕西师范大学教育学院教授、副院长，博士生导师，从事教育基本原理、教师教育学研究。

自主模式的根本转变。进而究之，在一切导致教师专业成长变速的原因中，首当其冲的无非是专业学习，无论是理论知识学习还是实践学习，它们都是教师专业成长的根本生力源和发力点。正是基于这一认识，我们认为：教师专业成长力的根本类型之一理应是专业学习力。剖析这一教师专业成长促动力，对其追根溯源，是强化教师专业实力潜能，保持教师专业成长迅猛势头的可行路径。

一、教师专业学习力探源

植物的成长需要水分与养分的供给，动物的成长还需要蛋白质、葡萄糖和氨基酸，人的成长更需要文化信息与精神意志的注入。人与外界环境之间发生的这种信息、精神养分的摄入活动就是学习，"学习是一种必需，它是自我保存和生长过程的一部分"[1]。同有机体生长一样，教师专业成长是同化作用大于异化作用的结果，是其从实践活动、周围环境（通过教师经历）、他人教育经验、教育认识以及"优势生存策略"（赵汀阳）中汲取成长所需营养成分并不断充实自我的结果。"生命中最值得投资的是自己，给自己最佳的投资是学习。"[2]学习是教师蓄积潜力、壮大自我、形成优势，从而提高对教育实践的胜任力、影响力、调控力的必由之路。教育实践是一种专业实践，教师所面对的是复杂模糊、瞬息万变、价值冲突、难以把捉的教育情境。在其中，教师的每一个教育行动都具有尝试性的特点，在教育观念、实践图式、工作技能等方面的储备丰富程度直接决定着其应对教育实践的成功概率。因此，教师到底需要哪些知识技能才能胜任教育工作需要谁都无法预知，唯一肯定的是：与教育工作高度相关的所有知识技能都有助于教师工作效能的改进，以及教师对专业知能的需求是未知数。换个角度讲，那些在专业实践中表现出色的人员所"实际拥有的知识"（舍恩）才是教师专业知识结构的完美形态与典范，而这一知识结构始终是变动、重构、发展的。只要教师专业实践被启动，一些新生实践性知识被加入进来，这一知识结构就开始了形变。因此，专业知识结构形变与专业实践之间存在着一种伴生关系，对它而言研究者同样是难以言明的。有鉴于此，我们认为：基于完美教师素质结构设计与分析的教师教育模式显然是站不住脚的，以教师教育者为主导的教师教育体制是存在严重缺陷的。杜威指出，"生长的能力需依靠别人的帮助，也有赖于自己的可塑性"。[3]要让教师在专业实践中游刃有余，唯一的出路就是走向"教师自主学习"模式，即在培育教师学习力的基础上让教师走上一条"实践导向——资源搜索——自我消化——教师辅导"的教师专业成长模式。在这一新模式中，一切促成、促使、促进教师学习活动有效展开的力量供给将成为其原发点与支撑点。在此，我们将这一在教师与教育环境互动中驱动、促成、促进其专业快速成长的力量总和称之为专业学习力，它是教师在学习活动中表现出来的驱动力。

彼得·圣吉指出："未来唯一竞争优势是比你的对手学得更快的能力"，[4]专业学习力是教师专业飞速成长的秘密武器。学习力为教师提供了驱动学习资源、理解教育情境、探究教育现象、深入专业实践内部的精神力、认知力与发展力，是教师在专业社区竞争中胜出、在专业实践中迅速成熟的动力支柱，是教师专业成长能量的孕育者。学习是教师身体与教育环境的一种关联方式；专业学习是教师与外界教育环境交换信息、获取专业发展资源、充实专业自我的基本途径；专业学习力是加速教师自然成长节奏、改变教师专业发展方式的根本原因与关键变量。只讲"如何学习（how）"、"学习什么（what）"，不讲"为什么要学习（why）"的教师专业成长方式是脆弱的、肤浅的、无意义的，是"一叶障目不见泰山"式的。只有探明促成教师专业成长的内在动因——专业学习力，教师专业成长才可能步入一条持续、强劲的快行道。从某种意义上说，教师教育的根本目的不是要把那些为实践所证明有效、有用的通则、知识、技能强加给教师学习者，而是要让他们从内心深处懂得"教师为什么要学习"，"促使教师学习发生的原因是什么"这些本原性问题。也就是说，"学习的动因"比"学习的方式内容"更重要，"学习的发生问题"比"学习的路径选择"更重要。教师学习发生的原生形态是一种"力"，是教师自觉不自觉地趋近外界教育资源、寻求应对当下遭遇的教育难题（即眼下不解决不行的实践问题）的有效对策的客观需要和生存方式，这就是专业学习力。我们认为：只有牢牢抓住专业学习力这条主线，教师学习的其他问题，如方式与内容问题就可能迎刃而解。教师教育实践的目的不是要用现成的专业知识技能来规划教师的未来发展轨道，而是要呵护、润泽、壮大教师的专业学习力，让其真正成为学习过程的主宰者和责任人，努力创建一种有深度、有力度、有根基的教师辅导体系。正如舍恩所言，在专业学习中"有助于他们的各种接入与其说是教学，毋宁说更像辅导培训"。[5]

二、教师专业学习力的构成

成长是生物体的根本属性，是其生命体的存在形态。作为专业人员的教师，只要置身于教育情境之中，专业成长的现象就会发生，而促成这种专业成长的根本机制就是专业学习。正如某学者所言，"深深的学习意识、浓浓的学生意识以及厚厚的学者意识"是教师专业成长的"内在性指标"。[6]完整教师专业学习的发生需要两种基本力量的推动：其一是学习原动力，其二是学习操作力。前者负责为教师专业成长提供基本能量和驱动力，这种力量具有盲目性，它只有和教师的学习目的相结合，将之导引到教师专业学习活动中才可能转变成为一种现实的专业学习力，这就是学习内驱力；后者负责为教师专业成长提供操作方式与具体途径，如引导教师吸纳建构新理论、新观念，推进教师在共同体完成教育经验总体的共享，帮助教师用专业眼光"框定"教育情境使之富有教育意义，辅助教师研究教育问题并创新在教育情境中的生存策略等等，它们分别构成了促进教师专业成长的理论吸收力、经验借鉴力、情境理解力和问题研究力。其中，前两种专业学习力构成了教师的"习得性学习力"，后两种构成了教师的"表现性学习力"[7]。在此，我们将之图示如下：

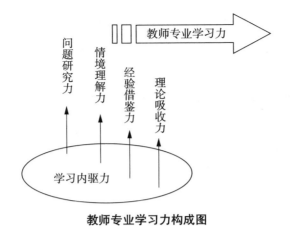

教师专业学习力构成图

（一）学习内驱力

教师专业学习的原发点是教育实践要求、专业成就动机与自我实现愿望，是教师改变专业自我、积极应对教育情境挑战、赢得专业社区认可的成长需要。一旦教师产生了从事教业的职业定向，其参与职前学习活动的内在动机就被引发；一旦教师步入教育职场，专业学习就成为他适应教育环境的生存性需要，这种需要的产生几乎是身不由己的；一旦教师跨过了胜任期，产生了成就名师的自我职业要求，专业学习就会成为其专业发展、自我超越的高级需要。专业学习需要伴随教师专业成长的每个阶段，每一次教师成长现象的产生都源自教师的专业学习内驱力，并伴生出新的专业学习内驱力。从发生学上来讲，专业学习内驱力的发生是教师与外界教育环境失调、失衡、不适现象的出现：无论是外界教育环境的变化超出了教师专业自然成长的节奏，还是教师专业自我实现的主观要求超过了教育实践的一般要求，都会导致教师专业学习内驱力的发生。从某种意义上说，专业学习（包括理论学习与实践学习）是教师改变其绝对专业发展水平[8]的唯一路径。教师专业素质的每一次更新与飞跃都必须求诸于专业学习，专业学习内驱力的发生具有其必然性，任何拒绝或无视专业学习内驱力的教师只有两条出路：轻则专业衰退，重则被教育职场淘汰出局。如上所言，专业学习内驱力只是教师专业发展实践可资运用的一种动能或势能，它只有能量、活力却没有方向，故它只有被运用到教师对教育理论的吸纳、教育情境的理解、教育经验的借鉴、教育问题的研究等这些实践方向上去时，才可能找到其用武之地和释放对象，进而转化成为教师的专业学习操作力。毋庸置疑的是，这一力量的大小是与教师专业学习成就和专业成长效果呈正相关的，故诱导教师的成长需要、激发教师的成就动机，是加速教师专业成长进程的永恒主题与奠基性工程。

（二）理论吸收力

理论是从前人教育经验、教育活动中提炼出来并为教育实践所验证，或为专业社群所认可、认同的教育认识结晶体，它是一种高智慧成分、高理性含量的认识工具，是人们形成解决现实问题的预案与策略的资源依托。没有经过科学教育理论验证的教育实践对策很可能是一种低效或盲目的教育活动对策，经过教育理论预先检验的教育策略在教育实践中成功的概率与把握肯定要大一些。"思想领先一步，你就领先一个时代"[9]。教育理论是促使教师专业成长的智库，对教育理论的吸纳与积累是夯实教师专业实力的手段，是教师专业成长的加速器。当今教育时代是教育理论规模化生产的黄金时期，教育理论的增速远远超过了教育史上的任何一个时代，当代教师就生长在教育理论的"海洋"之中，善于汲取教育理论的智慧是教师专业成长力飞升的关键。当前，虽然人类教育理论实现了"量"的剧增，但在"质"上却参差不齐，尤其是社会亟需的高效优质教育理论依然属于一种稀缺资源。对成长型教师而言，能否积极吸纳那些有助于自己专业潜力攀升的教育理论是其成长的焦点所在，它构成了衡量教师理论吸纳力品质的核心指标。在理论吸纳力上，教师的专业学习力来自以下三个方面：

其一，对教育理论的鉴别力，其意指教师针对自身教育实践需要来从教育理论"海洋"中搜索、寻觅有效教育理论的能力。教育理论不是解决所有教育问题的"万能钥匙"，教育实践问题的解决也不可能通过求助一个教育理论就实现。教育实践、教师自身专业成长最需要的是针对解决特定问题有特效的教育理论组合或者"理论配方"。因此，教师必须善于根据自己的教育实践内容与专业成长状况来选取对自身而言最优化的教育理论。

其二，对教育理论的吃透力，其意指教师对教育理论内核——教育精神的把握程度。从某种意义上说，每一个教育理论都是研究者沿着某一视角对有限、类似的教育现象进行深度思考的产物，这就决定了其对特定教育问题的解决是有局限性的，其迁移力是有限的。在教育理论中最具迁移力和影响力的应该是其中所蕴藏的教育精神，如热爱教育对象的精神、以变应变的精神、适度中庸的精神等，它们构成了教育理论的精髓。只有吃透了它们，教师才可能在教育实践、教育难题面前游刃有余，彰显专业品质。

其三，对教育理论的延伸力，意指教师结合自身经验体验对教育理论的误区盲区进行甄别、修正以及对之加以合境遇化的解读、变通和再造的能力。教育理论学习的重点不是要坚守它，而是要发展它，是要结合教育实践对之进行延伸，使之更符合教育实践的需要，形成一种对特定实践情境而言量体裁衣式的"实践理论"。"S=E+E"（S是"Success"，第一个E是"Education"，第二个E是"Experience"）理论[10]指出，"成功是教育加经验的平衡。"从"教育"中教师获得的是知识理论，是"学历"；而从"经验"中教师获得的是实践智慧，是"经历"。教师的专业成长是"经历+学历"，是在教育理论与教育实践的结合中形成第三种理论——"教育实践理论"。它正是教师对教育理论延伸的结果，是教师教育理论延伸力的直接体现，它体现着教师"自由驾驭各种观点的能力"，即"超然的接受"[11]能力。

（三）经验借鉴力

"最好的学习力，绝不是取得哈佛耶鲁的博士学位，而是可以不断从生活中汲取知识、能量和动力的能力"，[12]这就是经验借鉴力。换个角度看，教师专业成长力来自教育经验的增长，这种"经验"有两个生成之源：一个是自我的教育经历，一个是对他人教育经验的借鉴。就其功能来看，自我教育经验增长是教师专业自然生长的表现，而对他人教育经验的借鉴则是教师专业自主发展的途径。对教师个体而言，不一定同行的所有教育经验都会进入自己的眼帘、引发其学习与效法意识，只有那些对解决教育实践问题有特效的教育经验，那些其他教师在长期摸索中形成的教育实践的独特应对方式才可能构成教师自愿学习的对象。从这一意义上看，这些教育经验是其他教师在教育生活中形成的比较优势所在，是每个教师应对教育实践难题的独有法宝和秘密武器，正是它们在形成着该教师与身边教师的区分度与差异性。显然，教师对这些教育经验借鉴的方式与水平是决定着其最终发展水平的关键因素，是教师专业学习力的核心构成要素。教师对他人教育经验的借鉴效果取决于三个因素：

其一，对他人教育经验的敏感阈限。对学习意识敏锐的教师而言，其他教师身上稍有强于自己的教育经验就可能引起他的注意与察觉，被它们作为新经验、好经验来接受；而对学习意识迟钝的教师而言，即便在其他教师身上存在的那些明显强于自己的教育经验也难以引发其学习意识与需要。这种对教育经验差异的敏感度就构成了教师对外界教育经验的敏感阈限。

其二，对他人教育经验的接收方式。针对他人教育经验，教师不仅要肯学、愿学，而且要会学、善学，教师对新教育的接收方式直接决定着其专业成长状况。教育经验总是存在于教师个人的生活世界之中，它是与其教育经历、教育情境、个性风格等融为一体的，教师要想将其从中剥离出来就必须采取一些有效的方式与技术。不同教师之间教育经验的沟通与对流方式有多种，如经验交流、课堂现场切磋、观课听课、课堂视频赏析等。经验接收方式的类型多寡与差异直接决定着教师经验学习的效果与水平，并折射出教师学习力的状况。

其三，与他人教育经验的结合效果。他人的教育经验毕竟是外来的，它只有融入教师自身的经验结构或主体结构中才可能真正成为教师专业自我的一部分，实现对其专业成长的促进效能。他人教育经验向教师自我的内化与结合进程大致可分为三步：嵌入——磨合——融合。在"嵌入"环节中，外来教育经验仅仅停留在教师的观念或大脑中，还未和教师自我的经验结构相化合、相结合；在"磨合"环节中，新经验与教师自我的认知结构发生了相互作用（其主要形式是同化与顺应），推进了教师专业自我的转变；在"融合"环节中，在与新经验作用中，教师的新专业自我形成，新教育经验转变成为教师专业自我的有机构成。可见，对外来教育经验的结合能力是教师专业成长力的重要构成。

与上述三个因素相对应，教师的经验借鉴力就包括三种：经验察觉力、经验接收力与经验结合力，它们从教师对教育经验的接触、吸收与结合等三个角度体现着教师的专业学习力。

（四）情境理解力

教师学习的对象不仅包括他人创制的教育理论、教育经验，还包括自制的教育经验、教育认识。教师不仅是教育理论、教育经验的消费者，还是教育理论、教育经验的生产者。在教育经验、个人教育理论的创造中，教师自导着自己的专业成长历程；在观课上课的实践中，教师凭借自己对课堂教学情境的认识与把捉，凭借对教育问题的发现与猜摸延伸，丰富着自己的教育经验。任何教育经验、教育认识都始于教师对教育情境的感知、解读与定义。"情境定义"的能力是教师专业成长力的又一构成，它是教师专业成长的萌发点。舍恩指出，"在真实世界里，实践问题并非以良好结构展示在实践者面前"，实际上，"呈现在他们面前的根本不是问题，只不过是杂乱而模糊的情境"。[13] 教育情境是一个多因素复合体，模糊性、多意性、多维性是其明显特点。教师对教育情境的定义与理解实际上是一个"理论"眼光介入的过程，是我们"从不同方面对问题情境进行框定"[14]的过程，是教师对教育情境看法的形成过程。"看法决定做法"，教师用什么眼光与视野"看"教育情境，用什么方式去锁定教育问题，直接决定着教师有效教育行为的生成。针对同一教育情境，不同教师的理解力不同、看法不同，其对教育情境的应变力、干预力也就不同。不同教师教育行为差异的背后是其对教育情境的理解力和审视眼光的差异。教师对教育情境的理解力主要包括两个方面：

一个是对教育情境的解释力。所谓"解释"，其实质是将一定理论视角嵌入教育情境的过程，是用一定理论立场或视角来分析教育情境，并藉此把控教育情境的实质及走向的能力，它实际上体现的是教师将教育理论与教育情境相匹配的能力。教育情境选择着教育理论，这种选择的基础是用多种教育理论来解释教育情境，形成教师认识教育情境的多种视野与眼光，尽管对特定教育情境而言只有某一教育理论具有专门适用性。教师对教育情境的解释力强弱源自两方面：其一是认识视野的广度，其二是认识情境的深度。一般而言，相对深刻、稳妥的教育理论对教育情境的解释会客观些，会更有助于教师对教育情境做出高效、精准的反应。教育理论与教育情境的结合势必导致一种教育认识意向的产生，这种意向的可行性与正确性直接取决于主体所选用的教育理论的适切性。

另一个是对教育情境的判断力。对教育情境解释的结果是大量教育意向、行动倾向的产生，教师必须对之做出理智选择与判断，以之作为自身教育行动生成的最终依据。教师对教育情境的判断不是随机的，而是循着教育情境延伸的自然态势和教育行动的大方向做出的。在教育情境中教师受到双重力量的带动：一方面，他被教育情境推着走；一方面，他在自我意志的主宰下自主地走。教师对教育情境的能动性就在于它要顺着教育情境的自然之"势"行进，并灵活机智地导引这种走势的延伸方向，形成教师个性化的自主成长之路。因势利导是教师应对教育情境的基本方式，教师对教育情境的判断是实现这种因势利导的抓手。教师对教育情境的判断主要有以下内容：对教育情境的性质判断，看它是有利于教育目的实现还是有碍于教育目的实现；对教育情境的价值判断，看该情境对教师专业成长是否构成挑战与助力；对教育情境的态度判断，看教师是积极迎对还是回避，等等。在教育情境中，教师既要将做出教育判断根植于教育情境之中，又要善于从各种情境走势中摆脱出来，实现对教育情境的自觉引控。因此，教师对教育情境的判断力实际上是指教师融身于教育情境之中做出"超情境"的、脱身于教育情境的教育判断的能力。

（五）问题研究力

问题隐藏在教育情境中，隐藏在教育现象的背后，教师专业成长始于对这些教育问题的把捉与思考。教师向教育实践学习的实质是向教育问题学习，是围绕教育问题而展开的探究活动。如果说学习有两种：一种是结论中心式学习，一种是问题中心式学习。那么，理论学习与经验学习属于前者，它是教师对间接经验的吸纳活动，而问题研究活动则属于后一种学习，它是教师对直接经验的吸纳活动。问题是在教育实践中不经意地涌现出来的一种阻滞教师成长的困境，它召唤着教师全力以赴地面对并为之求解。跨越了问题的屏障，教师专业获得了成长；在解决问题中积累着教师的专业学习力，在解决问题的方式与效果中展现着教师的专业成长力水平。正如某学者所言，"教师的思考意识和研究姿态就是教师成长的潜质。如果判断一位教师未来的发展状况，就看他是否具有思考的习惯、研究的精神和持续的行为。"[15]

在教育实践中，教师面对的"问题"有两种：其一是学者们探讨的学术问题，其二是教师个体在教育实践中面临的真问题。对前一问题的研究产生的是学术成果，对后一问题的研究产生的是实践效果。对这两种问题的研究都能够促进教师专业的顺利成长。问题研究考验着教师的专业成长后劲：对那些面对教育问题积极关注、机智求解、努力攻克的教师而言，其自主发展的基础会变得日趋厚实，从而可能在新的教育实践中表现出卓异的专业技艺（舍恩）；而对那些在教育问题面前置若罔闻、呆板懒怠、麻木回避的教师而言，其专业成长的速度会变得日益缓慢，成长周期会被延长，教师专业发展水平必然受限。一句话，教师对待教育问题的态度与方式直接与教师专业成长相关联。

在教育实践中，教育情境召唤着教师专业成长，教育问题挑战着教师专业成长。教育问题是刺激教师专业成长的引擎、是激活教师专业潜质的酵素、是盘活教师专业发展资源存量的车间，在问题研究中成长是教师专业成长的常态。

在问题研究力中有以下三个环节需要关注：问题抓取能力、问题剖析能力和对策形成能力。其中，问题抓取能力是指教师从复杂多变、模糊混沌的教育情境中发现新问题的能力，能否抓住核心问题、关键问题是决定研究效能的首要因素；问题剖析能力是指教师对所研究问题进行多维剖析与透视，进而抓住问题的关节点、把握问题的实质、把问题看透的能力，它是形成有效解决对策的基础；对策形成能力是指教师针对特定问题制订出有效解决预案与行动计划的能力，是教师组合、优化各种解决措施的能力，它是教师问题研究能力的综合体现。这三方面能力分别构成了教师问题研究力的三个子项目：问题形成力、问题分析力与问题解决力，是教师学习力的最直接体现。

参考文献

［1］杜威.杜威教育名篇［M］赵祥麟，王承绪，主编.北京：教育科学出版社，2006：104.

［2］常作印.做一个"变态"的老师［EB/OL］.http：//wangguixiang1978. blog. 163. com/blog/static/595053932 009623110 55469/.

［3］杜威.杜威教育名篇［M］赵祥麟，王承绪，主编.北京：教育科学出版社，2006：126.

［4］彼得·圣吉.第五项修炼——学习型组织的艺术与实务［M］郭进隆，译.上海：上海三联书店，1998：4.

［5］舍恩.培养反映的实践者［M］郝彩虹，等译.北京：教育科学出版社，2008：31-143.

［6］胡东芳.从"教"者走向"学"者［J］.教育发展研究，2010（12）.

［7］朱元春.对教师教育中教育实践的重新审视［J］.教师教育研究，2007（5）.

［8］常作印.做一个"变态"的老师［EB/OL］.http：//wangguixiang1978. blog. 163. com/blog/static/595053932 009623110 55469/.

［9］徐小平.学习力：低景气时代的成长力［EB/OL］.http：//www. 360doc. com/content/10/1011/23/ 2145208_60247 134. shtml.

［10］舍恩.培养反映的实践者［M］.郝彩虹，等译.北京：教育科学出版社，2008：113.

［11］徐小平.学习力：低景气时代的成长力［EB/OL］.http：//www. 360doc. com/content/10/1011/23/ 2145208_60247 134. shtml.

［12］舍恩.培养反映的实践者［M］.郝彩虹，等译.北京：教育科学出版社，2008：4.

［13］舍恩.培养反映的实践者［M］.郝彩虹，等译.北京：教育科学出版社，2008：5.

［14］胡明珍.教师成长力源于研究态势［J］.教书育人，2009（28）：27.

论教师专业发展的情感基础 [①]

刘胡权 [②]

摘要： 教师的情感与专业发展有着基础性的关联，它贯穿于生命成长的各个阶段，对教师专业发展不仅具有工具性价值，更具有本体性价值。教师对作为"内质性"条件的情感的认知及自觉影响其对"育人"的整体认识及教育行为；教师积极、正向的情感状态的长期持存有助于增强职业认同与自我成长的内驱力，抵御各种危机；教师在职业生活中经常出现的情感品种及情感品质是专业发展的灵魂，是教师职业信念、道德操守的重要源泉；作为能够外化出来的情感能力是教师"育人"的重要体现，需要不断锤炼。

关键词： 专业发展；情感基础；情感能力

教师的情感与专业发展有着基础性的关联，它贯穿于生命成长的各个阶段，对教师专业发展不仅具有工具性价值，更具有本体性价值。教师专业发展本身是一种"情动"的实践，而非纯粹技术或能力取向。无论我们承认与否，情感在教师专业发展过程中都扮演了重要的角色，只是我们"日用而不知"。建构教师专业发展的情感基础，对于我们重新思考、认识教师的专业发展有着重要的理论与实践意义。

---

① 本文系北京教育学院 2018 年度重点关注课题"在职教师教育学科体系建设的理论与实践"（课题编号：ZDGZ2018-01）的研究成果之一。
② 刘胡权，北京教育学院副研究员，教育学博士，主要研究方向为教师教育。

一、教师对情感的认知及自觉影响整体"育人"

意大利的汉学家史华罗通过对明清文献的跨学科文本研究发现，中国人的每种情感背后都表达了作为主体的我们所内在的且对我们有特殊意义的东西，这些东西是内驱力、本能、需要、动机、目标或期望。[1]这些意义可以分为：一是与主体生理身体和心理特性有关的个体利益（personal interests），这包括基本需要、安全以及对自我及其形象保存的完整性；二是与主体社会性有关的关系利益（relational interests），这往往通过经验和学习而获得，诸如独立性、社群关系、实践需要、参与需要、自主需要；三是与个性规范化有关的社会利益（social interests），比如公正和道德，或者可称作"自我实现"的需要。[2]可见，内驱力、本能、需要、动机、目标或期望是情感作为"内质性"条件（内在的质性条件）发挥工具价值的重要体现。离开这些去谈专业发展，只能是抽离了"血肉"的"技术熟练者"的教师形象，远离教师专业发展的真实面目。

一般意义上，我们会将知识、观念、能力等作为构成教师专业发展的内涵，往往忽略"情感"及以情感为基础的"人格"（意即"情感—人格"）在教师专业发展过程中的基础性作用。本文认为，情感几乎是个人实践知识形成最深藏的奥秘，不可能与其认知内涵割裂开来。认知本身就是生命整体性参与的过程，如果没有生命的整体参与，只能是干瘪的、无助于生命成长发展的。目前，"第二代认知科学"对认知机体论的、情境性的、发展变化的以及复杂性系统的新特点的强调，都显示出了情感对于人的发展具有重要的本体价值。因为兴趣、热爱、迷恋等情感体验是由一定的对象（目的物）所唤起，是驱使人的行为的内在动力，只有通过主体内在的自豪、自信、胜任和自我满意等情感体验加以巩固，人才能获得持续、稳定的内在动力，从而保证学习的效果和质量。[3]在人的社会性发育过程中，情感最直接、真实地表达其与人的社会性联结，因此，情感维度理应成为教师专业发展的基础性维度，而不是只强调知识、技能维度。本文认为，作为基础性条件的"情感—人格"与知识、观念、能力等共同构成了教师专业发展的内涵。

优秀教师因其自身特定的情感经历以及在职业生活中情感经验的累积，他们能够认识到学生在很多方面表现出的问题是因为正当、合理的情感需求没有得到满足，所以他们能够给予适时、适切地回应，帮助学生解决存在的问题，从而体现作为"反思实践者"的教师形象。然而，很多时候一般教师并未将情感作为一个重要的考察维度，而只是根据过往狭隘的、浅表的经验或自身成人的思维定势去简单、粗暴地处理，他们眼中的学生不是有着自身情感需求的活生生的人，他们并未近距离接近学生，而只是想尽快解决问题，减少自己的麻烦。这种短视的无视人成长需求和差异的行为不是教育行为，其背后也反映了教师对情感领域认识的无知及空白，而这种无知会直接影响教师对专业发展的狭隘认知，以致在行为层面做出错误的行动。

因此，对于教师而言，教师既需要认识到情感对教师专业发展的促进、激励、推动等作用，也需要认识到教师的情感觉察、回应及表达对学生认知、情感及人格发展的重要作用。教师也要培养自己在情感觉察、回应及表达方面的敏感性[4]，以更好地适应学生发展的需要。教师还需要进行自我设问：教师职业是一种怎样性质的职业？要做好教师工作，需要怎样的情感支持？在日常教育生活中，我遭遇到了怎样的情感经历或情感冲突？我又是如何转化克服的？我应该以一种怎样的情感状态面对学生？我是否具有足够的敏感性能够发现、识别并调适情感？怎样的情感表达能够建构一种和谐稳定的师生关系？在不断思考这些问题时，教师也会获得一些有关情感方面的自我认知，并不断进行反思实践，进而改善自己的专业发展。

二、积极、正向情感状态的长期持存有助于增强内驱、抵御危机

一切情感都产生于我们的联系。斯宾诺莎将内驱力、动机、情绪和感受等概念统称为情感（affects），并认为这是人性的核心方面。他认为，感

受（feeling）是由情绪及相关现象所引发的各种痛苦及快乐的体验，快乐和痛苦是他试图理解人类以及建议人们如何生活得更好的两个重要概念。他进而将情感分为"积极的"和"消极的"两类，前者表现为对现实的热爱，后者则表现为对现实的拒斥以及沮丧、怨恨的情绪。他认为，消极的情感源自我们对真实本性和外在环境的无知，只有理解生活并积极地参与生活，才能获得快乐。当我们生活在主观世界和客观世界相和谐的境地中的时候，自由来自我们对自身终极动力的理解。[5]根据斯宾诺莎的理解，我们可以认识到情感状态（感受）是由情绪及相关现象所引发的生命体验，它产生于生命过程，又是生命的来源，也是生命所指向的目的。但是这些生命的体验是短暂的、持存的、可调节的，它是情绪情感的基调。在日常生活实践中，我们很容易能够感受到，正向、积极的情感状态的长期持存有助于我们增强内驱、抵御危机，而负向、消极的情感状态的长期持存显然不利于我们的身心健康，甚至影响我们的生命质量。"正向—积极"与"负向—消极"的划分，有助于我们反思自身的情感状态，从而集聚正向、积极的情感状态，抵御负向、消极的情感状态。

情感状态的生成也是一个复杂的过程。在生命早期，生命体因为跟外界的联结较少，我们对外界的感受也比较单一。伴随成长中自身经验的不断丰富，我们辨识、感受能力的增强，敏感性随之增强。但也正是由于外在的规范、束缚太多，使得我们的敏感性随之降低，或让位于其他我们认为重要的东西。如果在生命早期能够持续引导并强化安全、舒适、依恋、被爱和信任等正向感受，那么我们神经系统之间的积极性联结就容易建立并逐渐形成条件性反应，日后如果身处相似情境，容易再感受到积极的情感体验，这为个体情感健康发育提供了重要的基础。没有这个基础，个体情感会面临许多危机，不利于个体身心发展。

对于教师而言，因为自身职业的无边界性、多面性和不确定性，以及自身作为"中间人"对他者高度负责的角色，使得教师在日常的职业生活中经常会产生压迫感、焦虑感、陌生感等一系列面对日常生活矛盾的负面感受，甚至会遭遇深深的无力感及分裂感。如果教师自身的情感基础比较健康、稳固的话，教师就能够抵御倦怠感等类似的负向、消极情感。相反，如果教师自身的情感基础比较薄弱的话，这些负向、消极的情绪情感长期持存，不仅会影响教师的心理健康，还会对教师的专业发展乃至学生的成长产生负面的影响。

因此，教师要尽量从自己繁杂的工作之中回到事情的本源，认识到教师工作的"回归性"，看到其积极的一面，进而生成一种积极的情感体验，去获得一种自我效能感和自我价值观，而不要被消极的情感体验牵引。这就需要教师自身提升对情感状态的敏感性与辨识能力，多集聚正向、积极的情感状态，尽量避免或积极转化负向、消极的情感状态。如果教师能在日常中不断训练自己的能力，那他们的情感状态就会趋于平和、祥和。当然，教师们也要认识到，有些负向情绪可能会有一定的正面价值，但不宜持续存在；教师要以"反思实践家"的形象认识自我、反思自我情绪情感状态；教师要学会与自己展开情感生活的对话，通过思考自己在现实中的处境、寻找束缚自身的力量、解释情感状态（感受）产生的原因然后学会"转念"，生成并强化一种正向、积极的情感体验，逐渐恢复和重新获得自我同一感。

三、教师的情感品质是专业发展的灵魂及源泉

情感不仅是生命的重要组成部分，也是教师专业发展不可或缺的持久动力。教师自身感受、体验着人类丰富情感的撞击，也有责任使学生感受到人类情感的丰富，要善于将自己的感受及情感体验传导给学生。如果一个教师不懂得情感的操练，对生活没有深刻的体验，能给予学生怎样的影响呢？一个自己生命都没有绽放的教师如何去引领学生领悟生命的意义与追求？一个教师如果都不知道内质性的东西何在，把生命的重心放在外部世界，用世俗的观念、他人的意见来左右自己的生活乃至生命，如何成就学生呢？因此，教师自身生命的存在就是一本打开的书，是学生学习的最大教育资源，其丰富的情感、高海拔的精神、积极的生命状态、超越世俗的境界格局，都可以使学生耳濡目染、春风化雨。可是，现在教师大都疲

于应对日常和教育教学琐事，甚至忘记了关心、亲密关系、尊重、激情等情感品质的重要性，这些情感品质对教师自身的专业发展、对良好师生关系的建构、对教育教学的效果有着积极的影响。在某种意义上讲，正是这些在职业生活中经常出现的、有积极价值的情感品质支撑着一个教师能走多远。

那么，作为"反思实践者"的优秀教师在职业生活中一般拥有哪些有价值的情感品质呢？回溯优秀教师的个人生活史，我们可以发现，优秀教师群体之所以"优秀"，是因为他们所共有的一些情感品质：例如，责任感和意义感。责任感是个体在关系性存在中既体认到自我的价值，也体认到自我对他人或其他事物的正当性或合理性的要求。责任感以意义感为基础，而意义感的获得是在关系性的存在中和特定的文化价值体系中体认到自身存在的价值，是主体对自我存在的一种确认，教师的意义感源于教师对职业的认同感、归属感和使命感，对社会外在规范、期待等的内在认同、同一。例如，愉悦感。愉悦感并非简单的生理"快感"，而是一种以喜悦和快乐为基调的包含着喜怒哀乐多种复杂情感在内的精神满足感，这种精神的满足源于教师能够以超功利的态度看待自己的职业，但是并非所有教师都能体验得到或超越功利去看待职业内在的美。只有钟情于此，将自身生命与职业使命融为一体的教师才能体验到这种教育的境界——生命的创造。例如，满足感和幸福感是其自尊感的源泉，它们源于看到学生的成长和进步后感到自己倾注心血的回报；源于给予和付出的心甘情愿且内心的自足；源于对职业价值的深深确认。此外，例如生命感、真实感、效能感、自我实现感等都是教师在职业生活中不断锤炼、不断沉淀所形成的积极的情感品质。

本文认为，教师所持有的积极的情感品质有助于教师整体生命状态的敞开，而教师整体生命状态的敞开，才能使得学生的生命打开，从而在生命的交流、流淌中，实现教育的意义。这种以情感影响情感、以生命影响生命的方式，使得处于关系之中的师生双方共同成长。因此，教师对情感品质的筛选、积累、持存十分重要。这就要求教师一是要对那些具有积极价值的情感品质比较敏感，避免"不感症"。教师要有意筛选、梳理自己的情感品质，发现促使其生成的情境或条件。二是要呵护、珍爱这些积极的情感品质，在日常生活实践中，从审美的角度而不只是现实的利益需求，修养身心，不断内省并随之主动调节。即以一种非功利或超功利的态度，在丰富的情感体验中走向审美体验。走向审美的教师情感，能够突破、超越现实的樊篱和琐碎，反观生命的成长和完善，获得生活的乐趣和意义。

四、教师的情感能力是情感育人的重要体现

长期以来，谈及"能力"我们更多讨论的是认知能力。伴随情感研究的开展，我们也逐渐认识到，"情感"也是一种重要的能力。对于教师而言，长期以来，我们对围绕知识传授和自我专业发展的教育教学能力比较重视，认为它是教师专业发展的重要体现。不可否认，教师需要这种基本的"知识传授"的能力，但是这种能力同样需要作为"内质性"条件的情感的支撑。试想一个教师如果不喜欢他的学科、不了解学生成长及学习认知的规律、不具备自我更新的勇气，这个教师的教育教学能力何以提升？教师除了应具备教育教学能力之外，还需要具备围绕学生成长和发展困惑予以帮助的问题解决的能力，这也正是作为"反思实践者"的教师形象所应该具备的基本能力，即"生命体照料"的能力，这种能力同样是教师专业发展的重要体现。

"生命体的照料"需要教师对生命体本身的成长发展规律有一定的认识和理解。在美国学者加登纳的《多元智能》一书中，作者通过脑科学、心理学和人类学等研究和界定了人际智能（人际感）和自我智能（内省感），指出人的表情识别、体察自身及他人的情感等都有特定的脑区及特定的神经运行方式。这两种智能对人发展的具有重要影响。无论是了解别人的人际智能，还是自我了解的内省智能，其核心是"识别—回应"，其实指的就是人的情感能力。朱小蔓将有外化表现、有功能作用的方面称为情感能力，主要包括识别、表达和调适三种能力。[6]情绪识别是对表情的辨认，对别人或自己的内在感受、内在情感需求的辨认；情绪表达是语言或肢体的适

切回应；情绪调控是情绪的调节与控制。具体而言，表现在对己、对人的三组情感能力。对己方面——识别、认识自己的情绪、脾性、旨趣；善于运用语言和非语言等形式适切表达自己的情绪情感；能够正确看待挫折与失败，激励自己、战胜挫折。对人方面——能够通过表情、体态、肢体语言等外在表现识别或辨识他人内在的动机、兴趣、需要等，进而能够适切表达或回应，体察他人的处境或状态，能够动机移位，做到照顾、理解他人情绪情感；能够移情、分享；善于欣赏、激励、感染他人。[7]

通过优秀教师的生活史回溯，我们可以发现，优秀教师的情感能力主要体现在"育人"方面：优秀教师作为情感实践的主体，具备教育的敏感性，能够在学生细微之处体察、发现、洞察他们的情绪情感状态或情感需求，理解学生的"明示需求"，并做出及时、适切的回应或表达，这种回应或表达是"在适当的时候、对适当的事物、对适当的人、在适当的动机下、在适当的方式下所发生的情感，这种情感即是美德。"[8]这种回应是基于学生生命成长特点的，是全身投入的积极状态，作为整个生命的敞开，并在敞开的过程中帮助学生获得或重拾生命与知识的联结。[9]优秀教师能够成为学生情感倾诉的第一人，倾听学生的烦恼、与学生探讨未来发展等，从而拉近与学生的情感距离，建立起和谐、信任的师生关系。

为此，教师首先要理解学生们的发言或行动中所包含的情感，对学生的情感需求进行识别、觉察和发现，并作移情理解，感同身受；其次，教师要在情感识别的基础上进行适切表达，要考虑到环境、学生身心、学生背景等重要因素，要能够控制自己的情感而不为情感所役使，这主要涉及教师的情感表达，即教师在识别的基础上适时回应、表达、调适，作出符合身份、场景、情境的恰当表达。识别、觉察、发现[10]，移情、共情、理解，回应、表达、调适，这一系列的教师"情动"实践本身虽有技能技巧性，但更多是教师自身的"情感—人文"素养，是教师专业性的最好体现。如果教师与学生保持距离，远离教学，那么这种"自我保护"性的自我与教育实践割裂，只剩下冷冰冰的知识、技能，远离了学生，何谈专业性？

由上所述，教师的专业性不但包含理智的判断，而且由于是与人相关的工作，所以还包含着对人情感的理解。教师面对的生命都是多样的，教师生命与学生生命的相遇，本身就是情感发生、介入、发展的过程。[11]教师专业发展如果没有情感支持，是难以想象的。情感，作为教师专业发展的内质性条件，不仅具有工具性价值，更具有本体性价值，抽离了情感基础的专业发展必定是蹩脚的，也难以走远。因此，我们要关注教师情感之维，促进教师专业发展。

参考文献

［1］［2］史华罗.中国历史中的情感文化——对明清文献的跨学科文本研究［M］.林舒俐，等译.北京：商务印书馆，2009.

［3］朱小蔓.与世界著名教育学者对话（第一辑）［M］.北京：教育科学出版社，2014：55.

［4］刘胡权.关注教师情感人文素质，提升教师教育质量——北京师范大学朱小蔓教授专访［J］.中国教师，2015（1）：88.

［5］安东尼奥·R·达马西奥.寻找斯宾诺莎：快乐、悲伤和感受者的脑［M］.孙延军，译.北京：教育科学出版社，2009：4-5、18.

［6］朱小蔓.情感德育论［M］.北京：人民教育出版社，2005：52.

［7］朱小蔓.关注心灵成长的教育——道德与情感教育的哲思［M］.北京：北京师范大学出版社，2012：175、399.

［8］亚里士多德.诗学［M］.罗念生，译.北京：人民文学出版社，1962：119.

［9］林建福.教育哲学——情绪层面的特殊关照［M］.台北：五南图书出版公司，2001：181.

［10］秋田喜代美，佐藤学.新时代的教师［M］.陈静静，译.北京：教育科学出版社，2013：36.

［11］B.A.苏霍姆林斯基著.给教师的建议［M］.杜殿坤，编译.北京：教育科学出版社，1984：421.

第二辑　教师学习影响因素与实践应对

师范生学习素养：内涵、结构与现状分析

——基于省属师范院校本科师范生抽样调查的初步探索 [①]

杨　跃　梁圣翊 [②]

摘要：师范生学习素养是师范专业大学生为应对社会发展、教育变革及教师终身可持续专业发展的要求而在职前师范教育阶段表现出的综合性学习品质。面向省属师范院校本科师范生的抽样调查发现，对教师专业学习内容与有效方法的目标意识，对掌握教师专业学习有效方法并取得学习成就的自我效能感，积极投入教师专业学习、克服困难并主动规划和寻求学习资源的学习准备，以及认同专业学习价值、自我负责的学习责任感，是师范生学习素养的主要体现；当前，本科师范生学习素养的总体状况虽然良好，但仍存在可望提升之处，需要深入推进教师教育课程、教学及评价等全方位改革。

关键词：师范生学习素养；学习目标；学习效能感；学习准备；学习责任感

---

① 本文系江苏省 2017 年度高等教育教学改革项目"本科师范生教师教育课程衔接研究"（项目号 2017JSJG199）和江苏教育现代化研究院中长期项目"未来 5–10 年江苏教师队伍建设的发展战略研究"的阶段性研究成果。

② 杨跃，南京师范大学教师教育学院教授，教育学博士，研究方向为教师教育、教育社会学。梁圣翊，南京师范大学教师教育学院硕士研究生，研究方向为教师教育。

一、问题提出

教师是世界各国教育改革普遍关注的"21世纪核心素养"能否在课程、教学与评价等教育环节得到真正落实的关键所在，培养中小学生发展核心素养要求教师教育前瞻性地思考和培养中小学教师的核心专业品格和必备关键能力。学习素养是各国际组织和发达国家、地区学生核心素养的重要指标，欧盟、联合国教科文组织、美国、英国、加拿大、芬兰、中国台湾等都将学习素养列为核心素养一级指标，"学会学习（learning to learn）"也被列为我国学生发展六大核心素养之一[1]。"学会学习"核心素养在基础教育阶段能否得到有效培养，广大中小学教师自身是否具备"乐学善学"等优秀品质并进而"乐教善教"至关重要。师范生兼具"当下的大学生"和"未来的学校教师"双重角色，师范生只有"学会学习"、"学会教学"，才可能在未来从教工作中"授人以渔"、促进中小学生"学会学习"。

学习，"作为结果，是由经验或练习引起的个体在能力或倾向方面的变化；作为过程，指个体获得这样变化的过程"[2]。"学会学习"、"教会学习"并非教育研究的崭新主题，"教学生学会学习是教师的天职"也近乎常识，但"学习素养"作为学术概念提出并展开实证研究，在国内却兴起于近15年①，研究对象涉及中小学生、大学生、成人终身学习者以及教师专业人员等。围绕大学生学习的研究主要涉及大学生的学习方式、学习策略、学习参与（或投入）、学习经历、学习满意度、学习成果（学业成就）、学习韧性、学习力等理论探讨与实证分析[3][4][5][6][7][8][9]；在"学生发展核心素养"研究的推动下，教师需要提升哪些最关键和最迫切的素养以应对21世纪的教育挑战成为教师专业素养研究的重点②；教师学习研究方兴未艾，

---

① 以"学习素养"为关键词，在知网"全部期刊"中，且"时间不限"进行检索（检索时间为2018年10月30日），发现相关论文最早发表于2004年。研究者认为身体向度、心理向度、教育向度和主体向度是学生学习素养的四个重要方面，亦是学习过程的四个支柱，是提高学习效率的关键要素。参见王延寿. 学习中"高原现象"的成因及对策［J］. 中国教育学刊，2004（7）：33—35.
② 例如，有研究者将"小学教师核心素养"的内涵理解为"教育情怀、专业知识、专业能力的三位一体"，从这三个维度出发探讨了适应小学教师专业成长和职业发展需要的必备品格和关键能力，并将"学会学习、实践反思、勤于研究和终身学习"视为"养成教师核心素养的基本途径"。［惠中. 基于"标准"的小学教师核心素养的培育［J］. 中国德育，2017（5）：48—53.］

但对于"教师学习素养"内涵及构成的理论与实证研究却凤毛麟角①。通过文献梳理发现，当前我国教育研究中，中小学生发展核心素养研究逐渐丰富但多为理论、政策探讨，其中，学习素养研究虽是热点之一，但成熟度较低，多附属于核心素养指标体系研究，缺乏对学习素养内涵及学习内容、方法、评价方式的深度研究[10]，学习素养构成尚待科学测量；聚焦身兼"大学生"和"准教师"双重角色的师范生的学习素养研究更是付之阙如，尤其缺少对师范生学习素养构成维度的理论探讨与实证调研。作为教师教育体系重要组成部分的师范教育肩负着为师范生的教师专业可持续发展奠基的重大使命；明确师范生学习素养的概念内涵、建构师范生学习素养的评价维度，实证调查师范生学习素养的现状，在此基础上有针对性地进行教师教育课程、教学及评价改革，具有现实意义和学术价值。

二、研究设计与实施

（一）概念界定

当前学术界对"学习素养"内涵②的界说可以区分为广义和狭义。广

---

① 在知网以"学习素养"为主题检索词，在"核心期刊"中且"时间不限"进行检索（检索时间为 2018 年 10 月 30 日），只检索到 1 篇有关教师学习素养结构的论文，该文认为"教师学习素养包括学习科学、问题解决、知识建构、学习方法和学习组织等方面"。参见周英杰.学习素养：教师专业的基石[J].教师教育研究，2017（2）：30-35.

② 论及"学习素养"的内涵，常常与"学习力"（或"学力"）概念相关联。我国教育界一般将"学（习）力"理解为"支撑学习者持续不断学习的各种力量因素的综合系统"，其要素构成中，以学习能力为核心的行为系统是学（习）力培育与生成的重心，动力系统是前提，调节与支持系统是保障（贺武华."以学习者为中心"理念下的大学生学习力培养[J].教育研究，2013（3）：106-111.）。欧盟 2005 年正式发布的《终身学习核心素养：欧洲参考框架》是将"学会学习"理解为"一种从个体和团体两个层面高效地管理时间和信息而组织自我学习的能力"，并从知识、技能与态度三个维度描述了"学会学习"核心素养，强调批判性思维、创造性、主动性、问题解决、风险评估、决策、情绪管理都是终身学习必需的素养（European Commission（2006）.Key competences for lifelong learning：European reference framework.Luxembourg：Office for Official Publications of the European Communities.http：//www.alfa-trall.eu/wp-content/uploads/2012/01/EU2007-key Competences L3-brochure.pdf.参见师曼，等.21 世纪核心素养的框架及要素研究[J].华东师范大学学报（教育科学版），2016（3）：29-37.贾绪计，等."学会学习"素养的内涵与评价[J].北京师范大学学报（社会科学版），2018（1）：34-40.

义"学习素养"指个体的知识、能力、态度倾向等多种要素的总和，包括个体学习的身心基础、动力系统、能力系统和已有知识底蕴等[11][12][13]。狭义"学习素养"则指除了学习能力和已有知识水平以外的、影响个体学习成就的性情倾向因素，包括学习者在学习意识、情感、意志等动力系统和学习规划、调节等策略系统所表现出的综合性学习品质[14][15][16]。

本研究取"学习素养"的狭义意涵，将"师范生学习素养"理解为大学师范生为应对社会与教育变革的挑战和教师终身可持续专业发展的要求，在职前师范教育阶段表现出的认知、情感、意志等各方面的综合性倾向和特质（如识别和判断自身学习需求、知晓学习目标、自主规划与调控学习过程、寻求与利用学习资源等，但不包含已有知识与能力基础）。

（二）研究工具

本研究基于"师范生学习素养"概念意涵，结合教师专业学习内容、方法的特点，借鉴学习科学及教师专业素质等领域的已有研究成果，自编《本科师范生学习状况调查问卷》。

问卷共42题，均为单选题。其中，第一部分（共6道题目）为个人基本信息，旨在获取问卷作答者的就读高校、性别、年级、师范专业方向、高中母校教育风格、接受学习指导的经历等；第二部分（共12道题目）是请师范生结合自己师范专业的实际学习情况（主要涉及学习态度、学习动力、学习方法等），判断自己的学习情形与题目陈述内容（如："进大学以来，我对师范专业一直抱有强烈的学习热情。""进大学以来，当我在'学习教学'中遇到困难时，我能够努力克服困难。"等）的一致性程度；第三部分（共24道题目）是请师范生判断自己对题目陈述内容（主要涉及学习内容、学习方法等，如："本科师范生必须深入学习、掌握中小学生在学习具体学科内容时的认知特点。""本科师范生一定要加强教育教学原理的研究性学习。"）的态度。考虑到相比于五级评定，四级评定一般"不会对整体研究结果产生明显影响"，而且"可以迫使研究参与者倾向于选择其中某一种答案"，因为"这样的答案设置不允许参与者持有中立意见"[17]，从而可以有效地避免作答时出现"居中效应"；故第二、三部分的题项均采用四级量表评定法（分别区分为"不符合、不太符合、比较符合、符合"和"不赞同、不太赞同、比较赞同、赞同"四个等级），依序记1–4分（分值越高，符合或赞同程度越高）。部分题项采用反向叙述，计分时做相应调整。

（三）研究对象

分层整群抽样选取省属师范大学和师范学院各1所，邀请大学本科二～四年级[①]的师范生在"问卷星"平台填答问卷。共回收1402份，将作答时间低于100秒[②]、作答者勾选"本科一年级"的问卷剔除后剩余有效问卷1276份（有效率为91.01%）。调查对象中，男生197人（占15.44%）、女生1079人（占84.56%）；本科二～四年级人数分别是727人（占56.97%）、270人（占21.16%）和279人（占21.87%）；语文、数学、英语、思政、历史、地理、物理、化学、生物、计算机、音乐、体育、美术方向及教育技术学、小学教育、科学教育、艺术教育专业的人数依次为163（占12.77%）、159（占12.46%）、229（占17.95%）、79（占6.19%）、51（占4.00%）、90（占7.05%）、105（占8.23%）、108（占8.46%）、114（占8.93%）、27（占2.12%）、12（占0.94%）、1（占0.08%）、63（占4.94%）、24（占1.88%）、16（占1.25%）、30（占2.35%）、5（占0.39%）。

（四）数据统计

本研究采用SPSS18.0进行数据分析。自编《本科师范生学习状况调查》问卷的总体信度系数（Cronbach's Alpha）为0.927；其中，问卷第二部分的内部一致性Cronbach's Alpha系数为0.907，第三部分的内部一致性Cronbach's Alpha系数为0.924。内部一致性信度良好；问卷的效度系数（KMO）为0.956，且通过Bartlett球形检验（P=0.000），结构效度也非常好。

---

① 因本文分析数据的获取时间（即问卷施测时间）是在新学年开始不久的9月初，考虑到大学一年级师范生对教师专业及其学习内容、方法等尚未熟知，故暂未邀请其作答问卷。
② 在问卷试测阶段，研究者请多位教育硕士研究生严肃认真地作答问卷，大家普遍感觉"认真地阅读、理解每一道问题，思考自己的状况并如实回答（选择），100秒是肯定不够的"。因此，本研究在进行数据分析时剔除了作答时间低于100秒的问卷。

三、研究结果与分析

（一）本科师范生学习素养结构的因素分析

对问卷第二、三部分进行探索性因素分析，KMO=0.956；采用主成分分析法提取特征值大于 1 的因子，经 kaiser 标准化最大方差法旋转后，得到各因子载荷矩阵；依据各题项的意义及其在不同因子上的载荷值，保留因子载荷均大于 0.4 的各题项。共提取出四个因子，对所有题项的解释变异量分别为 32.785%、14.794%、13.947%、7.051%（累计解释变异量为 68.576%）（见表 1），内部一致性 Cronbach's Alpha 系数分别为 0.972、0.945、0.899、0.813。

表 1　本科师范生学习素养的因素结构分析

项目	解释变异量	累积解释变异量	抽取的因子			
			因子 1	因子 2	因子 3	因子 4
23			.874			
24			.872			
25			.860			
26			.849			
22			.847			
21			.846			
27	32.785%	32.785%	.837			
29			.830			
19			.821			
34			.822			
30			.816			
32			.786			
33			.786			

项目	解释变异量	累积解释变异量	抽取的因子			
			因子 1	因子 2	因子 3	因子 4
20	32.785%	32.785%	.764			
31			.745			
28			.740			
35			.733			
39	14.794%	47.579%		.879		
40				.878		
42				.876		
38				.871		
41				.856		
36				.855		
37				.845		
10	13.947%	61.526%			.788	
8					.786	
9					.752	
7					.741	
16					.698	
17					.695	
18					.665	
11					.579	
12					.498	
15	7.051%	68.576%				.734
14						.691
13						.688

根据各因子题项的构成，并结合学习心理学理论知识，分别将这四个因子（即师范生学习素养的四个构成维度）命名为学习目标、学习效能感、学习准备和学习责任感。

第一，学习目标（即师范生的"向学"品质）。能够清晰、明确地知道自己在师范教育阶段应该"学什么"和"怎么学"，对学习任务（内容）和学习方法（指教师专业特有的有效学习方法）具有明确的目标意向，拥有正确的认知，是师范生学习素养的重要表现。

首先，"学什么"。"教学"是一项学术活动，师范生学习绝非仅仅学习已有知识、既定理论，而是要学习如何通过研究、探索去发现新知、创新理论[18]。师范生在"学什么"（学习内容）上的目标意向表现为以下四个方面：一是学习有关儿童、青少年发展与教育知识，并积极探索"儿童研究"。师范生在师范教育阶段应学习和认同"以生为本"的教育价值观，树立"儿童研究是教师的第一专业"的认识，自觉地学习如何在了解学生多元文化背景和个体差异需求的基础上为学生提供学习支持、满足不同学生的学习需求。二是学习有关教育目的、价值、课程等知识，并尝试开展"教育研究"。长期以来，在师范教育中，被称为"公共课"的教育专业课程远未赢得应有的专业地位；大多数师范生并不重视这类课程，教与学的质量也难以保证。教师资格证书国家统一考试的实施又使得师范生陷入"机械记忆"和"刷题突击"的表层学习。真正认识到包括教育法律、制度与政策，教育目的与价值，课程与教学，教育历史与变革，以及家庭、学校与社区等在内的教育知识的价值，并且运用有效学习策略开展深层学习和教育研究，是师范生学习素养的重要表现。三是学习任教学科（或课目）及其教育学知识，学习做"学科教学研究"。教师专业知识基础的核心在根本上并不是任教科目知识和前述各类教育知识的简单相加，而是这些知识有机融合后所生成的"学科教学知识（pedagogical content knowledge，简称 PCK）"（又译为"课目教育学知识"），其中最关键的成分是教师如何认识特定学生对特定课目内容的学习困难或误解，以及将采取怎样的教学策略来帮助学生克服或转化学习困难或误解[19]。师范生旨在"学会教学"的专业学习不能"如同开了中药铺子"，"专业知识、专业技能、专业态度都被分散放在药柜上不同的小匣子里"[20]，这充其量只是表层学习；而必须通过自觉开展学科教学研究，促进各类知识形成有机的整体。四是了解有关教师角色、身份及自我的知识，勇于进行"自我省思"。教师职业的反思性实践特点决定了教师在专业实践及成长过程中，要不断地进行内省式反思，师范生应该懂得自觉探索教师角色、身份并积极开展"自我研究"[21]；加强对自我体验的理性反思，也是师范生学习素养的重要表现。此外，全球化教育时代，教师应该具备全球意识、环境意识、生态文明及多元文化知识等。

其次，"怎么学"。即师范生能够清晰、明确地知道自己在师范教育阶段应该如何学，具备在目标导向下主动学习的意识、方法与习惯，这对师范生的教师专业学习来说，也是极重要的学习素养。教师专业实践的特性决定了"反思—研究—合作"是缺一不可的教师有效学习策略。具体表现在以下三个方面：一是懂得在经验学习基础上实践与反思的价值。实践反思性、问题驱动性、整体关联性是教师职业的特性，也是教师学习的特点。我国《教师专业标准》强调教师要"坚持实践、反思、再实践、再反思，不断提高专业能力"，但当前师范生的学习方式仍多以课堂听讲为主，"国考"背景下已出现过度强化理论性知识记忆而弱化教育教学实践能力锻炼的迹象，这根本无法满足师范生的未来教师专业发展需要。二是懂得在研究性学习中推进深层学习的意义。教师从事教育、教学研究是不断增强学习反思能力、增进"实践知识理论化"和"理论知识实践化"之叠加效应的过程；师范生"学会学习"核心素养的养成必须实现由重知识吸取的表层学习向重批判研讨的深层学习的转型，自觉地开展研究性学习。三是懂得在学习共同体中开展合作学习的作用。教学是"学习的专业"（teaching as a learning profession），学习则是一个社会文化过程，构建各种专业学习共同体是促进教师学习和发展的重要途径。师范生应懂得在专业学习共同体中合作学习的意义和价值，自觉追求清晰、共享的学习目标，积极参与合作学习活动，并形成对自己当下学习以及未来学生学习负责的意识和信念，使自己在大学阶段及未来教师专业发展中都能够更有意义、更高效地学习，以便将来能够更有效地指导和帮助中小学生学习与发展。

第二，学习效能感（即师范生的"敢学"品质）。知道"教师专业的有效学习方法"是一回事，勇于挑战自我、有信心采取"教师专业的有效学习方法"（即相信自己有能力掌握并运用这些有效方法取得真正有意义的学习成效）则是另一回事。实践、反思、研究、合作等是教师专业学习的特殊性所在，也是教师专业学习最行之有效的方法与策略；勤于反思、主动探究、善于合作则是教师最重要的学习素养。在职前教育阶段，师范生是否有能力养成这些重要的学习品质？甚至是否有必要和有可能开始有意识地注重这些学习品质的锻炼和养成？对于师范生的教师专业学习与发展都至关重要。师范生对学习、锻炼这些有效学习策略、取得学习成效的自我效能感，是师范生学习素养的一个重要组成部分。

第三，学习准备（即师范生的"乐学"品质）。能够对教师专业学习葆有热情、毅力，积极、主动地自我规划专业学习并具有达成目标的持续行动力，也是师范生重要的学习品质。这种学习准备意向是师范生终身进行教师专业持续学习的基础，表现在三个方面：一是具有主动的学习意愿，即具有强烈的专业学习热情和主动性，对"学教"充满求知欲，能够主动地识别和把握可利用的学习机会；二是具有坚定的学习意志，能够自我激励、持之以恒维持学习；三是具有制定和执行规划并主动寻求、利用有效资源（包括师长或伙伴的帮助等）的能力，即对教师专业学习过程进行规划并切实执行（比如：了解教师专业发展的学习需要，制订、检查、评价和修订学习计划等），并且在学习过程中对各种学习资源进行管理，能够通过多种不同方式有效获取自己所需的学习资源。

第四，学习责任（即师范生的"愿学"品质）。"学习永远是自己的事"，对自我学习与成长勇于自我负责也是师范生学习素养的重要表现。这种自我负责的学习责任感又具体表现在两个方面：一是能够以积极的态度应对社会和教育的变化；二是自觉认同学习对自我专业发展的价值和重要性，勇于承担管理自我学习与发展的责任。

（二）本科师范生学习素养的现状调查

1. 本科师范生学习素养总体状况分析

面向省属师范院校本科二至四年级师范生的调查发现，本科师范生整体上学习素养较好，学习素养总体及其四个维度的平均值都在四级评定均值（2.5）以上（见表2）。

表2　本科师范生学习素养总体得分情况比较

维度	题项数量	各项平均值	标准差
学习素养（总体）	36	3.1690	0.36790
学习目标	17	3.5419	0.47078
学习效能感	7	2.5158	0.81651
学习准备	9	2.9082	0.52890
学习责任感	3	3.3623	0.50508

然而，进一步分析发现，相比而言，师范生在学习效能感和学习准备这两个维度的平均值未能达到四级评定的3.0以上。特别是"学习效能感"维度中有4个项目（如："本科师范生还没有能力开展儿童青少年心理研究，先学好知识再说。""本科师范生课业负担重，没有时间在师范类课程中开展研究性学习。"）的平均值在2.5及以下；在"学习准备"维度中有3个项目［如："进大学以来，我在学习如何当教师方面能够主动抓住可利用的学习机会（比如，只要时间许可，我就会去听教育学术报告或名师讲座等）。""进大学以来，我一直能够认真地执行自己所制订的教师专业学习规划。"］的平均值在2.8及以下。说明当前本科师范生对教师专业学习的自我效能感有待提升，在自主规划等学习准备方面仍需提升和发展。

2. 不同群体师范生学习素养各维度的差异性分析

运用独立样本t检验、ANOVA方差分析和进一步的多重比较分析及LSD检验（$P<0.05$）等方法对不同群体师范生学习素养总体水平及学习目标、学习效能感、学习准备和学习责任感四个维度的水平进行差异检验，结果表明：

第一，不同性别师范生在学习素养总体水平及学习目标、学习效能感两个维度上均有显著性差异，而且女生的水平明显高于男生；在学习准备和学习责任感两个维度上，则均没有显著的性别差异。不同性别师范生学习素养现状的独立样本t检验见表3。

表 3　不同性别师范生学习素养现状的独立样本 t 检验

维度	统计量数	平均值	标准差	Levene 方差齐性检验的 P 值	差异性检验的 P 值	均值方程的 t 检验
学习目标	男	3.4133	0.55144	0.006	0.000	−3.656
	女	3.5654	0.45085			
学习效能感	男	2.3684	0.81582	0.980	0.006	−2.763
	女	2.5427	0.81414			
学习准备	男	2.9295	0.60190	0.002	0.582	0.551
	女	2.9043	0.51467			
学习责任感	男	3.3503	0.55609	0.392	0.715	−0.365
	女	3.3645	0.49545			
学习素养总体	男	3.0839	0.41418	0.040	0.002	−3.200
	女	3.1845	0.35683			

（p<0.05）

第二，不同年级（大学二至四年级）本科师范生在学习素养总体水平及学习目标、学习效能感、学习准备和学习责任感四个维度水平上均没有显著性差异。不同年级师范生学习素养现状的差异性分析见表 4。

表 4　不同年级师范生学习素养现状的差异性分析

维度	统计量数	平均值	标准差	Levene 方差齐性检验的 P 值	差异性检验的 P 值
学习目标	本科二年级	3.5537	0.46190	0.821	0.578
	本科三年级	3.5303	0.46312		
	本科四年级	3.5225	0.50089		
学习效能感	本科二年级	2.5144	0.83229	0.204	0.105
	本科三年级	2.4423	0.77884		
	本科四年级	2.5904	0.80676		

维度	统计量数	平均值	标准差	Levene 方差齐性检验的 P 值	差异性检验的 P 值
学习准备	本科二年级	2.9321	0.51734	0.368	0.174
	本科三年级	2.8716	0.52254		
	本科四年级	2.8813	0.56238		
学习责任感	本科二年级	3.3783	0.51259	0.319	0.427
	本科三年级	3.3444	0.46731		
	本科四年级	3.3381	0.52054		
学习素养总体	本科二年级	3.1816	0.36451	0.601	0.256
	本科三年级	3.1386	0.34837		
	本科四年级	3.1656	0.39372		

（$p<0.05$）

第三，高中母校教育风格不同的师范生（在 1276 份有效问卷中，选择"典型的应试教学型"、"鲜明的素质教育型"、"介于应试教学型和素质教育型之间"、"谈不上什么风格"的人数分别是 385<占 30.17%>、124<占 9.72%>、681<占 53.37%>、86<占 6.74%>）在学习素养总体水平及学习效能感、学习准备和学习责任感三个维度水平上均具有显著性差异。经多重比较分析及 LSD 检验发现：师范生学习素养总体水平和学习效能感、学习准备水平从高到低者依次来自"鲜明的素质教育型"、"介于应试教学型和素质教育型之间"、"典型的应试教学型"和"谈不上什么风格"的高中；来自"鲜明的素质教育型"高中的师范生的学习责任感最强。但是，在学习目标维度上没有发现高中母校教育风格不同的师范生之间存在统计学意义上的显著性差异。高中教育风格不同师范生学习素养现状的差异性分析见表5。

表 5 高中教育风格不同的师范生学习素养现状的差异性分析

维度	统计量数	平均值	标准差	Levene 方差齐性检验的 P 值	差异性检验的 P 值
学习目标	典型的应试教学型	3.5181	0.45053	0.041	0.000
	鲜明的素质教育型	3.6423	0.43087		
	介于应试教学型和素质教育型之间	3.5586	0.46596		
	谈不上什么风格	3.3714	0.59411		
学习效能感	典型的应试教学型	2.4872	0.80354	0.953	0.013
	鲜明的素质教育型	2.6348	0.84570		
	介于应试教学型和素质教育型之间	2.5400	0.81469		
	谈不上什么风格	2.2807	0.80855		
学习准备	典型的应试教学型	2.8185	0.53951	0.133	0.000
	鲜明的素质教育型	3.0941	0.53971		
	介于应试教学型和素质教育型之间	2.9421	0.50000		
	谈不上什么风格	2.7739	0.58756		
学习责任感	典型的应试教学型	3.3056	0.51800	0.358	0.000
	鲜明的素质教育型	3.5161	0.47779		
	介于应试教学型和素质教育型之间	3.3779	0.48555		
	谈不上什么风格	3.2713	0.58189		
学习素养总体	典型的应试教学型	3.1250	0.36028	0.989	0.000
	鲜明的素质教育型	3.2988	0.36762		
	介于应试教学型和素质教育型之间	3.1913	0.35563		
	谈不上什么风格	3.0016	0.41336		

（p<0.05）

第四，在中学阶段接受学习指导情形不同的师范生（在 1276 份有效问卷中，选择"有过，

而且经常接受"、"有过，但次数很少"、"基本上没有，都是自己摸索"、"不记得了，没有印象"的人数分别是 651<占 51.02%>、485<占 38.01%>、97<占 7.6%>、43<占 3.37%>）在学习素养总体水平及学习准备、学习责任感两个维度水平上均具有显著性差异。经多重比较分析及 LSD 检验发现：在总体学习素养及学习准备、学习责任感两个维度上，水平最高的两个群体在中学阶段都接受过学习指导，"经常接受"者又高于"次数很少"者。但是，在学习目标和学习效能感两个维度上没有发现各个群体间存在统计学意义上的显著性差异。中学阶段接受学习指导情形不同师范生学习素养现状的差异性分析见表 6。

表 6 中学阶段接受学习指导情形不同的师范生学习素养现状的差异性分析

维度	统计量数	平均值	标准差	Levene 方差齐性检验的 P 值	差异性检验的 P 值
学习目标	有过，而且经常接受	3.6257	0.43842	0.002	0.000
	有过，但次数很少	3.4857	0.46374		
	基本上没有，都是自己摸索	3.3584	0.58140		
	不记得了，没有印象	3.3201	0.47078		
学习效能感	有过，而且经常接受	2.5637	0.85335	0.006	0.003
	有过，但次数很少	2.4966	0.77865		
	基本上没有，都是自己摸索	2.4728	0.76386		
	不记得了，没有印象	2.1030	0.65564		
学习准备	有过，而且经常接受	2.9916	0.51528	0.020	0.000
	有过，但次数很少	2.8667	0.49391		
	基本上没有，都是自己摸索	2.6369	0.62330		
	不记得了，没有印象	2.72261	0.59310		

维度	统计量数	平均值	标准差	Levene 方差齐性检验的 P 值	差异性检验的 P 值
学习责任感	有过，而且经常接受	3.4373	0.48915	0.129	0.000
	有过，但次数很少	3.3141	0.49848		
	基本上没有，都是自己摸索	3.1753	0.51391		
	不记得了，没有印象	3.1938	0.59198		
学习素养总体	有过，而且经常接受	3.2450	0.35590	0.876	0.000
	有过，但次数很少	3.1243	0.34897		
	基本上没有，都是自己摸索	2.9905	0.40742		
	不记得了，没有印象	2.9244	0.34414		

（p<0.05）

第五，文科方向（包括汉语言文学、英语、思想政治教育、历史）和理科方向（包括数学与应用数学、地理科学、物理学、化学与应用化学、生物科学、计算机科学）[①]的师范生在学习素养总体水平及学习目标、学习准备两个维度上具有显著性差异，文科方向师范生的水平均明显高于理科方向师范生；而在学习效能感和学习责任感两个维度上没有明显差异。文理学科方向不同师范生学习素养现状的独立样本 t 检验见表 7。

表 7 文理学科方向不同的师范生学习素养现状的独立样本 t 检验

维度	统计量数	平均值	标准差	Levene 方差齐性检验的 P 值	差异性检验的 P 值	均值方程的 t 值
学习目标	文科	3.5823	0.45354	0.606	0.013	2.489
	理科	3.5125	0.48119			

---

① 由于在本研究回收到的有效问卷中，音乐、体育、美术、教育技术学、小学教育、科学教育、艺术教育专业的人数较少，依次为 12（占 0.94%）、1（占 0.08%）、63（占 4.94%）、24（占 1.88%）、16（占 1.25%）、30（占 2.35%）、5（占 0.39%），故本文暂未分析这些专业方向师范生的学习素养状况。

维度	统计量数	平均值	标准差	Levene 方差齐性检验的 P 值	差异性检验的 P 值	均值方程的 t 值
学习效能感	文科	2.6114	0.81226	0.448	0.149	1.442
	理科	2.5428	0.78122			
学习准备	文科	2.9570	0.50061	0.028	0.000	3.674
	理科	2.8415	0.54661			
学习责任感	文科	3.4036	0.47023	0.233	0.070	1.814
	理科	3.3494	0.52399			
学习素养总体	文科	3.2223	0.35867	0.285	0.000	3.599
	理科	3.1426	0.37995			

（p<0.05）

第六，10 个不同学科方向（语文、数学、英语、思政、历史、地理、物理、化学、生物、计算机）的师范生在学习素养总体水平和学习准备维度上具有统计学意义上的显著性差异，经多重比较分析及 LSD 检验发现：在学习素养总体水平上，均值最高的语文师范生和数学、物理、生物、计算机方向师范生之间存在显著性差异；均值最低的物理方向师范生和均值名列前三位的语文、思政、历史及英语方向师范生之间均存在显著性差异（见图 1–1）。在学习准备维度上，均值最高的英语师范生和均值最低的计算机及数学、地理、物理、生物方向师范生之间均存在显著性差异；均值最低的计算机方向师范生和均值名列前两位的英语、化学以及语文、思政方向师范生之间也存在显著性差异；特别是化学师范生和数学、地理、生物、计算机方向师范生之间均存在显著性差异（见图 1–2）。但是，上述 10 个不同学科方向的师范生在学习目标、学习效能感和学习责任感三个维度上均没有显著差异。10 个学科方向师范生学习素养现状的差异性分析见表 8。

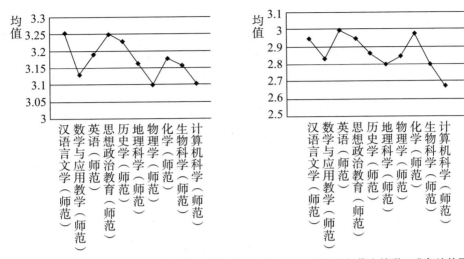

图1-1 各学科师范生学习素养总体水平均值图   图1-2 各学科师范生的学习准备均值图

表8 10个学科方向的师范生学习素养现状的差异性分析

维度	统计量数	平均值	标准差	Levene 方差齐性检验的 P 值	差异性检验的 P 值
学习目标	汉语言文学（师范）	3.6146	0.44445	0.146	0.096
	数学与应用数学（师范）	3.4824	0.50432		
	英语（师范）	3.5500	0.45926		
	思想政治教育（师范）	3.6418	0.45283		
	历史学（师范）	3.5317	0.45305		
	地理科学（师范）	3.5876	0.41044		
	物理学（师范）	3.4627	0.58965		
	化学（师范）	3.5000	0.45596		
	生物科学（师范）	3.5464	0.41438		
	计算机科学（师范）	3.5403	0.45243		
学习效能感	汉语言文学（师范）	2.7178	0.87905	0.042	0.016
	数学与应用数学（师范）	2.5669	0.78022		
	英语（师范）	2.4797	0.79958		

维度	统计量数	平均值	标准差	Levene 方差齐性检验的 P 值	差异性检验的 P 值
学习效能感	思想政治教育（师范）	2.5823	0.75446	0.042	0.016
	历史学（师范）	2.9076	0.60056		
	地理科学（师范）	2.5063	0.80190		
	物理学（师范）	2.4680	0.76406		
	化学（师范）	2.5926	0.79307		
	生物科学（师范）	2.5652	0.77560		
	计算机科学（师范）	2.5185	0.80535		
学习准备	汉语言文学（师范）	2.9455	0.52355	0.371	0.001
	数学与应用数学（师范）	2.8323	0.53300		
	英语（师范）	2.9898	0.48237		
	思想政治教育（师范）	2.9466	0.50225		
	历史学（师范）	2.8627	0.50410		
	地理科学（师范）	2.8025	0.57429		
	物理学（师范）	2.8455	0.58663		
	化学（师范）	2.9743	0.53613		
	生物科学（师范）	2.7973	0.46914		
	计算机科学（师范）	2.6667	0.65372		
学习责任感	汉语言文学（师范）	3.4070	0.46558	0.625	0.584
	数学与应用数学（师范）	3.3417	0.52497		
	英语（师范）	3.3945	0.48881		
	思想政治教育（师范）	3.4641	0.44791		
	历史学（师范）	3.3399	0.43456		
	地理科学（师范）	3.3778	0.46928		
	物理学（师范）	3.3048	0.59577		

维度	统计量数	平均值	标准差	Levene 方差齐性检验的 P 值	差异性检验的 P 值
学习责任感	化学（师范）	3.3457	0.50321	0.625	0.584
	生物科学（师范）	3.3918	0.50415		
	计算机科学（师范）	3.3086	0.58416		
学习素养总体	汉语言文学（师范）	3.2556	0.36004	0.517	0.021
	数学与应用数学（师范）	3.1302	0.39470		
	英语（师范）	3.1889	0.35531		
	思想政治教育（师范）	3.2472	0.35697		
	历史学（师范）	3.2271	0.36909		
	地理科学（师范）	3.1636	0.32657		
	物理学（师范）	3.1019	0.43802		
	化学（师范）	3.1793	0.38594		
	生物科学（师范）	3.1555	0.34368		
	计算机科学（师范）	3.1039	0.34648		

（$P < 0.05$）

四、结论、建议与研究反思

本研究通过问卷调查探索了师范生学习素养的内涵、构成及现状，研究发现提醒我们：

首先，"学会教学"的目标意识和责任感是师范生学习素养的重要组成部分，应加强对师范生学习目标的引导和学习责任感的鞭策。在有关教师学习和教师专业发展的研究中，具有自主学习能力、能够持续不断地完善自我，被总结为优秀教师的基本特质[22]；自我规划与管理以及在有计划的自主学习中形成和发展学习能力也被视为教师专业品质的集中体现，是教师专业素养的核心[23]；在上海师范大学提出的"师范生核心能力素养 SCIL 模型"中，"目标导向的自主学习和自主发展能力（Goal-oriented Self-learning and Self-development）"这一构成要素被视为"指向未来教师发展的动力之源"，旨在"培育未来教师的'自适应性'"、"解决未来教师的'学习'问题"[24]。在专业学习的意涵上，师范生学习主要指"学会教学"。本研究发现，对"学会教学"在"学什么"和"怎么学"两个方面的目标意向（因子1），以及对自己专业学习自我负责的责任感（因子4），是师范生学习素养的重要组成部分。教师专业终身可持续发展必然要求师范生在接受师范教育阶段树立终身学习意识，自觉成为"自我导向的学习者"。因此，在教师专业化教育中有必要加强对师范生"教师专业学习目标"的引导和学习责任感的激励与鞭策。

其次，自觉追求"深层学习"是师范生学习素养发展的终极目标指向，应加强对师范生学习准备的关注和学习效能感的激励。学习素养既是个体获得其他方面素养的基础，也会在个体持续不断的学习过程中逐渐获得提升和发展，为个体特定领域专业素养的提升奠定基础。有关深层学习内涵、特点及生成机制等的研究成果对思考师范生学习素养的评价与培育极具启发价值。"深层学习是一种基于经验的学习、一种知识结构建构的学习、一种批判性检视的学习、一种指向于理解的记忆学习、一种反思和监控的学习"；"促进大学生的深层学习是本科教学质量的根本保障，大学教师应从目标设计、认知起点、教学方法、及时反馈、智慧教学等方面促进大学生的深层学习"[25]。能够自觉、主动地追求并践行深层学习是师范生优异学习素养的表现，师范生学习素养培育即旨在促进其自觉践行深层学习。因此，深化教师教育改革不仅需要进一步关注师范生的学习准备状况，而且需要注重培养师范生切实开展有意义深度学习的自觉意识及能力；而师范生对职前即进行有意义的教师专业深层学习是否具有自我效能感至关重要。只有具备教师专业深层学习的自我效能感，师范生才可能主动自觉地养成勇于实践、勤于思考、善于合作的学习习惯，根据教师专业实践的具体情境和自身实际状况选择适合的"学教"方法，并正确地践行反思、研究

（研究性学习）等有效学习方法，有意识地增进教师专业学习（"学教"）的成效。本研究因素分析中因子2（学习效能感）的发现，以及在总体状况分析中发现的师范生在学习效能感和学习准备这两个维度的平均值未能达到四级评定的"3.0"以上，都提醒我们，师范生在职前教育阶段是否有可能、有必要学习以及自己是否有能力学会教师专业学习所特有且必需的学习方法与策略（即师范生对教师专业学习的自我效能感），更重要也更值得关注；当前本科师范生在教师专业学习的自我效能感及自主学习规划等学习准备水平都有待提升。

最后，作为"基础教育工作母机"的师范教育必须致力于全面提升师范生的学习素养，促进其教师专业核心素养的可持续发展。本研究发现来自"鲜明的素质教育型"高中母校和在中学阶段"经常接受学习指导"的师范生，其学习素养总体水平和学习准备水平均最高，学习责任感也最强；来自"鲜明的素质教育型"高中母校的师范生的学习效能感也最强。这让我们对师范教育和基础教育之间近乎"鸡和蛋"的关系再一次产生深入探究的研究热望。无论如何，作为"基础教育工作母机"的师范教育，培养对教师专业（teaching as a profession）向学、敢学、乐学、愿学乃至善学的高素质师范毕业生，责无旁贷，亦任重道远。

总之，不学习无以为师，更无以成长为卓越教师；而教师专业发展核心素养并非与生俱来，需后天努力而逐步养成；终身学习与持续发展的意识和能力是师范生成长的基础和保障。作为师范生发展的核心素养之一，狭义的学习素养主要指师范生在学习目标、学习效能感、学习准备和学习责任感等方面具有的良好综合品质（即向学、敢学、乐学、愿学），以及能够清晰、准确地知道自己应该具备哪些教师专业知识，应该通过哪些符合教师学习特点和规律的有效学习方法来自觉地开展各种有意义的深度学习（如研究性学习等），并且勤于实践、反思、研究及合作。抽样调查显示，当前本科师范生仍需进一步提升和发展学习素养，特别是在教师专业学习的自我效能感和学习准备方面，需要在教师教育课程、教学及评价等方面进一步深化改革。

但本研究尚存诸多有待完善和值得深入探索的问题。例如，本研究发现女生的学习效能感水平高于男生，但原因何在？本研究发现大学本科二、三、四年级师范生在学习素养总体水平及学习目标、学习效能感、学习准备和学习责任感四个维度水平上均没有显著性差异，但这个结果是否与施测时间为秋季学期开学不久而本研究调查对象中的大四师范生都刚刚开始教育实习（尚未结束 2~3 个月的教育实习）有关？教育实习经历对本科师范生学习素养有无促进作用？本研究发现高中母校的不同教育风格和在中学阶段接受学习指导的不同情形都会对师范生在职前教师教育阶段中表现出的学习素养产生一定的影响，那么，其中的影响机制是什么？等等，都值得深入探究。虽然单因素方差分析未显示 10 个不同专业方向师范生在学习目标、学习效能感和学习责任感维度上有显著性差异，但也值得进一步完善研究设计后进行深入探讨。特别是师范生学习素养影响因素研究尚缺乏深入的理论构架分析，有待今后在研究设计中完善。此外，通过"问卷星"网络平台发放和回收调查问卷等技术方法对数据的真实性、研究的可靠性等造成的可能影响，以及如何防范和规避网络技术可能带来的不利影响等，也值得在研究方法论层面进行深入探讨。

参考文献

[1] 林崇德. 构建中国化的学生发展核心素养 [J]. 北京师范大学学报（社会科学版），2017（1）：66-73.

[2] 顾明远. 教育大词典 [Z]. 上海：上海教育出版社，1990：235.

[3] 吕林海. 大学学习研究的方法取向、核心观点与未来趋势 [J]. 教育发展研究，2011（9）：8-14.

[4] 龚放，等. 中美研究型大学本科生学习参与差异的研究 [J]. 高等教育研究，2012（9）：90-100.

[5] 王纾. 中美研究型大学本科课程教学的比较研究——以学生课程学习体验为视角 [J]. 外国教育研究，2012（4）：111-119.

[6] 吕林海，等. 大学学习方法研究：缘起、观点及发展趋势 [J]. 高等教育研究，2012（2）：58-66.

[7] 吕林海，等. 中国研究型大学本科生学习参与的特征分析 [J]. 教育研究，2015

（9）：51–63.

［8］吕林海.大学生学习参与的理论缘起、概念延展及测量方法争议［J］.教育发展研究，2016（21）：70–77.

［9］贺武华."以学习者为中心"理念下的大学生学习力培养［J］.教育研究，2013（3）：106–111.

［10］杨磊，等.核心素养研究热点领域解析——基于CNKI学术期刊文献共词的可视化证据［J］.当代教育科学，2017（6）：92–97.

［11］夏雪梅，等.核心素养中的"学会学习"意味着什么［J］.课程·教材·教法，2017（4）：106–112.

［12］贾绪计，等."学会学习"素养的内涵与评价［J］.北京师范大学学报（社会科学版），2018（1）：34–40.

［13］杨彦平.基于测评视角的儿童学习基础素养的理解［J］.上海教育科研，2017（1）：19–23.

［14］宋晓娟，等.中小学生学会学习素养测评研究——以北京市为例［J］.内蒙古师范大学学报（教育科学版），2017（6）：7–12.

［15］郑勤华，等.成人"终身学习素养"理论模型和评价维度的建构［J］.现代远距离教育，2013（2）：3–12.

［16］郑勤华，等.北京市成人"终身学习素养"现状及特征分析——基于2012年大规模抽样调查数据的探讨［J］.现代远距离教育，2014（1）：3–15.

［17］伯克·约翰逊，等.教育研究：定量、定性和混合方法（第4版）［M］.马健生，等译.重庆：重庆大学出版社，2015：161–162.

［18］徐文彬.教师学习及其内容与特征［J］.湖南第一师范学院学报，2010（1）：1–4.

［19］舒尔曼.实践智慧：论教学、学习与学会教学［M］.王艳玲，等译.上海：华东师范大学出版社，2014：242–244.

［20］邢红军.教学研究论文：中学教师专业发展水平的科学标度［J］.教育视界，2015（7/8）：75–81.

［21］阿纳斯塔西娅·P·萨马拉斯.教师的自我研究［M］.范晓慧，译.重庆：重庆大学出版社，2015.

［22］殷玉新，等.优秀教师的基本特质——透视美国"年度教师"的秘密［J］.比较教育研究，2016（1）：45–51.

［23］朴敏.专业化背景下教师自主学习能力的发展［J］.教学与管理，2009（3）：28–30.

［24］柯勤飞，等.基于SCIL核心能力素养的教师教育模式改革探索［J］.教育发展研究，2017（20）：61–67.

幼儿教师实践性知识的文化性格：内涵、形成及教育价值①

杨瑞芬②

摘要： 幼儿教师实践性知识文化性格的提出是对多元文化背景下幼儿教育专业品质提升做出的回应。基于幼儿学习需求而形成的幼儿教师实践性知识的三维结构决定了基于文化三分法理解实践性知识文化性格的适切性，具体表现为对物质文化的感受性、制度文化的理解力、精神文化的自我建构性及三者的整合性。借助田野研究方法，并根据日常生活中个体、文化、社会的互动及集体意识与个体意识的相互转化理论对田野资料的深度阐释发现：幼儿教师实践性知识的文化性格形成于基本生活、家庭生活、公共生活和职业生活彼此的交互影响中。其教育价值在于促使教师不断挖掘文化资源，胜任环境创造者角色；及时发现问题，自主推进研究过程；建构专业自我和研究型团队，促进园所内外和谐关系的形成。

关键词： 幼儿教师；实践性知识；文化性格

随着国内外教师实践性知识研究的日渐丰富，国内近十年出现了为数不多的对幼儿教师实践性知识的研究。这些研究指向于幼儿教师实践性知识的内涵、特征、形成过程[1]、路径和促进策略，[2]主要采用文献研究法

---

① 本文是全国教育科学规划一般课题"基础教育课程改革与教育的学术传统研究"（项目编号：BAA140016）、北京教育学院学前教育学院一级学科平台建设阶段性成果。

② 杨瑞芬，博士，北京教育学院学学前教育学院讲师，主要研究方向为学前教育、民间教育等。

和个案研究法[3]对幼儿教师作为职业人的实践活动进行了较为深入的分析，揭示了幼儿教师实践性知识的类型及形成的内外部因素。然而，这些研究对幼儿教师所处的文化环境及与环境互动的心理建构过程缺乏跨学科研究，未能充分关注到实践性知识生成的文化背景。

面对新时代，从文化视角理解幼儿教师的实践性知识，需要对幼儿教师各种生活情景中依存的实践性知识的来源、结构、价值等进行深度反思，[4]这源于幼儿教师正是在不同生活领域的相互渗透与影响中丰富个体的实践性知识，以此来应对幼儿教育工作对教师全方位的挑战与考验。因此，对幼儿教师实践性知识文化性格的探讨是提升其专业品质的必然要求，有助于幼儿教师自觉在多层次文化背景中审视个体实践性知识，丰富幼儿教育的文化内涵，培养有根的一代。

一、幼儿教师实践性知识文化性格的提出及其内涵

实践性知识是一种从经验中获得的隐藏于实践中的默会知识，[5]对教师而言有两种指向。一是教师作为普通人在个体生活实践中获取的知识，二是特指教师在教学实践中形成的知识。当教师面对生活习惯处于初步建立期的1-6岁幼儿时，其个体生活与教学生活中的实践性知识会更加紧密地联系在一起，前者是后者的坚实基础。具体而言，个体的吃穿住用行等知识成为幼儿学习资源的重要组成部分；教师在长期日常生活中形成的做事风格和个人习惯为幼儿效仿，深刻影响着幼儿的言行。这意味着对幼儿教师实践性知识的探讨必须拓展到教师生活的各领域，并从教师所处的文化生态角度来分析。

（一）基于文化三分法理解幼儿教师实践性知识文化性格的适切性

在当代社会的多元文化背景下，幼儿教师必然遭遇外在社会规范及内在价值诉求的诸多挑战。作为一个职业群体的"幼儿教师"所面临的共同的文化环境——幼儿园文化，它必须回应文化的多样性。幼儿园所处区域

不同，回应方式也不同。作为一个生命个体的幼儿教师对社会的回应也取决于家庭及其社区，即不同的家庭文化、社区文化等。一种文化意味着一种生活方式，幼儿教师是在家庭生活、社区生活、园所生活、社会交往中形成各自的实践性知识，逐步建构个体对家庭、教学和社会的认知，并不断整合在一起，促使幼儿教师在思想、情感及行为中表现出相对的稳定性和统一性，这赋予幼儿教师鲜明的个性特征。具体表现在两个层面：一是幼儿教师职业群体区别于其他职业群体的性格，彰显幼儿文化（生活）及幼儿园文化（生活）对教师的影响力；二是个体幼儿教师区别于其余教师的性格，揭示同一所幼儿园教师具有不同发展方向和路径的深层原因。群体的文化性格是个体文化性格形成和发展的基础，个体文化性格是群体文化性格的个性化显现。

对幼儿教师群体或个体文化性格的进一步理解需要从幼儿的学习需求和教师发展的能动性出发，深入探讨其内在结构，进而确定理解维度及其主要特征。

1. 幼儿的学习需求是教师实践性知识结构的决定因素

根据皮亚杰的认知发展理论，幼儿处于感知运动阶段和前运算阶段，这决定了幼儿的学习是利用多种感官及身体的活动来认识身边世界并在这一过程中逐步学会运用语言、图画等符号理解自我、表达自我，感官活动是幼儿发展的基础。根据幼儿的这一学习特点及方式，幼儿教师首要的工作是物质环境的创设——幼儿活动空间的布置及适宜性活动材料的投放，以此来确保幼儿能自由地选取活动材料并通过多种感官的参与，特别是手的触摸与操作来进行自主探索活动，正是自由与自主促成了幼儿天性的发展及潜能的充分展示。物质环境的创设对幼儿教师的空间感知、色彩搭配、声音背景的设计、操作性活动材料的选取及据此的活动设计等能力等提出特殊要求，这必然构成幼儿教师实践性知识的基本组成部分。

自由是幼儿学习的前提，而纪律是幼儿自由学习的延伸和重要保障。蒙台梭利认为纪律是儿童在有准备的环境中通过充分开展的自由活动逐渐形成，不可能通过命令、说教或任何一般的维持秩序的手段而获得。[6] 活动中的自由是幼儿建立秩序感和自律品质的基础，当幼儿在环境中全身心投入到积极的探索中时，会自发地形成自我控制能力，这种能力正是秩序感、规则感和自律品质的核心，是培养幼儿在各生活领域中的规则和制度意识的前提条件。事实上，一个人的规则意识往往形成于幼儿期。规则对幼儿乃至成人生活的重要性要求幼儿教师充分理解规章制度并能够正确而有效地制定班级规则——既尊重幼儿的个性化需求，又能够体现特定文化中有益于幼儿身心健康的集体规约，使民族传统节日中的有益的生活常规有机融于班级规约中。幼儿教师对幼儿园规章制度的深度理解及修正与完善的能力是她们实践性知识的基本构成。

幼儿在自由而有秩序、有规则的探索中逐步建构起个体丰富的精神世界，并通过个性化的表达展示出来，由此而形成幼儿文化。作为成人的幼儿教师需要通过解读幼儿文化来胜任幼儿的教育者角色，这不仅需要教师具备正确的幼儿教育观念及幼儿园课程理念，更需要教师充满对幼儿教育的热爱与反思精神，以此来推动教育工作的创新与发展。幼儿教师的精神品质是教师实践性知识的重要组成部分。由此，幼儿教师实践性知识的结构初步显现，表现为幼儿教师的教育理念与情感、幼儿园制度与规则的理解与设计、感官学习材料的选取与物质环境的创设三方面。三者如同三角形的三个顶点，共同支撑起幼儿教师的知识体系，彰显教师的专业品质。

2. 幼儿教师实践性知识"三角形"结构与文化的辩证关系

文化对幼儿教师实践性知识的影响力从根本上讲是对实践性知识结构中各要素及其相互关系的影响。文化常被划分为物质文化、制度文化及精神文化三方面。物质文化指人类创造的物质产品及其技术；制度文化指人类在生存、发展中所确定的规范体系；精神文化是人类在实践和思维活动中长期形成的价值观的总和，包括文学、艺术、思想等。幼儿教师在各种生活场景中同时经历并体验着三方面的文化，从整体或局部层面使教师个体实践性知识结构在动态调整中走向稳定与平衡。具体而言，幼儿教师对感官学习材料的选取与物质环境的创设源自对物质文化的欣赏与感受，制度与规则的理解与设计源自对制度文化的体验与批判性认识，教育理念与情感则需要对精神文化的浸染与自觉培养。这一过程一方面体现了文化对人的"润物细无声"的影响力，另一方面也体现了幼儿教师作为自主学习者对文化有意识的传承与创造力。双方面的互动力量促成了幼儿教师实践性知识文化性格的形成。

（二）幼儿教师实践性知识文化性格的分析维度及整体特征

对物质文化的欣赏与感受、对制度文化的体验与批判性认识、对精神文化的浸染与自觉培养为理解幼儿教师实践性知识文化性格提供了基本维度，可以简称为对物质文化的感受力、制度文化的理解力、精神文化的自我建构力。物质文化是一种有形的文化，直接体现为幼儿教师日常生活中物体的形状、色彩及内在结构与属性。对物质文化的感受性反应是幼儿教师对日常生活中各种美好事物的敏感性，能善于运用多种感官认识物体，利用丰富的物质资源创设园所和班级环境，并为各项活动及幼儿游戏的有效开展提供适宜材料。制度文化介于物质文化和精神文化之间，人性化的制度有助于促进组织的发展；反之，则阻碍组织成员间的有效合作。就幼儿园制度而言，部分制度体现于文字或图画层面，部分则是教师和幼儿在长期生活中约定俗成的规则；它们对幼儿发展的价值取决于教师在具体情境中的理解力，即个体对制度制定过程及其价值的理解与批判性思考。这种理解力是幼儿教师在有限空间内创造性开展工作的前提，"理解"源自幼儿教师的深层心灵结构，具有内隐性，往往不能用语言来传达。精神文化是一种无形的力量，体现在幼儿教师的生活理念、教育信念或长期的职业追求中。幼儿教师的职业动机、工作态度和教育策略等都源自对教师精神文化的自我建构；这一建构过程更不易被察觉，产生于一个个相关联的文化情景中。对物质文化的感受性、对制度文化的理解力及对价值与理念的自我建构性共同塑造着幼儿教师实践性知识的文化性格。对物质文化的感受性是文化性格形成的基础，对制度的理解力是文化性格形成的中间环节，精神文化中理念和价值的自我建构性则是文化性格的核心，深刻影响着幼儿教师的整体发展及个性的完善。

文化总以整体形态存在，因此实践性知识的文化性格的提出突显了幼儿教师实践性知识的整体性，即个体在家庭、社区、幼儿园及社会生活或文化中获得的个性化知识的整合性，一种文化模式中会形成一个实践性知识体系。这种理解方式是对幼儿教师作为一个生命个体过着完整意义上的生活的尊重，也是对幼儿教育源自大自然、大社会的教育理念的尊重。已有研究中，实践性知识被划分为教育信念、自我知识、情境知识、人际知识、策略知识和批判反思性知识六个方面；[7]幼儿教师的实践性知识从横向任务维度被划分为幼儿教育活动的实践性知识、幼儿生活活动的实践性知识、幼儿教育研究活动的实践性知识、关于环境互动的实践性知识和关于自我认知的实践性知识[8]，这里的划分在实践性知识研究早期极大地帮助了研究者和教师理解实践性知识的构成，但不利于深入研究实践性知识基于整体情境的生成机制及其有效运用，也在一定程度上制约了对幼儿教师实践性知识的整体价值建构。幼儿教师实践性知识文化性格则避免了类型划分带来的制约性，有助于在整体层面理解幼儿教师的实践活动。这与当前对实践性知识进行整体视角研究的趋向是相契合的。[9]

二、幼儿教师实践性知识文化性格的形成
——A 园和 B 园的园所民族志及理论分析

幼儿教师实践性知识的文化性格形成于特定社会背景下的"日常生活"中，依赖于幼儿教师自发或自主的学习，是幼儿教师主观能动性的彰显。正是"日常生活"促使幼儿教师在社会环境和文化转型中经历集体意识和个体意识的转化与转变，进而使族群的文化价值观得以代代相传并获得创造性发展，不断塑造并赋予教师实践性知识以独特的文化性格。为了更深入地进行理论阐释，田野研究成为与研究主题相契合的研究范式。

（一）理论基础

1."日常生活"中个体与社会、文化的互动关系

"日常生活"有广义和狭义之分。广义上的日常生活等同于胡塞尔所提出的"生活世界"，具有丰富的可拓展性；[10]狭义上的日常生活指基于个体实践活动而形成的生活，是维持个体生存和再生的各种活动。[11]广义上

的理解赋予日常生活巨大空间，狭义上的理解使日常生活从属于"职业"，"工作"被从完整的生活中剥离，家庭在公共生活中逐渐隐退。现代社会，日常生活常被予以窄化理解而使其显得支离破碎。对此，舒茨从行动视角审视日常生活，以此来克服人为地把日常生活与理性自觉诸领域分割开来的研究困境，[12]从主体能动性角度理解生活，进而"把日常生活中的个体、自我放在与历史平行的本体高度上，为个体通向自由寻找可能性"；[13]胡塞尔则把从日常生活中分离的"工作"视为科学世界。日常生活是科学世界的基础，科学世界既能推动日常生活的更新，又能促进社会的发展，而日常生活和社会又是相互映衬与体现的。

纵观社会发展史，生产力和科学技术的发展使社会关系及日常生活发生了翻天覆地的变化，随之而产生了传统社会与现代社会、传统生活与现代生活之分。然而，传统日常生活中形成的习俗和丰富的口头文本等并没有因此而丧失其历史价值，依然广泛存在于现代社会中，为科学技术主宰的生活提供庇护所；传统日常生活中结成的家庭关系、朋友关系、邻居关系守护着个体的精神家园。因此，传统日常生活彰显的传统文化得以在现代社会中不断传承，并使之与现代文化在相互交流中走向融合。融合的力量从根本上取决于个体在日常生活中的主动性、自觉性、创造性；个体对日常生活与非日常生活关系的平衡，即处理好生活世界与科学世界的关系。只有二者的融通，个体、文化、社会才能在健康的互动关系中共同呈现出较好的状态，这是幼儿教师实践性知识文化性格形成的前提和保障。

2. 日常生活中集体意识和个体意识的互动关系

日常生活在推动社会与文化整合中的首要媒介是语言。语言既是文化的产物，又是文化传播与发展的重要力量。在传统生活与现代生活的交融中，人类自古流传的歌谣、谚语、传说等口头文本发挥了重要价值。谚语是语言的精华，长辈正是借助谚语在日常生活的具体情境中交流与分享生活智慧，与此同时，也把生活共同体的历史记忆在不经意间加以传播并传递给下一代。历史记忆的核心即代际间传承的价值观。[14]这种价值观表现为集体意识，隐居于个体的潜意识中。潜意识是人类心理最深层结构的意识，也是人类心理中"最原始、最活跃"的部分，[15]幼儿教师实践性知识的文化性格正是借助潜意识的巨大力量得以不断形成。幼儿教师在教学设计中产生的灵感或创造力源于潜意识；在特定场合的激发下，潜意识具有了进入意识领域的可能性，实践性知识的文化性格因此而得以更好地发展和完善。

幼儿教师实践性知识的文化性格体现在人的内在心理结构中，表现为感受性或理解力，往往借助于行动而显示在日常生活中。这个过程中，生活共同体的集体意识和个体意识间得以互动。互动一方面体现在对集体价值观的传承与发展中，如依赖于初级群体及次级群体流传至今的丰富的活动来传承；另一方面也体现为对不同群体间价值观的比较与审视。多元文化社会中，个体面对的是多元价值取向，祖辈的集体意识和个体意识经由碰撞而建构出新的意识和社会关系。在这里，个体不是必然地服从于集体，"意见一致不是必要的，重要的是由专心讨论而产生的思想稳定和成熟"。[16]幼儿教师实践性知识的文化性格既是对族群集体文化性格的传承，又随时代变迁而体现出独创性。

（二）研究方法与过程

民族志无论被应用到什么领域，都有一个核心前提，即通过与人们在日常生活中进行亲密的和相对长期的互动，来更好地理解研究对象的信仰、动机和行为。[17]对幼儿教师实践性知识文化性格的研究需要研究者置身于教师生活的不同文化环境中进行长期体验、观察与对话，为此，该研究确定了乡村 A 园和城中心的 B 园为田野点，展开为期三年的田野研究。

田野调查中确定了重要合作伙伴，即 X 教师和 Y 教师，主要通过参与式观察法、生活历史法和生活体验研究法来全方位了解两位教师不同生活领域的活动内容与方式，进而通过归纳与类推的思维方式提炼教师的实践性知识的文化性格，并借助个人、社会与文化等互动理论来加以阐释。

（三）研究结果与分析

1.X 教师和 Y 教师"素描"

对田野日志和访谈资料根据相关主题进行编码和归纳，两位教师的形象得以呈现。

X教师工作于北京西城区（原宣武区）A幼儿园。出生于1974年，是双职工家庭中的独生女。工作岗位上，她是骨干教师，善于设计丰富多彩、新颖有趣的教育活动；思维严谨而又灵活，为教师布置任务合理又明确。生活中，她是快男冠军陈楚生的铁杆歌迷，不断出现在自己所爱歌手的演唱现场；寒暑假，她会早早制定旅游计划，约上好友、同事，在大自然中拍美景，拍自己，并将照片制作为明信片；她穿着很时尚，常常显现出"青年人"的朝气。同事常说她"个性特别，想法独特；她不愿重复，善于突破自我"。

Y教师工作于北京房山山区B幼儿园。她出生于1969年，是土生土长的农村人。早年在师范学校学习，酷爱美术；曾经是小学的全科教师。2006年，区教委开始设立乡中心园，她有幸实现了自己的愿望——在园里为孩子们设计美术活动。2016年，园陶艺室成立，她成为陶艺室的专职教师。在属于自己的天地里，她启发幼儿根据四季主题活动和区域活动来捏造不同场景中的多种形象——农村石头房、家门前的狗窝、幸福一家人、秋收打枣等。目前，她自己正想方设法设计模型，捏造乡村艺人打鼓的各种神态。她常说自己的童年是无拘无束的，也希望在美术活动中为孩子们搭建自由的平台，让他们自在成长。园陶艺室成为幼儿天天所期盼的地方。

2.X教师和Y教师所处的区域文化和园所文化

X教师从小生活于宣武区的一个工人家庭。宣武区的文化特色形成于明清时期——与皇家文化相对应的平民文化。北京当时是全国的政治中心，地方知识分子进京赶考多聚居于宣南，因而这里成为文化和学术交流之地。多元文化交流促使宣南文化形成了"求真、务实、开放、创新"的精神品质。[18]Y教师出生于房山佛子庄乡的一个农民家庭。佛子庄乡历史悠久，素有"神龙福地"美誉，建于元末的黑龙关龙神庙是华北地区祈雨民俗文化圣地。至今，非物质文化遗产——大鼓会、银音会、狮子会、吵子会、灯会等依然广泛存在于日常生活中。[19]在这两种截然不同的区域文化和家庭文化中，两位教师形成了不同的性格特点，"X 教师直率、坦诚、认真且富有创新意识；Y 教师厚道、朴实，把自己的生活与民间传统紧密联系在一起，民间艺人陶艺展体现出她的精神追求"。不同区域及家庭的物质文化、制度文化及精神文化直接影响着两位教师实践性知识的文化性格。

幼儿园文化既是区域文化的浓缩，又可以通过教育者的文化再造得以形成新的文化品质。教育具有一种重构文化（re-culturing）的功能，教育者在教育重构文化的功能上思考教育。这里所谓的文化不是某种文化，而是说人类的存在境遇与人类的生活方式这个意义上的文化，[20]也就是说，幼儿教师在各种文化中获取资源，进而对其进行重组、加工来建构园所文化。

A 园的文化品质源于其建址——寺庙，经过一代代教师对历史传统的继承与发展及对外来文化的吸收而形成了"和而不同、合作共赢、和谐发展"的文化价值观。B 园建于佛子庄乡一个村落的中心，乡土资源极为丰富。从 2013 年始，该园以"让教育回归自然回归生活"为理念，从人与自然、人与人、人与自我等维度进行乡土资源的开发，形成了"春种、夏长、秋收、冬藏"的乡土活动课程。课程源于乡土文化而又不断汲取现代文化的力量，确立了"热爱生活、热爱自然，培养有根的一代人"的价值理念。两所园各自的价值观不断形塑着幼儿教师的知识观、课程观、职业观等，为她们的实践性知识打上了园所文化烙印。

3. 理论阐释：幼儿教师日常生活互动关系中实践性知识文化性格的形成

新生儿从出生开始便不断地适应新的生活环境，在多感官的共同发展中吸收环境中的各种资源。蒙台梭利认为婴幼儿具有自己的精神生活，成人需要理解并尊重他们的心智模式；我国先秦时期哲学家老子提出的"复归于婴儿"、"不失赤子之心"也突出强调婴幼儿自然天性对实现人自身价值的重要意义。对于幼儿教师而言，幼儿是她们家庭和园所日常生活中的重要"伙伴"，幼儿的生活方式深刻影响着她们的日常生活及各种观念，这使教师经历社会发展与文化转型的同时，具有从幼儿的视角审视日常生活的独特本领。师幼关系使幼儿教师的日常生活更加丰富，也更具有价值。

（1）幼儿教师的四个生活领域。

根据田野研究中对幼儿教师一日生活的记录与分析，幼儿教师日常生活中的社会与文化、集体意识和个体意识的互动呈现在四个生活领域及各领域的相互影响中。一是幼儿教师的吃、穿、住、用、行，这是她们生存的基础。这一领域展现了社会发展中物质文化的极大丰富，服饰、用品的各种造型与色彩促使幼儿教师的感受性与审美力不断增强，为幼儿园饮食、服饰、盥洗、睡眠环境的创设提供了重要资源。传统社会中，这些生活内容在家庭中进行；现代社会，"快节奏"使之极大简化，快餐、外卖、聚餐等成为现代人生活的重要组成部分，而这些反映社会变化的内容构成幼儿学习的新领域。二是幼儿教师的家庭生活，内尔·诺丁斯将之称为私人生活领域，并视之为幸福的首要来源。这一领域主要包括持家、为人父母、住所、惬意品质和人际关系。[21]幸福而完满的家庭生活是幼儿教师实践性知识性格中精神文化自我建构的基础。家庭中母子和父子关系的经历赋予教育以生活的流动性和创造性，使她们深刻理解家长和幼儿需求，在教育视角的转换和教育方式的更新中创设多种学习活动，进而逐步形成符合幼儿年龄特征的教育思想和行为。三是幼儿教师的公共生活。"被大众文化和大众娱乐所控制和引导的现代人，逐渐以消费的视角去看待这个世界，而不再关注政治领域，进而忽视甚至破坏了公共生活。"[22]然而，公共生活有助于幼儿教师站在社会整体性的公共福祉的立场上把握幼儿教育中需要解决的问题，这是个体或一个民族的教育被有效、有价值理解的最大背景，[23]也是幼儿教师对制度的理解力得以提升的重要契机。四是幼儿教师的职业生活。职业生活不是从幼儿教师完整的日常生活中割裂出来的生活，是与家庭生活、公共生活等有机联系的生活；既是家庭生活的延展，又丰富着公共生活的内容。

（2）幼儿教师不同生活领域中实践性知识的文化性格。

通过对田野日志的编码、归类，以幼儿教师实践性知识文化性格所体现的四个生活领域及每个领域中物质文化的感受力、制度文化的理解力和精神文化的自我建构力三个维度为基本框架，从田野日志中提取相应的核心词汇而初步形成 X 教师和 Y 教师实践性知识的文化性格。（详见表一）

表 1　X 教师和 Y 教师实践性知识文化性格的体现

三个维度＼三个领域	基本生活		家庭生活		公共生活		职业生活	
	X	Y	X	Y	X	Y	X	Y
对物质文化的感受力	丰富	单一	丰富	单一	多元	自然	现代	乡土
对制度文化的理解力	多元	规约	个性	家规	民主	民俗	创新	遵循
对精神文化的建构力	自由	传统	自主	传承	开放	传承	和合	融合

说明：X——X 教师　Y——Y 教师

X 教师是独生子女，基本生活和家庭生活的物质条件相对优越，这使她在吃穿住用行等方面具有一定的可选性，因而对物质文化的感受比较丰富；民主的家庭教育方式使她重视个体的自由选择；"父亲做事理性、有条理，在父亲的影响下，她逻辑思维能力较强，做事重统筹，效率高"。Y 教师兄弟姐妹多，父母务农而供养子女上学，"满足基本的生活需求就很不错了，没有机会去选择自己喜欢的东西"，因而物质生活较为单一；"父亲家教严格，规约较多，尤其重视传统观念的代代相传"，大家族中各成员间的友好相处拓展了 Y 教师的精神生活，集体意识的传承在一定程度上塑造了 Y 教师的品格。公共生活在这里特指公共场所的生活经历及由此形成的理性认识。X 教师喜欢和朋友们一起观看时装秀、演唱会、美术展，经常安排各地的旅行，这使得她"时尚"而又见多识广；Y 教师则在师范学校毕业后开始替父母承担部分经济压力，公共生活常限于村落的各种民俗活动，民俗事项丰富了她的精神体验，也为她的绘画爱好提供了丰富的素材。职业生活中，X 教师凭借对玩具等各种活动材料的敏感性和理性思维能力，迅速地从普通教师成长为骨干教师，班级工作富有创造性，新颖的教育活动不断激发幼儿兴趣并促使他们的个性得以发展；她把个人的教育理念和班级管理方式不断传递给家长和同伴，建立起"成长共同体"，这正体现了 X 教师对教育个性品质的追求和对制度富有建设性的批判力。Y 教师则因地制宜，在幼儿园乡土课程建设过程中，发挥个人美术优势，以泥土为活动材料，带领幼儿以陶艺活动为基础而不断拓展区域活动和班级主题活动内容，使幼儿视野中的乡土特色不断呈现于各式各样的美术作品中。Y 教师在遵循幼儿园现有制度的前提下，把自己丰富的乡土经验融于幼儿美术教育中，对美术教育的热爱和精益求精的精神使得美术融于幼儿的整体发展中。

"丰富、多元、民主、自由、个性、开放、现代、创新、和合"是 X 教师实践性知识文化性格的关键词，"单一、自然、乡土、家规、规约、民俗、传统、传承、遵循、融合"是 Y 教师实践性知识文化性格的关键词。这些词语之间的相互关系揭示了两位教师不同生活领域之间的相互影响及整体价值，同时也显现出不同生活方式对二者实践性知识性格强大的塑造作用。

由此看来，两位教师以基本生活、家庭生活、公共生活和职业生活的有效互动而促成了个体实践性知识三维性格的不断发展，这个互动过程也是传统文化与现代文化不断交融的过程，是个体无意识和意识相互转化的过程。正是在这个过程中，幼儿教师的实践性知识更加丰富，其性格更加凸显，并进一步促成了教师个体在与社会、文化的相互关系中创造出更好的生活。传统生活中的风俗习惯、歌谣、谚语与现代生活中的人工智能、时尚潮流在相互借鉴和吸收中更富有教育意义，因而也更吻合幼儿的兴趣与发展需求，使幼儿在家庭文化、幼儿园文化与社会文化的互动与整合中提升学习品质，也能帮助幼儿教师自身克服现代社会中日常生活的异化，从而过上一种和谐而完整的生活。

三、幼儿教师实践性知识文化性格的教育价值

幼儿教师实践性知识文化性格的形成与完善是一个持续的过程，这个过程中伴随着教师自主意识的提升和个性化知识观、生活观的确立；与此相连的是幼儿教师对不同文化间的差异更具有敏感性及学习、探究的意愿，能够在自主研究中构建专业自我形象和建设研究型教育团队，这是幼儿教师实践性知识文化性格的教育价值所在。

然而，"一种文化就像一个人，或多或少有一种思想与行为的一致模式"[24]，"每一种文化都有其独创性和充分价值，应用它所属的价值体系来评价"[25]。对幼儿教师实践性知识文化性格的价值的理解需要置于特定的文化背景中。X 教师和 Y 教师在熟悉的生活背景中形成了个体实践性知识的文化性格，其教育价值首先是在对文化资源的开发与利用过程中进行自主探索，在研究中追求专业品质、建构自我形象，最终通过尊重并理解多种文化而与不同文化背景中的他者建立友好关系，建立研究团队，成就园所和个体的幸福生活。

（一）挖掘文化资源，胜任环境创造者角色

对幼儿而言，环境是重要的教育力量。"提供高质量的教育从空间和环境创设开始，这里包括室内和室外环境。有着高质量和美感的材料、家具和图片传递着一个空间和环境的'品味'和'味道'，有助于儿童的欣赏、喜爱、尊重并且从环境中受益"。[26] X 教师和 Y 教师不断挖掘区域环境资源并借助各自的美感和对空间的理解力而对教室环境及其每一个细节进行精心布置。通过对田野研究中随主题活动而拍摄的不同活动区域及幼儿作品的照片归类、解读发现：X 教师追求教室各区域环境材料的丰富性、多样性及区域环境规划的统一性、协调性；Y 教师专注于探索乡村自然生态在教室中的体现，以此激发幼儿在陶艺过程中的创造性，搭建作品间的"生态关系"。两位教师对环境的设计既尊重了幼儿无意识学习的特点，也为教师提供了富有美感而又实用的性情陶冶的空间。

（二）及时发现问题，自主推进研究过程

X 教师对活动材料的审美力与理解力使其在环境创设和主题活动设计中不断追求创造性、严谨性和系统性。"制度需要服务于人，服务于幼儿的需求，因此需要随着需求的改变而不断调整"，对制度的弹性理解则使她为教师寻求更自主的创造空间，以坚定的自我价值判断摆脱现代书写对个体精神的束缚，并为此不断搜集多个个案来加以验证。这显示了 X 教师研究意识和研究方法的初步确立——源于特定问题而不断追问、反思、精选个案，这是她自主研究的具体表现。Y 教师凭借自己的美术专业素养以及对自我、乡土艺术的深度感知和理解而不断构思陶艺作品，引导幼儿从村落生活中选择感兴趣的陶艺对象，以幼儿的实际生活为素材来帮助他们建构精神世界。这是 Y 教师以美术领域的个性化方式来开展研究。两位教师实践性知识的文化性格使她们自发或自觉打破教育实践中长期以来对"教师研究"的偏见和禁锢，借此而使职业生活充满挑战和成就感。

（三）建构专业自我和研究团队，促进园内外和谐关系的形成

X 教师和 Y 教师是同事们公认的"幼儿园中积极的学习者和创造者"，"她们特别关注自身专业的不断成长"，专业成长源自她们不断追求幼儿兴趣的最大满足，因此而建立了良好的师幼关系，这也成为她们自身职业幸福感的首要来源。一个人对自己的文化背景越是了解，便也能越了解他者的文化；对幼儿文化的理解和尊重也促成了她们深度的自我理解。自我文化与他者文化的良性互动关系增强了两位教师的跨文化交流和理解的能力，她们可以以此为背景而与其余教师，特别是来自不同区域、不同民族的教师展开有效的教学经验交流并共同探索教育新思路与新方法，这在促进研究型教学团队形成中起到了拓展园所的外部资源的作用。

两位教师在与环境、自我及他人和谐关系的建立中实现了自身价值，同时也促进了"和合""自然""快乐"园所文化及园内外良好合作关系的形成。因此，幼儿教师实践性知识文化性格的根本价值在于和谐关系的建立和发展，这正是教育之本。

"建构文化与建构人格是相关的，这离不开生活本身，文化和人格都是生活中的表现；同时，也离不开教育。"[27] 作为教育者，幼儿教师正是在日常生活中赋予了个体实践性知识以鲜明的文化性格，这充分彰显了教师在特定文化中的主体价值。我国是一个多民族国家，不同民族有不同的生活方式，各民族的谚语、故事、诗歌在日常生活中代代相传，刻印在幼儿教师的深层观念中，使其实践性知识的文化性格在家庭和社区生活中逐步形成；并随社会和个体职业的发展而不断丰富和完善，进而在幼儿教育工作中发挥巨大价值。幼儿教师实践性知识文化性格如此重要，现在仅是初

步探讨，需要不断深化；同时，职后教育对此在何种程度上发挥作用，而又如何去培养，这也有待于持续探索。

参考文献

［1］辛丽华．幼儿教师实践性知识及其建构机制的研究［D］．华东师范大学硕士学位论文，2010.

［2］［8］李丹．幼儿教师实践性知识发展研究［D］．西南大学博士学位论文，2011：2.

［3］管钰嫦．幼儿教师生活活动实践性知识的叙事研究［D］．东北师范大学硕士学位论文，2017.

［4］杨瑞芬．后现代知识观主导下的教师生活整合性研究［J］．基础教育．2009（03）：41-44.

［5］金井寿宏，楠见孝．实践知识［M］．东京：有斐阁出版社，2014：10.

［6］玛利亚·蒙台梭利．蒙台梭利早教经典［M］．北京：教育科学出版社，2016：23.

［7］陈向明．实践性知识：教师专业发展的知识基础［J］．北京大学教育评论．2003（01）：104-112.

［9］魏戈，陈向明．如何捕捉教师的实践性知识——"两难空间"中的路径探索与实践论证［J］．教育科学研究．2017（02）：82-88.

［10］刘旭东．教育的学术品格与教育理论创新［M］．北京：中国社会科学出版社，2017：131-132.

［11］衣俊卿．现代化与日常生活批判［M］．北京：人民出版社，2005：103.

［12］Henning Salling Olesen. Adult Life VI.［M］. Roskilde：Roskilde University，1996：52.

［13］刘新成．日常生活史与西欧中世纪日常生活［J］．史学理论研究，2004（01）：32-38.

［14］杨瑞芬．基于谚语的哈萨克族民间教育思想研究［D］．中央民族大学博士学位论文，2015.

［15］列维·斯特劳斯．结构人类学［M］．张祖建，译．北京：中国人民大学出版社，2006：222.

［16］Cooley Charles Horton，*Social Oraganisation*［M］. Schocken，1962：122.

［17］桑国元，王文娟．文化人类学视野中的教师研究：以一项师生互动研究为例［J］．民族教育研究，2016（6）：30–39.

［18］北京宣南文化博物馆．北京宣南文化博物馆——青少年参观手册［M］．北京：未正式出版，2017：23.

［19］杨生军等．天梦之乡佛子庄［M］．北京：中国书籍出版社，2014：56.

［20］金生鈜．无立场的教育学思维——关怀人间、人事、人心［J］．华东师范大学学报 2006（09）：1–10.

［21］内尔·诺丁斯．幸福与教育［M］．龙宝新，译．北京：教育科学出版社，2009：7.

［22］郭彩霞．日常生活的异化与公共生活的衰落［J］．中共福建省委党校学报，2018（4）：107–114.

［23］［27］金生鈜．无立场的教育学思维——关怀人间、人事、人心［J］．华东师范大学学报（教育科学学报），2006（9）：1–10.

［24］露丝·本尼迪克特．文化模式［M］．张燕，傅铿，译．北京：社会科学文献出版社，1987：42.

［25］M. J. Herskovits, *Cultural Anthropology*［M］. New York：Alfred A. Knopt，1964：67.

［26］卡洛琳·波普·爱德华兹，莱拉·甘第尼．瑞吉欧·艾米莉亚的教师研究——一个充满活动并不断演变的角色的精髓［J］．张辰楠，张虹，译．幼儿教育 2016（05）：1–10.

教师有效现场学习的内涵、困境及对策分析

孟　彦①

摘要： 教师现场学习目前已经成为研究热点，对教师专业发展发挥着重要的推动作用，但教师现场学习的有效性不容乐观，从对教师现场学习的内涵和特征分析出发，显露出教师有效现场学习的困境在于教师自主利用教学现场的学习效果不好、教师同伴合作动力不足以及"培训者"和"教师"未实现角色转变等问题。鉴于此，提升教师现场学习的有效性需要构建教师现场学习的协同机制、强化教师现场学习的转化机制并完善教师教学的评估机制。

关键词： 教师现场学习；教师专业发展；教师培训

习近平总书记在 2018 年 9 月 10 日召开的全国教育大会上指出，坚持把教师队伍建设作为基础工作。加强教师队伍建设是当前我国提升基础教育质量的迫切需要，提升教师的专业素养是教师队伍建设的重中之重，为了推进我国教师在职业过程中个人道德水平和教育教学水平的提升，强化教师的有效现场学习尤为关键。华东师范大学李政涛教授提出"现场学习力是教师最重要的学习能力"。他认为中小学教师不像大学老师那样，他们没有大把的时间去阅读文献，但有大量的时间在教育现场，所以教师应该利用好教学现场，增强自身的现场学习力[1]。如何利用这些"教育现场"并强化在现场的学习效果是教师专业发展过程中的重要一环。本文试图基

---

① 孟彦，北京教育学院国际语言与文化学院讲师，教育学博士，研究方向为教师教育。

于对教师现场学习内涵和特征的认识，探究教师在实现有效现场学习中存在的困境，并找到相应的解决对策，确保教师的现场学习更加高效。

一、教师现场学习的内涵与特征

随着国际上关于教师学习研究的不断深化，教师学习从"学院式"走向"现场式"成为教师专业发展的重要场域转换[2]。"学院式"的教师专业发展模式下，教师成为被动的学习者，无法激发教师对实践问题的探究与思考。"现场式"的教师专业发展模式下，教师成为进入实践场域的主动学习者、成为学习的主体，不断激发教师在学习过程中发现问题并解决问题的能力，能够有效提升教师的批判性思维能力。

（一）教师现场学习的内涵

美国成人教育家杰克·麦兹罗 1978 年提出了转化学习理论，该理论提出"成人学习不仅是学习者的知识习得和经验积累，也是学习者意识、认知、观点等的提升或拓展性改变。……成人学习是在已有经验的基础上，通过一系列困境、反思、对话和实践等过程发生观点转变，从而实现真正学习的过程。……成人的学习是学习者与外界环境相互作用的结果，要研究成人的学习，对成人学习者及其所处学习情境的关系研究也非常重要，尤其应重视成人自身对这种相互作用及其结果的认识。"[3]基于转化学习理论的核心观点可知，教师的现场学习就是一个转化学习的过程，在这个过程中，通过与不同环境的相互作用，加强教师在意识、认知、观点等方面的提升，教师通过现场学习从最初的困惑到逐步地进入现场学习，从逐渐的反思到转化为自己的教学实践。

学术界对教师现场学习的界定众说纷纭，李政涛教授从广义上理解教师的现场学习，将教师的教育现场分为四个部分：教师的教学现场、同行教师的教学现场、学校教研组和备课组的日常教研活动现场、各种培训和讲座现场。李政涛教授所理解的教师现场学习涵盖了教师通过培训和讲座所接受的理论学习过程，但有的学者认为教师现场学习就是把工作场所当作学习场所，在工作中进行学习。[4]本研究基于已有关于教师现场学习的界定，从狭义上理解教师的现场学习，抛弃了具有学院式培训意味的讲座现场，认为教师的现场学习就是教师在教学现场的学习，这包括自己的教学现场、同伴的教学现场和日常教研活动以及参与培训项目中的教学现场。

（二）教师现场学习的特征

社会建构主义学习理论提出，学习是学习者通过参与到某个共同体的实践活动中，来建构自身有关的知识，个体对学习内容主动加工，并与其他学习者开展互助合作，从而形成一个完整的学习过程。教师现场学习就是社会建构主义理论的一种体现，主要呈现以下特征：

1. 学习内容是"现场"

教师现场学习的场所就是所处的"教学现场"，教师的学习内容包括"教学现场"的一切内容，它以实践性活动为载体[5]，而不再是专家的"高谈阔论"。教师所接触的各种实践性活动现场，如自己的教学、与同事之间的教研活动、参与培训中设计的教学现场等都是教师学习内容的来源，来源于"现场"的学习内容可以表现为对具体知识的学习、对具体技能的学习或者对态度、道德品质等内容的学习。例如，在自己的教学现场，教师可以每天从中发现问题并进行学习改进；在同事的教学现场或教研活动中，教师可以从他人那里发现优秀的知识、经验和技能；在培训中的教学现场，教师可以利用培训项目中所设计的教学现场进行学习，而且值得一提的是，教师可以在学习过程中接收到培训者的指导，学习效果会更好。

2. 学习方式是"自主学习"

教师现场学习的方式是以教师发挥主观能动性，通过自己对"现场"的观察、模仿、沟通与交流等具体的学习方式来开展学习，这种自主学习是建立在教师先前的经验基础之上的，教师基于自己的原有知识，通过对同事现场的观察、与同事的交流、参与培训现场的教学活动等，不断完善自身的知识储备，并结合自身的困惑与问题寻求解决对策，为下一步的转化做准备。

3. 学习目标是"回到现场中去"

教师现场学习是为了改造自己教学实践的学习，主要目的在于教师回到自己的教学现场之后能够有效地将所学到的知识和经验转化为自己的实践知识，提升实践能力和教学效果，从而真正实现教师现场学习的核心宗旨"从现场中来，到现场中去"。只有践行了以上特征，教师才能够真正实现有效的现场学习。

二、教师有效现场学习的困境

尽管当前从学术上和实践上不断强调教师现场学习的作用，但是教师现场学习并未达到预期的效果，教师学习的问题仍不能得到根本的解决。从"教师现场学习"到"教师有效的现场学习"之间仍有很大的鸿沟需要跨越，分析当前教师有效现场学习所面临的困境，有利于探索提升教师现场学习有效性的对策。

笔者连续两年以培训者的身份全程深入参与了北京市的一项教师现场培训项目，该项目主要设计内容是将公立学校的中小学教师派到不同的国际学校开展一个月的脱产学习，让公立中小学校的老师进入国际学校的课堂听课并参加国际学校老师的教研活动。这一现场学习过程对老师的冲击力是很大的，国际学校的教育理念与我国公立中小学校相比在管理、教学和课程等方面有很大不同，老师们也纷纷表示"处处有惊喜"。但在后期的效果追踪过程中，效果不尽如人意。综合文献综述和对该项目实施过程中的观察以及对 20 名学员教师的访谈，本文认为教师现场学习主要存在以下三个方面的困境：

（一）教师自主利用教学现场的学习效果不好

教学现场就是教师每天的教学活动，教师需要经常反思教学活动并寻求提升，从而实现学习效果。成人转化理论中提出令人迷失的困境是成人转化学习的重要诱因，因此教师在教学现场的有效学习首先需要具备脱离困境的意识。教师在教学过程中，面临新课程改革和新教学理念的冲击，往往会出现对自身教学能力和专业知识缺乏信心的困境。有发展诉求的老师会寻求改变教学现场，迫切需要不断学习来提升自己，但也存在一部分老师缺乏改变动力，安于现状。诺斯提出的成人学习理论指出成人具有非常强烈的自我引导学习需要，因此需要提升成人的自我探究能力。许芳杰指出教师学习过程中受到外部力量（包括学校组织绩效的要求、学校行政事务工作量、学生成绩测评以及职业竞争压力）和内在力量（对教育教学工作的主观认识和价值取向）的双驱动。[6]因此，教师一旦缺乏个人内在动力的支撑和改变的意识，就无法在每天的教学现场中发现问题并寻求解决问题的办法。D 老师说："国际学校的老师只要负责好自己的教学就好，而且定期有专门的教师专业发展日（PD 日），教师的教学热情很高，每天都很高兴。他们在课堂教学上可以结合丰富的资源，我听过一个国际学校老师的课，他将自己的教学内容与自己很擅长的历史文化相联系，自己备课的过程中也很投入，学生们也学得开心。而我们就做不到这样，没有那么大的自主性。"

其次，在现实情况下，教师一旦想要在教学上有所改变会面临很大的阻力，这阻力主要来自学校。曾有调查说造成教师学习问题的原因中有86.3% 是来源于工作量太大、工作压力大。Z 老师说："我知道总是让学生做题是不对的，我也想多培养学生的学科素养和能力，但是面临当前的选拔性考试制度，我们没办法，否则我就是那个'另类的人'，这样一来的话，压力太大。万一最后学生考试成绩没提高上去，学校不干，家长也不干。"L 老师提到："我们经常面临各种各样的检查，教师需要准备很多材料，需要加班加点地完成。关键是来检查工作的不断，而且还有很多来学校参观学习的，这都需要耗费很大的精力，所以说现在做老师很累的，没有很多时间去参加培训和磨课、练课。"

（二）教师同伴合作动力不足

教师在其他老师的教学现场以及参加教研的活动现场都为教师开展同伴合作创造了条件。道尔顿和莫伊尔提出"教师同伴互助是教师之间在知识和技能上相互支持和共同提升的过程"[7]。但是根据访谈可知，教师在同伴合作过程中缺乏动力，主要表现为意识不够、合作技能低、缺乏时间等。

在教师同伴合作意识上，多数教师表示教师同伴合作的活动多是由学校来安排的，并没有结合不同教师的自身需要，所以在合作过程中往往只是流于形式，缺乏内动力。教师 B 表示："我们学校给老师们也安排了很多教研活动，给老师们提供很多交流的机会，但是这是在教师教学工作以外的，大家在面对这些安排有时是抵触的，认为效果不大，只是一个形式。"教师参与课堂教学观摩有一个很朴素的情结，就是从别人的课堂教学中学个一招半式，以备不时之需。但是不具备教育眼光和学科眼光的教师是无论如何也不可能从知走向智，从跟走向创的[8]。

在教师同伴合作技能方面，教师表现出了较大的困惑，教师缺乏与同伴教师相互沟通的技巧，不知道如何开展合作。教师 D 表示："我有时候即便有困惑，也不会主动去找其他老师，一是耽误他们的时间，二是认为也很难，大家各有各的安排，如果有特别大的需要，我会在固定的教研活动中跟大家提一下，如果有反馈可能会有进展，如果没反馈可能也就搁置了。"

在时间分配上，教师反映必备的一些教研活动会加重教师的教学任务，教师工作任务和其他事务性工作很重，无法分配足够的精力去参与同伴合作，更不要说在这个过程中进行学习和提升。教师 F 表示："每天特别忙，虽然知道与同事多交流一下课，多磨课很好，但是哪有那么多时间去磨每一次课。学校经常有公开课的任务，那个机会就是一个同伴相互合作的机会，但是每次上公开课又特别耗费精力，所以无法保证日常教学工作中开展紧密的合作。"

（三）"培训者"和"教师"未实现角色转变

教师专业发展过程中，参加教师培训项目是重要途径之一，培训者对教师现场学习的影响至关重要。但教师现场学习理念对"培训者"和"教师"的角色要求产生变化，培训者不应再以高高在上的专家身份进行脱离教育实践的讲座式知识灌输，而需从"知识的机械输出者"转变为"知识的共同建构者"，教师也不再成为被动的学习者，而应从"被动的学习者"转变为"主动的学习者"。本文认为"培训者"和"教师"未实现角色转变主要表现为以下三个方面：

一是培训者无法激发教师的现场学习。当前我国教师培训工作发展迅速，从国家对教师培训的经费投入中就可以看出。2018年印发的《教师教育振兴行动计划（2018–2022年）》中重申"教师培训经费要列入财政预算，幼儿园、中小学和中等职业学校按照年度公用经费预算总额的5%安排教师培训经费"。虽然我国对教师培训的投入力度加大，但通过文献研究也不难发现，教师培训普遍质量不高，而且低质量的重复培训较多[9]。另外，教师培训的监督和评价主要停留在反应评估和学习效果评估层面，较少关注教师培训给学员行为改进带来的长远影响，培训内容脱离教师专业发展和教学实践的需要[10]。随着对教师现场学习的认可和重视，越来越多的培训项目开始增加现场学习这一内容，但在实施过程中，培训者往往仍忽略教师真正的发展诉求，并未把教师看成一名学习者和转化者，在培训评价方面未增加对教师学习效果的追踪，只停留在教师现场学习的形式，缺乏有效的互动。在访谈教师现场学习培训项目的培训者时，他说道，"作为培训者之一，我有时很困惑应该如何指导教师，因为我对学校和学生的情况了解不够，更多的情况下也是与老师们一起学习，从他们那里可能会了解得更多，再到指导层面可能我就无法很快给出有深度的指导，当然这也与个人的知识和经验有关"。

二是教师自身转化力不够。在教师培训领域，流传着这样一句话，"听的时候很激动，听完很平静，回去很麻木，一动也不动"。这体现了当前教师培训中转化效果不够的问题。李政涛教授提出，"转化力"也是教师现场学习力中最关键的能力，教师学习的宗旨是"为转化而学习"。[1]通过观察和访谈可知，教师对于在培训现场学习到的内容保持着一种"消极"的态度，不仅认为在自己的教学现场进行改变很难，而且觉得在培训后将学习到的知识和技能在自己的实践中实施起来更难。教师现场学习获得的更多是直接经验，更有利于教师带着这些经验回到自己的教育现场中。教师培训的开展是教师集中学习的一个过程，虽然培训过程中学习到的知识和技能对教师的专业发展意义重大，但更关键的是教师如何将培训中所学到的知识和技能"转化"到自身的教学实践中。"转化"并不是照抄照搬，而是结合自身教学实践将培训中所获得新的知识和技能融合到教学中去。N老师说道，"我参加过很多进入现场的培训项目，但是我的学习过程是刚开始很新鲜和激动，逐渐就变得客观起来，因为发现很多内容并不适用自己的教学实践，所以我就变得消极起来，但有时候也会将学到的一些教学方法应用到教学中，只是不太系统"。

三是教师学习目的不明确。在教师培训过程中，教师不知道自己参加这个培训是为了什么，更多的是为了获得培训证书或者为了职称评定，对于培训内容关注甚少，机械地完成培训任务，并没有将培训内容"内化"为自己的知识和技能。根据转化学习理论，培训现场的学习需要教师结合自身的经验进入现场，只有这样才能为后续的转化奠定基础。而当前教师在参与培训的过程中并未结合先前经验来明确学习目的，这导致教师在现场学习过程中的效率低下。在笔者开展的国际学校现场学习项目中，部分教师第三周才能真正进入学习的状态并开始思考，但培训项目也接近尾声，最后的学习效果不如那些带着明确学习目的进入学习现场的老师们。

三、提升教师现场学习有效性的对策

解决当前教师有效现场学习的困境，提升教师现场学习的有效性，可以从以下几个方面来考虑。

（一）构建教师现场学习的协同机制

教师个体、同伴和学校管理等各个方面都关系着教师现场学习的效果，因此需要建立教师、同伴和学校上下左右一致的协同学习机制，实现教师现场学习应有的资源保障。

对于教师个人来说，当前教师专业发展正在从培训者中心向教师中心转变，教师逐渐被推动成为专业发展过程中的主导者，教师自主学习成为教师专业发展的主要路径，因此必须提升教师的自主学习能力。自主学习是学习者对自己学习负责的能力[11]，一旦教师也被看作学习者之后，教师也就需要对自己的学习负责，有效解决好外在和内在的冲突，强化自主学习能力。

提升教师的自主学习能力并不意味着教师孤军奋战，而是需要教师充分利用同伴的作用，形成共同的目标，互帮互助推动彼此为实现共同目标而不断努力。李宝荣教授提出行动学习是教师现场学习的有效路径，而行动学习的关键在于教师基于团队进行学习，在学校里建立学习共同体，形成互动反思对话的合作文化。[12]因此，教师首先要具备合作意识，积极与同事沟通交流，分享教学经验与成果；其次要提高团队合作的水平，在研讨交流过程中，一方面善于发现教学实践中的问题与不足，另一方面要共同寻求出改进教学观念和解决问题的策略，较高的团队合作水平主要体现在同伴互助过程中能够实现互利共赢。

在教师现场学习过程中，学校的角色也在一定程度上决定了教师现场学习的效果。学校管理者要为教师的现场学习提供实际支持，无论教师处于自己的教学现场，还是参与学校的教研活动，又或是外出参加教师培训，学校管理者应给予专门的帮助，不仅解决教师在工作上的困惑，还应多了解教师的发展需求，为教师提供学习和转化的平台，确保教师敢于在教学上进行尝试。为教师提供支持也是为学校教学发展做贡献，可以说是一个共赢的过程。

建立"教师—同伴—学校"的联动协同机制，是解决教师有效现场学习困境的关键基础。

（二）强化教师现场学习的转化机制

与教师参与的学历教育和专家培训相比，在教师现场学习中，教师作为学习的主体，将学习成果实践化是最终目标，也是检验教师现场学习效果的核心内容，因此，有必要完善教师现场学习的转化机制。而在教师现场学习的转化过程中，本研究认为应强调中介的作用。德国古典哲学家黑格尔曾提出，"真理是由极其复杂的、高度中介化的考察所得的成果，这种成果虽然有时可能毫不费力地呈现于熟习此种知识的人的面前，实际上却只能是反复思索和长时间生活经验的产物，即一种中介过程的产物"[13]，任何知识的转化都不可能忽视"中介"的存在，教师现场学习的转化也不例外。

由于教师在将自己的学习结果应用于实践中时，往往会与"实践"产生冲突。例如笔者所开展的国际学校访学项目，教师在访学过程中对于所学习到的知识认可程度很大，但回到自己的教学实践中时，往往不知道如何开展，无法将学习到的知识和技能应用到当前的教学环境中去，这时候就需要"中介"作用的发挥。那么谁来充当中介呢？本研究认为，以下三类群体可以在教师现场学习效果转化中发挥中介作用。

一是具有较大教学影响力的学科带头人。这类群体已经在教学上取得很高的成就，例如特级教师，在学科教学上具备了很大的知名度和影响力，这种情况下，如果教师利用这一类人进行宣传和推广自己的教学理念和思想，并通过这类群体将教学理念进行转化，实施难度会大大缩小，而且影响力也将扩大，更容易实现教师学习内容的有效转化。

二是同时兼具教师和学校管理者双重身份的个体。有些学科的老师本身是学校的教学校长，他们一方面做教师教学工作，另一方面也应发挥学习转化的作用。因为这类个体熟知学校教学环境和实践环境，并且能很好地规避转化过程中的问题和冲突，例如在教学资源、教师课程内容、教师评估等方面的问题。从个体特质来看，这类个体需要具有包容和创新的精神，才能对教师学习成果的转化有很好的判断和指导。

三是开展追踪指导的培训者。追踪指导是教师培训项目的关键部分，但当前教师培训项目中对于追踪指导的力度仍不大，真正"下去"追踪指导的培训者更是少数，然而培训者的追踪指导是教师学习效果转化的重要保障。提升教师学习效果的转化力，必须利用培训者的追踪指导，对教师面临的具体问题进行分析，帮助教师将所学的知识和技能与现实实践相结合，从而寻求具体的实施办法，这也是解决培训者理论与实践相脱节的问题、提升培训质量的重要途径。

强化转化机制，是解决教师有效现场学习困境的核心路径。

（三）完善教师教学的评估机制

教师有效的现场学习需要教师自身发挥积极能动性，没有教师主导的学习也无法实现学习的效果，所以教师必须积极参与进来。但现实是教师在变革和学生成绩要求的两难境地下，无法放开来进行发展与变革。但教师在现场学习后所进行的教学变革其目标不只是考试成绩的提高，更多的是学生综合素质和能力的提升，因此必须完善教师教学的评估机制。

一是加强教师的团队评价。教师现场学习是来源于个体，回归于团队，在评价过程中应强化对教师团队的评价。这一方面可以反向激励教师的同伴互助，另一方面也能够减少教师转化学习效果的压力，更加有利于进行教育教学的变革和创新。

二是评价内容精细化。避免用学生成绩的高低评价教师，将评价内容细分，更多地强调发展性评价，而不是终结性的评价。这有利于在教师教学评价结果不好时，及时提出对应可行的解决策略。另外，教师是否积极在进行教学知识和技能的提升也应成为评价内容之一，教师不论是在教学现场的学习还是在培训现场的学习都应列为教师评价的主要标准，积极鼓励教师进行指向转化的教师现场学习。

三是完善学校管理者、教师团队及教师个人、学生、家长的多元评价主体。从当前教师发展性评价的需求来看，不同类别主体参与教师评价更加客观、科学且合理，也有利于教师从多方渠道了解评价信息，深化对当前教学实践的认识，并作为参考不断进行学习，提升自己的专业知识和教学技能。

完善教师评估机制，是解决教师有效现场学习的必要条件。

综上所述，教师现场学习有效性的提高在教师专业发展中占据重要的位置，但在实施过程中仍面临困境。但我们相信随着教师、学校、培训者等的多方协同努力，在评价机制的不断完善下，基于教师现场学习的转化力提升，高效率的教师现场学习将成为教师专业发展和教师队伍建设的有效途径。

参考文献

［1］李政涛.现场学习力：教师最重要的学习能力［J］.人民教育，2012（21）：45-46.

［2］孙德芳，周亚东.教师学习：从学院式到现场式［J］.中国教育学刊，2016（06）：82-86.

［3］殷蕾.转化学习理论视角下教师培训的困境与出路［J］.中国教育学刊，2018（10）：87-91.

［4］周亚东.论教师现场学习的动力机制［J］.教育理论与实践，2017，37（11）：27-29.

［5］周亚东.实践性知识：教师现场学习的核心指向［J］.教育探索，2016（12）：101-105.

［6］许芳杰.课堂教学境域中的教师现场学习［J］.教育科学，2018，34（02）：25-31.

［7］周娜.基于教师专业发展的教师同伴互助研究［D］.首都师范大学，2013.

［8］金东旭.教师的现场学习力：在对话和反思中提升现场学习力［J］.人民教育，2012（23）：45-47.

［9］陈向明.从教师"专业发展"到教师"专业学习"［J］.教育发展研究，2013，33（08）：1-7.

［10］薛海平，陈向明.我国中小学教师培训质量调查研究［J］.教育科学，2012，28（06）：53-57.

［11］于贤荣.自主学习视角下商务英语教师角色探析［J］.英语教师，2016，16（17）：118-121.

［12］李宝荣.行动学习：教师现场式学习的有效路径［J］.中国教育学刊，2017（07）：30-35.

［13］黑格尔.小逻辑［M］.贺麟，译.北京：商务印书馆，1980：160.

新任中小学教师的阶层来源分析

——以北京市四个区为例

董　良 [①]

摘要： 以北京市四个区为例，研究了其新任中小学教师的阶层来源。认为新任中小学教师主要来源于中下层，从社会中关于代际流动主要是短距离流动的理论出发，认为当前中小学教师的社会地位的确不高，职业吸引力不大，要吸引更多、更优秀的教师从教，还有很长的路要走。同时检验中小学教师职业的吸引力是否提升，从阶层来源的角度来讲，可以通过来源于中下层的新任中小学教师的比例是否降低、来源于更高阶层的新任中小学教师的比例是否提升来检验。从教师学习方面来看，应该增加有关对主流文化的内容和形式的直观感受和体验的内容。

关键词： 新任中小学教师；阶层来源；社会地位；教师学习

一、问题的提出

2018 年 1 月 31 日，新华社转发《中共中央国务院关于全面深化新时代教师队伍建设改革的意见》，强调要不断提高教师的地位待遇，真正让教师成为令人羡慕的职业。2018 年 9 月 10 日，在全国教育大会上，中共中央总书记、国家主席、中央军委主席习近平出席会议并发表重要讲话，强

---

① 董良，北京教育学院基础教育人才研究院讲师，社会学博士，研究方向为教师教育、社会工作等。

调要努力提高教师政治地位、社会地位、职业地位。概括来说，国家不断在强调提高教师的地位，真正让教师成为令人羡慕的职业。这种话语的表述表明，当前，我国教师的地位还不高，教师职业还没有成为令人羡慕的职业。而要提高教师的地位，真正让教师成为令人羡慕的职业，就必须了解教师现实的地位状况。本文从阶层来源的角度分析了新任中小学教师的地位状况。

二、对于社会地位的理解

社会分层是"依据一定具有社会意义的属性，一个社会的成员被区分为高低有序的不同等级、层次的过程与现象"[1]。这里的具有社会意义的属性就是社会分层的标准。在社会分层所形成的阶层结构中所占据的位置就是社会地位。从理论上来说，能够作为社会分层标准的事物必须具有稀缺性和有用性[2]。稀缺性是指这类事物不是无限供给的，相对于社会成员的需求来说，这类事物是有限的，它们在社会成员中的分配是不均等的，这样才会形成不同的阶级或阶层。有用性是指这类事物对社会成员来讲是有使用价值的，获得这类事物可以满足社会成员某方面的需求，社会成员为了满足自身的需求会有获得这类事物的动机。只要某种事物同时具备了稀缺性和有用性就可以作为社会分层的标准。所以，有多少种不同的分层标准，就可以形成多少种不同的社会地位。从社会分层的角度来看，不论是政治地位、社会地位，还是职业地位，都可统称为社会地位。

三、分析框架

在社会分层的代际流动的研究中，长距离的流动不是主流，主流是进入临近的阶层[3]，也就是说，虽然存在跨阶层的流动，但受其出身家庭的阶层地位的影响，即使是向上流动，其流动的空间十分有限。特别是在当代中国社会，已经呈现出了阶层固化的现象，阶层垂直流动减少，个人社会地位获得越来越受到家庭背景的决定性影响。[4]从这个角度来看，如果新任中小学教师的原生家庭所处的阶层地位越低，就表明中小学教师的社会地位也越低，要提高中小学教师的社会地位就需要更大的努力，以吸引更多原生家庭阶层地位高的社会成员进入教师队伍，从而真正让教师成为令人羡慕的职业。

四、关于阶层地位的测量

社会成员在阶层结构中所处的地位就是社会地位，而关于社会成员阶层地位的测量就是关于社会成员社会地位的测量。在社会学中，关于社会地位的测量主要有四种方法[5]：第一种是阶级归类或阶级划分的方法，其特点是探索出一些有重要经济社会差异的大的阶级类别，然后将社会人群纳入这些大的类别中。第二种是职业声望测量的方法，运用职业声望量表让人们对不同的职业打分，然后根据分值排列次序。第三种是按照经济收入将人群分组。第四种是综合以上各种方法，将职业声望、经济收入等社会经济指标等综合起来，形成测量社会地位的量表。本文采用第四种测量方法。通过将被调查对象14岁时父亲的职业转化为"国际标准职业社会经济地位指数"（International Socio-Economic Index of Occupational Status，简称 ISEI）来测量。该指数是特莱曼（D.Treiman）、甘泽布姆（Ganzeboom）和格拉夫（Graf）提出的。[6]特莱曼等人采用的是国际标准化职业分类体系，而且在形成该指数时，将教育和收入指标也做到了国际标准化，从而解决了国别差异问题。

五、数据来源和分析方法

本研究采用的数据是通过问卷法搜集的，由参加 2017 年北京教育学院负责的新教师培训的学员填答问卷。该研究于 8 月 19 日、20 日、21 日三天分别对 S、C、H、D 四个区的新教师作了普查，这些教师包括幼儿园和中小学教师共计 1139 人，共发放问卷 1139 份，回收问卷 1044 份，回收率为 91.66%。参加培训的教师有幼儿园教师和已经参加工作而新调入的教师，且四个区中并非新任幼儿园教师都参加了培训，所以，本研究仅关注的是 2017 年度参加工作的新任中小学教师。这样，剔除幼儿园教师和新调入教师后的样本量为 642。

对数据的分析采用描述统计的方法，统计小学、初中、高中教师以及总体在不同社会阶层的分布情况，重点关注来源最多的阶层。

六、对数据的分析

表 1 是对新任中小学教师阶层来源的分析，从表 1 可以看到新任中小学教师主要来自以下几个阶层：

第一，14 岁时父亲的国际社会经济地位指数为 16 的阶层。小学教师有 85 人，占小学教师总数的 27.87%；初中教师有 43 人，占初中教师的 32.82%；高中教师有 18 人，占高中教师总数的 24.32%；共计 146 人，占全体教师总数的 28.63%。而国际社会经济地位指数为 16 的职业包含：家务及相关佣工、清洁工、洗衣工、农民和渔民等。新任中小学教师来源于这一阶层的人数最多。

第二，14 岁时父亲的国际社会经济地位指数为 28 的阶层。小学教师有 52 人，占小学教师总数的 17.05%；初中教师有 32 人，占初中教师的 24.43%；高中教师有 17 人，占高中教师总数的 22.97%；共计 101 人，占全体教师总数的 19.08%。而国际社会经济地位指数为 28 的职业包含：陶艺、玻璃制造工人、水产工人、猎人、金属热处理操作员、起重车操作员、街头非食品小贩、街道服务的基本职业、装饰业工人、自耕农。

第三，14 岁时父亲的国际社会经济地位指数为 30 的阶层。小学教师有 36 人，占小学教师总数的 11.8%；初中教师有 10 人，占初中教师的

7.63%；高中教师有 7 人，占高中教师总数的 9.46%；共计 53 人，占全体教师总数的 10.39%。而国际社会经济地位指数为 30 的职业包含：货物管理劳动者、巴士及电车驾驶员、摩托车驾驶员、纸板和纺织等产品装配操作员、木材等产品装配操作员、金属和橡胶及塑料制品装配操作员、机械装配操作员、纺织和毛皮及皮革制品机器操作员、机械操作员和装配工、食品加工及相关行业工人、金属铸工、焊接工人、钣金工、提炼和建筑行业工人、服务业、商店市场销售人员等。

第四，14 岁时父亲的国际社会经济地位指数为 51 的阶层。小学教师有 30 人，占小学教师总数的 9.84%；初中教师有 8 人，占初中教师的 6.11%；高中教师有 11 人，占高中教师总数的 14.86%；共计 49 人，占全体教师总数的 9.61%。而国际社会经济地位指数为 51 的职业包含：办事员、簿记员、现代卫生保健助理专业人员（不包括护理人员）、绘图技师、社会工作的专业人员。

表 1　新任中小学教师阶层来源分析

父亲的 ISEI 值		小学教师	初中教师	高中教师	合计
16	频数	85	43	18	146
	百分比（%）	27.87	32.82	24.32	28.63
21	频数	1	1	0	2
	百分比（%）	0.33	0.76	0	0.39
23	频数	2	2	1	5
	百分比（%）	0.66	1.53	1.35	0.98
24	频数	1	0	0	1
	百分比（%）	0.33	0	0	0.2
25	频数	4	0	1	5
	百分比（%）	1.31	0	1.35	0.98
26	频数	0	1	0	1
	百分比（%）	0	0.76	0	0.2

父亲的 ISEI 值		小学教师	初中教师	高中教师	合计
27	频数	0	1	1	2
	百分比（%）	0	0.76	1.35	0.39
28	频数	52	32	17	101
	百分比（%）	17.05	24.43	22.97	19.8
29	频数	3	2	1	6
	百分比（%）	0.98	1.53	1.35	1.18
30	频数	36	10	7	53
	百分比（%）	11.8	7.63	9.46	10.39
32	频数	1	0	1	2
	百分比（%）	0.33	0	1.35	0.39
33	频数	1	0	0	1
	百分比（%）	0.33	0	0	0.2
34	频数	1	0	0	1
	百分比（%）	0.33	0	0	0.2
35	频数	1	0	2	3
	百分比（%）	0.33	0	2.7	0.59
36	频数	1	0	0	1
	百分比（%）	0.33	0	0	0.2
40	频数	3	2	0	5
	百分比（%）	0.98	1.53	0	0.98
42	频数	1	0	0	1
	百分比（%）	0.33	0	0	0.2
43	频数	1	0	0	1
	百分比（%）	0.33	0	0	0.2
44	频数	1	0	0	1

父亲的 ISEI 值		小学教师	初中教师	高中教师	合计
	百分比（%）	0.33	0	0	0.2
45	频数	16	6	4	26
	百分比（%）	5.25	4.58	5.41	5.1
46	频数	12	5	0	17
	百分比（%）	3.93	3.82	0	3.33
50	频数	8	5	3	16
	百分比（%）	2.62	3.82	4.05	3.14
51	频数	30	8	11	49
	百分比（%）	9.84	6.11	14.86	9.61
52	频数	1	0	0	1
	百分比（%）	0.33	0	0	0.2
54	频数	1	1	1	3
	百分比（%）	0.33	0.76	1.35	0.59
55	频数	0	1	2	3
	百分比（%）	0	0.76	2.7	0.59
56	频数	2	2	0	4
	百分比（%）	0.66	1.53	0	0.78
57	频数	1	0	0	1
	百分比（%）	0.33	0	0	0.2
58	频数	3	0	0	3
	百分比（%）	0.98	0	0	0.59
60	频数	1	0	0	1
	百分比（%）	0.33	0	0	0.2
64	频数	2	0	0	2
	百分比（%）	0.66	0	0	0.39

父亲的 ISEI 值		小学教师	初中教师	高中教师	合计
65	频数	3	1	0	4
	百分比（%）	0.98	0.76	0	0.78
66	频数	13	2	0	15
	百分比（%）	4.26	1.53	0	2.94
67	频数	2	0	0	2
	百分比（%）	0.66	0	0	0.39
68	频数	1	0	0	1
	百分比（%）	0.33	0	0	0.2
69	频数	4	3	2	9
	百分比（%）	1.31	2.29	2.7	1.76
70	频数	2	1	0	3
	百分比（%）	0.66	0.76	0	0.59
73	频数	1	0	0	1
	百分比（%）	0.33	0	0	0.2
74	频数	2	0	0	2
	百分比（%）	0.66	0	0	0.39
82	频数	0	1	1	2
	百分比（%）	0	0.76	1.35	0.39
88	频数	4	1	1	6
	百分比（%）	1.31	0.76	1.35	1.18
90	频数	1	0	0	1
	百分比（%）	0.33	0	0	0.2
Total	频数	305	131	74	510
	百分比（%）	100	100	100	100

合计以上四个阶层来计算，共占到新任中小学教师的 68.43%。而以上四个阶层的社会经济地位指数相对来说都比较低，特别是最低的社会经济地位为 16 的阶层，所占比例最大。

如果按照以上社会经济地位的测量西方的分类来展示中小学教师的阶层来源有削足适履之嫌，那么，将以上的分类转化为具有中国自身特点的阶级阶层划分来看中小学教师的阶层来源会更清楚。"当代中国社会结构变迁研究"课题组曾以职业分类为基础，以组织资源、经济资源和文化资源的占有状况为标准划分出了十个社会阶层和五种社会经济地位等级。[7] 十个社会阶层是：国家与社会管理者阶层、经理人员阶层、私营企业主阶层、专业技术人员阶层、办事人员阶层、个体工商户阶层、商业服务业员工阶层、产业工人阶层、农业劳动者阶层和城乡无业失业半失业者阶层。五大社会经济等级为社会上层、中上层、中中层、中下层和底层。详见图 1。其中，商业服务业员工阶层指在商业和服务行业中从事非专业性的、非体力的和体力的工作人员。产业工人阶层指在第二产业中从事体力和半体力劳动的生产工人、建筑业工人及相关人员。农业劳动者阶层是指承包集体所有的耕地，以农（林、牧、渔）业为唯一或主要的职业，并以农（林、牧、渔）业为唯一收入来源或主要收入来源的人员。城乡无业失业半失业者阶层指无固定职业的劳动年龄人群（排除在校学生）：体制转轨和产业结构调整导致一批工人和商业服务业人员处于失业、半失业状态；就业机会不足使许多新进入劳动力市场的青年劳动力长期待业；城市大批征用农用地，使大批农民无地可种，而这些农民在城镇一时还找不到合适的职业；另外，还有不少城乡居民因为残障或长期卧病的困扰而不能就业，他们多数也陷入贫困境地。其中按照十大社会阶层和五大社会经济等的划分，除了第四类可以纳入中中层之外，其他三类则主要是中下层和社会底层。

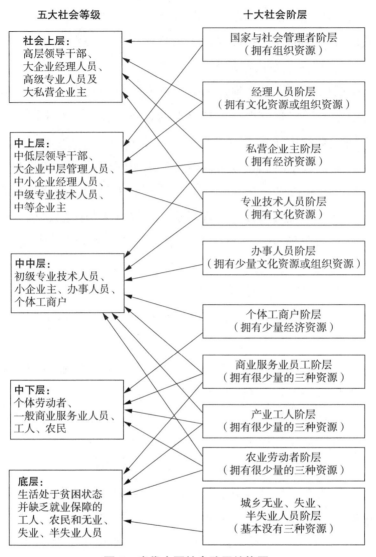

图 1　当代中国社会阶层结构图

七、教师阶层来源对教师学习的启示

在一个社会中，社会上层所具有的上层文化和品味总是会被建构成一个社会的主流文化，并最终成为学校中的支配性文化和教育内容。[8]教师作为学校中这种文化的传习者，理应对这种支配性文化足够熟识，如果仅仅从书本上得来相应的内容然后再传授给学生，显然不能很好地达到良好的教育效果。而本文中关于中小学教师主要来源于中下阶层的研究表明，多数教师对于社会中的支配性文化和教育内容可能更多地来源于书本知识，在生活中对主流文化的内容和形式缺乏直观的感受和体验。所以，要使这些中小学教师更好地开展教育教学活动，在教师学习方面，就应该增加教师对主流文化的内容和形式的直观感受和体验的相关内容。

八、结　语

通过以上的分析可以看出，新任中小学教师主要来自中下层，按照社会学中关于社会流动主要是阶层间的短距离流动的观点，中小学教师的社会地位的确不高。而从以上国际社会经济地位指数的值来看中学教师的值为69，小学教师的值为66，以上四个阶层的子女能够流入中小学教师是实现了上升流动。但中小学教师主要吸引的是中下阶层的状况表明，中小学教师职业的吸引力并不大，要吸引更多、更优秀的教师从教，还有很长的路要走，同时检验中小学教师职业的吸引力是否有所提升，从阶层来源的角度来讲，可以通过来源于中下层的新任中小学教师的比例是否降低、来源于更高阶层的新任中小学教师的比例是否提升来检验。在教师学习方面，要使这些中小学教师更好地开展教育教学活动，就应该增加教师对主流文化的内容和形式的直观感受和体验的相关内容。

当然，需要注意的是中小学教师主要来源于中下阶层，并不是说要提高中小学教师职业的吸引力，就不欢迎中下阶层的社会成员进入中小学教师的队伍。如果中小学教师的社会地位获得提升了，真正成为全社会羡慕的职业，那么，这一职业应该面向各个阶层开放，即不论其来自哪个阶层，只要能乐教、适教，都能通过自己的努力获得教师职业。

参考文献

［1］郑杭生主编.社会学概论新修［M］.北京：中国人民大学出版社，2003：217.

［2］刘祖云，戴洁.再论社会分层的依据［J］.中南民族大学学报（人文社会科学版），2006（11）：122-126.

［3］李强.社会分层十讲［M］.北京：社会科学文献出版社，2011：119.

［4］顾辉.社会流动视角下的阶层固化研究［J］.广东社会科学.2015（5）：202-213.

［5］李强.社会分层十讲［M］.北京：社会科学文献出版社，2011：241.

［6］Ganzeboom, Harry B. G. Paul M. De Graaf&Treiman, Donald J. A standard International Socio-economic index of Occupational Status［J］. Social Science Research. 1992（21）：1-50.

［7］陆学艺.当代中国社会阶层研究报告［M］.社会科学文献出版社，2012：8-23.

［8］朱新卓，王欧.教师的阶层文化与教育的文化再生产［J］.教育研究，2014：133-142.

第三辑　教师学习方式变革与实践创新

"PCM 三导师制"教师学习培育模式：学习共同体的视角 [①]

张兆芹　彭　炫 [②]

摘要：寻求一种高效的教师培养模式是学校教师培养探索之路的永恒主题。"导师制"由来已久，一般是应用于培养学生，"PCM 三导师制"教师培养模式在中学教师群体中实施仍属首次。本文以深圳光祖中学"PCM 教师培养项目"为例，研究了基于学习共同体视域下的"PCM三导师制"的教师培养模式的缘起、理论源泉、概念内涵、设计思路和实践实施。并从项目宗旨与目标定位、指导思想、培育目标、培育方式等方面阐述了项目实践实施的核心要点。

关键词：学习共同体；PCM；三导师制；教师培养模式

一、"PCM 三导师制"教师培养模式的缘起

中学教师核心素养和教育力的水平高低直接影响到中学实施核心素养教育和学生综合素养的提升。建设一支高素质、高水平的教师队伍是学校的永恒主题。王庆超等综合知识图谱与文献计量分析的结果研究显示：第一，我国中小学教师培训模式逐渐向精细化、小班化、区域化方

---

① 本文系深圳市教育科学规划科研专家专项课题《学校教师创新微团队（学习共同体）阶梯培育行动研究》的部分成果，课题编号：kyjz20161。
② 张兆芹，博士，教授，学科带头人，深圳大学师范学院教育科学研究所副所长，主要从事教师教育研究；彭炫，深圳市坪山区光祖中学教研处主任，中学一级。

向发展；第二，教师培训领域的研究成果主要来源于高等师范院校；第三，我国教师培训的研究热点主要围绕教师培训的现状与对策研究、教师培训与信息化研究、中小学教师培训组织方式研究、英美教师培训的启示研究四大主题领域展开。[1]目前，中小学常见的教师培养方式有反思实践型校本教研、课例研讨法、课题推进法、区域教研联动法和专家专题活动法等，还有"青蓝工程"、"师徒结对"、各类名师工作室、教师读书会或沙龙、各种"国培计划"、"省培计划"和"海培计划"等。虽然各校之间的项目称呼不一样，但并无本质区别，大多是"集中理论辅导、分散回岗消化、在岗操作实践、参观考察借鉴、总结研讨提升、培养成果展示"六步过程，整体实际效果不尽如人意。有学者在对中小学教师培训现状的调查中发现，培训存在的问题有：现有的大学本位培训模式并不能完全满足中小学教师专业发展的内在需求；培训主体和参训主体的培训动机存在错位现象；不同层级培训内容之间缺少关联；对处于不同专业发展阶段教师的关照缺少针对性；培训方式缺乏创新等。要提升对中小学教师培训的质量，需要提高培训的精准度，构建多样化、立体化培训模式，并通过构建多重评价体系对中小学教师培训质量进行把控。[2]随着互联网＋的信息化社会的发展，教育改革的不断深化，教师的角色发生了变化，教师教育目标将以"学习者为中心"、以教师解决实际问题为导向、以培养教师的实践能力为目标，不断促进教师的教育观念和教育方式的更新，提升教师的核心素养和教育力。因此，如何构建一种高效的、紧密的、与教师的教育实践相结合的立体式中学教师培养模式，值得我们不断探索。

二、"PCM 三导师制"教师培训模式的理论源泉

建立在群体动力学理论、社会相互依存理论、情境学习理论和反思实践导向的教师专业发展理论等基础上的专业学习共同体理论为"PCM三导师制"教师培训模式提供了理论源泉。我们知道，国内外学者对

教师专业发展研究经历了从教师培训（teacher training）到教师教育（teacher education），再到教师学习（teacher learning）和教师专业学习共同体（learning community）的历程，教师专业发展由培训工具化的外控型倾向，向注重把教师专业发展作为人的发展，作为学习历程和探究过程的内在生成型转变。教师专业发展是一个教师学习过程，要创建一种生态型的学习共同体文化来支持教师学习，特别是在如今互联网＋的信息化社会，教师的角色也从"传道、授业、解惑"向"教师是学习者、设计者和引领者"等角色转化，教师必须养成终身学习的习惯和生活方式。

世界著名管理学大师，提出学习型组织理论的彼得·圣吉教授认为（2017年4月16日深圳南山外国语学校的演讲）要理解"万物互联"（即世界万事万物相互关联）这样一个核心理念，教师要了解自己的每一个行为都会影响到其他人，其他人的行为也会影响到自己。学校学习共同体文化创建要聚焦在两个领域：课堂文化和学校文化。课堂文化与学校文化是相辅相成的，如果想要学校在未来真正有持续的意义，必须要去关注真正的学习，把学习融入到共同体中。学习与共同体的结合，必然与我们如何看待学习、如何看待知识和如何看待生命的意义有关。当人类对知识建构的社会文化维度的认识积累到一定程度时，真正的学习对社会文化境脉的需要和依赖才得以揭示，学习与共同体之间的内在联系才能被发现。

从把学习看作是孤立的智力活动转变为视学习为合作者集体的建构表征过程；从学习是机械的知识传递，转变为学习是对社会系统的参与；从学习是吸取知识，转变为学习是浸润到一种社会文化中；从学习是获取知识的过程，变成学习就是行动本身，就是参与实践；从学习是同质化群体的共同活动，转变为各个水平的学习者的异质交互过程。学习共同体需要一种文化上的连续性。首先是自身的历史连续性（目标、信念、实践和经验集合）；其次是学习共同体与环境的连续性，它必须嵌入到更大的集合中；再次是参与者的连续性，个体有机会沿着旁观者—同伴—成熟实践的示范者这个轨迹前进。学习共同体文化是一个创新的文化，创新是找到新的认识世界的方式，是创造新的价值的源头。当前的教育领域，前所未有地需要一种创新精神。

"学习共同体"概念可追溯到1881年德国社会学家藤尼斯将共同体的理论从哲学领域渗透到社会学领域，强调建立以社区为基础的自愿互助的关系；1990年彼得·圣吉（Senge）的学习型组织理论渗入到教育领域，主张以系统思考为基模，建立共同愿景，通过自我超越和改善心智模式的修炼来参与团队学习；随后1995年博耶尔（Boyer）提出学习型社区的理念，莱夫和温格（Lave & Wenger）提出了"实践共同体"，1997年，霍德（Hord）提出专业学习共同体的概念，并建立了相应的理论体系。学习共同体理论体系关注生命的意义、关注学习、关注合作文化、关注行动研究和关注实践，它为师生幸福人生奠基，使师生过着幸福的教育生活。简而言之，在学习共同体中，所有成员拥有共同的关注点，致力于解决一组问题，或者为一个主题共同投入热情，他们在这一共同追求的领域中通过持续不断的相互作用而发展自己的知识和专长，有共同的愿景和目标、能够彼此交流、人人平等、有规则纪律约束、相互关心照顾、气氛是快乐的。其主要特征包括：（1）相互支持和共同领导：通过教师参与决策的制定与实施来分享权力；（2）共同的价值观与愿景：教师的工作必须保障对学生学习的承诺；（3）集体学习与反思实践：需要学校各类人员共同寻找新知识和满足学生学习需求的方法；（4）提供支持的条件：包括给教师提供发展所需要的物质条件和帮助教师培养必备的个人能力，在共同体中鼓励和维持平等的氛围来进行集体学习。（5）分享实践经验：既包括同事对教师行为的评价，也包括有利于个体与共同体发展活动的反馈信息。在当今学习型社会中，学习者参与的学习活动，不是孤立的记忆、推理和练习，而是与自己的个人世界和环境以及其他参与者发生互动从而建构知识的过程。实践共同体是建立在实践活动基础上的学习体，其存在形式是多样的，它可以是一个学习小组，也可以是一个巨大的学习网络；它可以是一个面对面交流的实体，也可以是一个在线交流的虚拟体；它可以是一个结构化的正式组织，也可以是非正式的甚至无形的。[3]

形成学习共同体关键是对实践活动的共同参与。具体而言，实践活动为共同体的形成提供了三个要素：共同的事业、相互的介入以及共享的技艺库。[4]首先，参与实践活动是成员理解共同事业的途径。在实践中，成员理解共同体的规则，由想象变为实体，并内化指导行动，追求共同事业。其次，成员在参与实践活动的过程中相互关联。成员的关联形成了共同体，在活动中建构对共同事业的理解，这种理解也在其他成员的互动中得到进化与发展。最后，实践活动为共同体积累了共享的技艺库。在共同体中，新成员从老成员的经验中继承了大多数的目标、意义和实践，经由共同体一代又一代成员的互动，通过不断的分析与协商而具有持续的生命力。成员不仅对自己在实践共同体中的身份进行了建构，而且也对实践共同体的构建和发展做出了共享。

三、"PCM 三导师制"教师培养模式的概念内涵

以"三导师制"为关键词搜索中国知网文献，发现许多学者在研究学生"三导师制"的培养模式，文献梳理如下（见表 1）。

表 1　"三导师制"的内涵与特点比较

序号	作者	实施对象	"三导师制"内涵与特点
1	李书安等 [5]	高职高专学生	事务导师：专职辅导员担任； 学业导师：科研教师担任； 社团导师：具备文体艺美特长教师担任。
2	孙丽娟[6]	民族高职师范生	学校指定的专业类教师：负责讲授外语相关的专业知识，进行理论方面的指导； 资深的教育专家、名师：负责专业课程和心理、法制、职业道德方面的辅导，并讲授一些管理类的基础课程； 当地中小学校的导师：合作的教学单位派相关课程老师担任，带着问题面对面与学生交流，培养学生的外语专业技能和实际课堂应用能力。

序号	作者	实施对象	"三导师制"内涵与特点
3	杨光辉[7]	高职院校学生	学校教师； 实习单位教师； 教育专家和名师。
4	蒋凤昌等[8]	高职学生	学校专业导师； 职业规划师； 企业导师。
5	白洪波等[9]	高职师范生	学校教师； 实习单位指导教师； 聘请教育专家和名师进校作为客座讲师。
6	汪丞等[10]	本科师范生	校内专业导师：侧重培养学生的学术专业能力； 教学综合技能导师：教研员担任，侧重于提升学生的实践认知能力； 实践指导教师：中小学教师担任，侧重于进行各项基本的教师岗位实践技能训练。
7	刘海燕等[11]	应用型高校化工类本科生	德育成长导师：负责思想、心理、生活和专业的指导； 专业导师：负责专业学习、创新创业训练、科研训练和个人发展等方面的指导； 企业导师：负责实地考察、生产经营管理的指导。
8	晋梅等[12]	化学工程与工艺专业本科生	辅导员：侧重导向和导心工作； 班主任：侧重导向和导心工作； 专业班导师：侧重导向和导学工作。
9	钱炳[13]	地方高校本科生	学业导师：负责专业指导； 思想导师：辅导员担任，负责思想政治的引导； 同伴导师：优秀高年级生担任，负责新生的生活指引和学习督促。
10	王万雨[14]	项目管理工程硕士	校内工科专业导师； 校内管理学科专业导师； 校外企业导师。
11	曲永恒等[15]	职业技术教育领域的研究生	校内的高校指导教师：负责学习能力的培养、学术能力的提升； 校外的中等职业学校的指导教师：负责教育实践环节的培养和指导； 企业指导教师：负责企业实践环节培养与指导。

通过研究发现，学生的"三导师制"有以下特点：1.应用层次广泛：高职、本科、研究生的培养均出现该培训模式，尤其高职生培养占主要地位，这与其具有职业导向应用型的培养方向有密切联系；2.实施对象身份丰富：实习生、师范生、非师范生、工程类学生等，但身份都是高校学生；3."三导师制"中的角色可概括为"理论（或专业）导师＋实践导师＋特色导师"。尽管导师的名称不尽相同，但负责学业指导的专业导师是各单位所共有的。对于师范生而言，均配备了负责培训教学技能的实践型导师；对于工程类学生或非师范生而言，几乎都配备了负责培训企业相关知识的实践型导师。除此之外，根据各单位的特色或培训侧重点的不同，还配备了负责引导思想、培养艺术特长、培养外语技能等方面的特色导师。

但迄今为止，各种"导师制"培养对象针对的都是学生，目前未有文献表明，"三导师制"应用于中学教师的在职培养。而教师职业发展也有个成长过程，从刚入职的新手教师成长为骨干教师，再发展成为名师甚至未来教育家，需要根据教师的身心发展规律，在教育教学实践中不断学习反思成长。本研究采取"PCM全过程三导师制"培养模式，是在前人理论和实践研究的基础上，对教师教育的一次新的尝试和探索。PCM分别是指 Professor（理论导师）、Coach（实践名师）、Mentor（学科导师），全过程三导师制是指在校本实践基础上，给每位青年老师配备一名理论导师＋一名学科名师＋一名校内学科导师。"P"（理论导师）：以广东省内高校（如深圳大学和华南师范大学）的学科教学论专家为理论导师，指导学校名师成长。导师每月到学校指导项目活动，并进入学科与核心成员进行"一对一"的针对性指导，同时负责组织开展学科组专题研究指导活动。"C"（实践名师）：由广东省各重点中学有影响力的名师与教研员组成导师团队，与学校核心学员进行师徒结对，建立学习共同体微团队，进行实际课堂教学授课指导展示。"M"（校内学科导师）：学校骨干教师，发展意愿强烈的学科带头人。PCM全过程三导师制要求导师育前沟通、育中陪伴、育后跟踪指导。理论导师主要是通过"专题讲座""参与式研讨"等培育形式更新青年教师教育理念，提升青年教师专业能力和素养，帮助青年教师由新手和经验型教师向骨干和专家型教师转变。学科名师主要是通过听课、评课、专业研讨等方式帮助青年教师认识教学规律，掌握先进的教学经验和方法，提升青年教师的教学能力和组织教学的能力。实践导师要全程跟踪指导学员学习、实践，为学员提供最真实、生动的观摩、学习和实践现场。学员也可随时深入导师所在的课堂进行跟班学习，学习真实、完整的教学实施技巧和班级管理经验。

这样，学校骨干教师可通过线上线下在学科学习共同体（微团队）中积极参与理论导师与实践导师指导下的专题学习与课堂教学研究活动，从而认真开展课题研究的实践与探索。教师进入一个共同体中，将共享一套延伸的智能。因为进入这种共同体，不仅是进入一套实践的常规，而且是进入一种演练智能的实践探索之中。学习共同体中不同人之间在知识结构、智慧水平、思维方式、认知风格等方面存在差异，差异就是资源，差异就是合作学习的动力和源泉。

四、"PCM 三导师制"教师培养模式的设计思路

教师培训模式顶层整体设计是一个系统，它要全面兼顾教师生命成长阶段的需要，系统分析各阶段教师教育情怀、能力、学识、胆识、创新精神、社会实践以及国际视野等要素在培养过程中的宽度和广度、密度和跨度，它是站在一个制高点上，用俯视的眼光审视教师的生命成长过程，彻底弄清楚教师生命成长过程中需要什么？如何真正地满足这些需要？如何从根本上真正帮助教师成长和专业发展。所以，必须从整体上进行系统思考，整体设计，为教师提供他们所需要的教师培养模式：追求着真实的生命成长和幸福教育理念，关注着生命，唤醒着人的生命意识，更新着人的生存方式，使教师个人能勇敢地面对信息化学习型社会的现代生活，与时俱进，自我更新，不断反思与重建。"PCM 三导师制"教师培养模式，真正践行杜威的"教学做合一"的教育思想，培养教师养成学习工作化和工

作学习化，教育即生活，生活即教育的工作方式和生活方式；通过改善心智模式和学习自我超越，帮助教师树立正确积极的教育观，不断从根本上提升教师的核心素养。主要包括：从健全人格体系的养成、教育信念体系形成和学习能力体系的提升等几个维度，不断培育教师的核心素养，提升教师的学习力和领导力，培育教师理解、体验、创造和享受幸福教育生活的能力，使教师在学习共同体中激情分享、专注教研，从而享受幸福的教育生活。简而言之，教师学习共同体能唤醒教师对人生意义的积极理解、对教育事业的高度热情、培育教师团队合作的意识和能力、形成教、学、研合一的教师专业生活方式，在相互激励、相互学习中真正走自主发展的道路；其核心功能在于激发唤醒教师主动学习发展的愿望，通过教师共同体内部教师之间的合作学习以及教学反思和研讨来促进教师专业发展和专业成长。

光祖中学是深圳市坪山新区的一所百年初中老校，由于地处偏远，近年来人才流失严重，迫切需要引领建构完整而又立体的教师培养体系。

我们尝试赋予"双导师制"新的内涵，结合该校的教师培养情况，能使这批青年教师成长在一种"全天候"的培训环境中。因此，在接受培训的各学科青年教师中，均含有一名区级或校级名师（骨干教师），以形成具有核心的梯度团队，即"1理论导师+1实践名师+1梯度团队"，构成学科微学习共同体，形成不同学科的微学习共同体。在"双导师制"的基础上，通过中学与大学合作（US模式：University-School），以本校作为教师专业发展基地学校，采取新型驻校的PCM教师培养新模式，根据学校教师需求和专家诊断，协商共同决策达成一致目标。

借助这种合作方式，形成了基于"PCM三导师制"的教师培养模式（见图1）。除了传统意义上的Professor和Coach双导师，还增加了Mentor，这种角色由学校的名师（学科带头人教师）来充当，能够在建立学科微团队（学习共同体）中发挥至关重要的作用。这种设计，既能兼顾已经成长的名师（骨干教师）的继续成长，还能发挥这些名师（骨干）对其他青年教师的引领作用，从而形成颇具特色的教师培养模式。

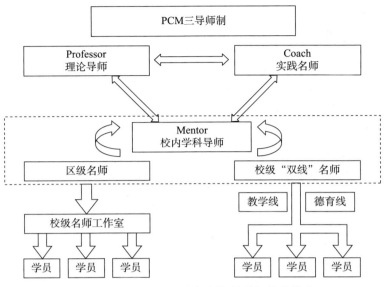

图1　基于"PCM 三导师制"的教师培养模式

PCM 全过程三导师制要求导师育前沟通、育中陪伴、育后跟踪指导。理论导师主要是通过"专题讲座""参与式研讨"等培育形式更新青年教师教育理念，提升青年教师专业能力和素养，帮助青年教师由新手和经验型教师向骨干和专家型教师转变。实践名师主要是通过听课、评课、专业研讨等方式帮助青年教师认识教育教学规律，掌握先进的教学经验和方法，提升青年教师的教学能力和组织教学的能力。校内学科导师主要是由学校的区级或校级名师担当。学科导师要全程跟踪指导学员学习、实践，为学员提供最真实生动的观摩、学习和实践现场。学员也可随时深入导师所在的课堂进行跟班学习，学习真实、完整的教学实施技巧和班级管理经验。

理论导师指导学员主要以集体指导为主，辅以个别指导。实践名师所带学员人数为 1~5 人，线上或线下以一对一指导为主，辅以集体指导。校内学科导师一般是区级或校级名师，与学科内学员结对，与学校名师工作室和"双线名师"工程接轨。

青年教师通过 PCM 全过程三导师制构建学习共同体，学习五项修炼工具技术，经过建立共同愿景、系统思考、自我超越、改善心智模式、团队学习等途径的学习后，教育价值观、态度与信念，以及对学校、学生、社会的看法等都会产生巨大的改变，是个人重新自我认识、自我评估与自我定位的重要途径。因此中青年教师需要专业的优秀教师对他们进行帮助、指导，对他们的成长提供支持、理解和鼓励。加上深圳的青年教师来自全国各地，对环境和周围的人是陌生的，形成一个个学习共同体，相互交流、相互激励、共同成长，就更为必要。

五、"PCM 三导师制"教师培养模式的实践

光祖中学与深圳市张兆芹学习共同体工作室合作，基于"PCM 三导师制"的教师培养模式，开展光祖中学"PCM 教师培养项目"，具体做法如下：

（一）"PCM 三导师制"教师培养模式的项目宗旨与目标定位

1. 项目宗旨

（1）搭建交流学习平台。

建立深圳大学与光祖中学"PCM 教师培养项目"，为教师搭建与专家、名师交流平台，以教师日常教学为依据进行理论指导与实践指导，从而提高教师教学水平，促进教师专业发展。

（2）形成合作学习共同体。

通过"双导师"培养方式建立协同机制，与学员形成合作学习共同体。专家（理论导师）为"教授式"指导，重在对学员进行教育理念、课题研究等方面的指导；名师（实践名师）为"教练式"指导，重在对学员进行实践能力的提升和优化。校内学科实践导师重在日常跟岗的师带徒式的培育。

（3）整合优质教育资源。

充分整合高校专家及在职名师等优质资源，为培养对象提供理论与实践指导，促进培养对象由骨干教师向卓越教师迈进，加速培养一批师德高尚、具有先进教育理念及卓越教育教学技能的名教师。

2. 目标定位

（1）"PCM"项目是名师理论学习的平台。

"PCM 项目"是学科名师相互学习的高效平台。理论导师和实践名师都是我省学科专家，有利于促进核心成员及学员的理论学习，同时双导师深入学科组，有利于理论与教育教学实践相结合，指导学员在学校课题"核心素养背景下的自主互助课堂教学文化的实践探索"的大课题框架下，以教育教学实践中的具体问题为研究子课题，通过微课题研究活动，使骨干教师的理论水平及教育教学水平不断得到提升，从而逐步成长为研究型和专家型名师。

（2）"PCM"项目是学科教学研究的平台。

"PCM 项目"是教师共同开展教学实践研究的平台。培养对象要在成长导师的引导下，立足课堂，结合学校"自主互助"的课题研究工作，通过导师听课评课，进行教学诊断。项目成员要在导师的指导下，主持校级微课题，牵头成立"自主互助"课堂研究共同体，并在导师的指导下，开展规范、高效的研究活动，全面促进每个成员形成适合其个性特点的课堂教学模式，提升学科教学质量。

（3）"PCM"项目是市区名师的孵化器。

学科专家的丰富资源、高端研修活动、学科生本教学模式的打磨、个性化教学风格的展示、与优秀学校的优秀科组建立的学术联盟、同行教师之间的深度交流，都能有效促进工作室成员独特的教学风格的形成，使入室成员成长为市、区名师，进而促进特色科组的建设。

（二）"PCM 三导师制"教师培养模式的指导思想

张兆芹学习共同体工作室是集中小学教学研究基地、教师专业发展培育基地、教师交流沟通平台为一体的教研育一体化工作室。工作室将以中小学学校内涵和特色发展、教学改革难点问题研究为重点，以培育提升教师核心素养、学习力和领导力为目标，采取 PCM 全过程导师制培育模式，通过建立教师专业学习共同体，促进学习型学校建设和教师专业成长。其主要以"教师如何教""学生怎么学"和"微团队建设、微教学改革和微课题研究"二维探究三维提升为切入点，将教学、培育、教研等教师培育途径有机结合一体化运作，为青年教师提供有计划、有系统且有效的学习共同体培育课程，通过教研育一体化培育，帮助青年教师逐步向骨干教师和专家型教师成长。

（三）"PCM 三导师制"教师培养模式的培育目标

通过"理论学习培育——跟岗学习实践——问题解决体验——成果展示反思"的"四模块"系统培育过程，使青年教师逐步向骨干教师和专家型教师过渡，并形成一个完整的骨干教师学习共同体培育体系，力图打造一支优秀的青年骨干教师队伍，从而带动学校教师队伍整体素质的提高，提升学校核心竞争力。

（四）"PCM 三导师制"教师培养模式的培育方式

项目每个月主要采取专题培养和体验学习的方式进行。主要采用以下方式：

1. **专题讲座与活动体验**

专家分专题介绍教师教育和学习共同体的前沿理论，传递先进理念、解读热点、剖析焦点问题，启发新思维、传递新知识、介绍新方法，拓展专业视野、提升教师教研能力，通过培养骨干教师学科问题意识、学科思维能力和开展学科研修活动来培养骨干教师学科素养。

2. **自主研修与个体反思**

指定拓展性、关联性阅读材料，指导学员撰写学习笔记和学习心得，研究微题；针对当前教师教育改革发展中所出现的问题开展研讨，寻找解决问题的策略和路径。

3. **观课评课及现场感悟反思**

观课评课，现场感悟与同伴互助反思；采用"同课异构""专题研习""成果展示"的培养方式，在专家点评与指导下，更新教育理念、优化行为、提升教育教学能力和智慧。

4. **发展性评价考核**

对参与的每一位学员的学习及进步情况和导师受欢迎的程度进行考核，

学员成绩计入教师继续教育学时。培养活动的指导情况、学员学习情况、进步情况、取得的成绩和成果等进入档案，在学期结束时集中组织对各学科的培养情况和培养档案进行总结评比，按一定比例评出"优秀学习共同体团队""优秀指导教师""优秀学员"，并给予适当的奖励。

六、反思总结

"PCM三导师制"教师培养模式是对基于学习共同体理论视域下的新型中学教师培养模式的实践探索，是名师理论学习的平台、学科教学研究的平台、高层次名师的孵化器。通过项目，我们搭建了教师的交流学习平台、形成了合作学习共同体、整合了优质教育资源、丰富了学校的名师培养体系。但是在运行过程中，我们不断反思：中学教师学习文化如何与大学教师学习文化深度融合，共同学习共同成长？在学习共同体运行的体制和机制上如何加强科学管理？等等。我们希望，这一新型中学教师培养模式能为教师培养模式带来成功的经验和借鉴。

参考文献

［1］王庆超，孙芙蓉，袁娇，潘龙飞.我国教师培训研究热点及演进——基于1430篇CSSCI期刊论文知识图谱分析［J］.中小学教师培训，2017（2）：5-8.

［2］郑珍珍，张恩仁.中小学教师培训：现状、问题及对策［J］.河北师范大学学报（教育科学版），2017（2）：120-124.

［3］周靖毅.情境学习理论视角下教师培训模式的变革［J］.教育理论与实践，2017，37（4）：33-37.

［4］Wenger, E. Communities of Practice：Learning, Meaning, and Identity［M］.Cambridge, UK：Cambridge University Press, 1998.

［5］李书安，刘丽.基于"三导师制"的高职院校学生管理模式探析［J］.学校党建与思想教育，2014（12）：53-54.

［6］孙丽娟.民族高职师范教育"三导师"型人才培养模式的研究之我见［J］.中国校外教育，2013（9）：173–174.

［7］杨光辉.浅析"三导师"型人才培养模式中的监控管理意识和手段［J］.职业技术，2013（4）：73–74.

［8］蒋凤昌，周桂香，陈红秋.顶岗实习"三导师制"探索［J］.中国高校科技，2012（8）：46–47.

［9］白洪波，金成玉.高职师范专业"三导师"型人才培养模式的研究［J］.黑龙江生态工程职业学院学报，2013（3）：78–79.

［10］汪丞，王培喜.师范生专业实践技能培养中"三导师制"的研究与实践［J］.中国大学教学，2013（2）：74–76.

［11］刘海燕，朱秀慧，陈红.应用型高校"三导师制"育人模式的研究与实践［J］.广州化工，2016（22）：146–147.

［12］晋梅，王晋黄，王小雨."三位一体"导师制的实践与思考［J］.山东化工，2016（7）：113–114.

［13］钱炳.地方高校本科生"三导师制"育人体系构建研究［J］.文教资料，2011（32）：155–157.

［14］王万雨."三导师"制在项目管理工程硕士培养中的应用探索［J］.中国电力教育，2008（3）：114–116.

［15］曲永恒，黄文博.教育硕士（职业技术教育）领域研究生"三导师制"的探索［J］.长春师范大学学报，2016（12）：101–102.

教师学习社区的建设

徐　涛[①]

摘要： 当下社会赋予学校越来越多的责任和义务，教师的内心焦虑越来越严重，挣扎在理解和丰富课程、不断提升教学质量、满足学生各种需求的挑战中。学校传统的现行管理方式与教育改革也常常面临着不可调和的矛盾。为了积极回应这些挑战，学校也在尝试不同的方法。本文就创造和建设教师的专业学习社区（Professional Learning Community）进行了有益的探讨和实践分享：从对学校专业学习社区（学习共同体）的概述，到实践中的维度，再到进入一个学习故事案例剖析如何创造和建设一个学习社区，旨在从学习社区的特质协作领导和共同学习方面给出一些操作的策略建议。

关键词： 愿景引导；专业学习社区；高值期望；协作领导；共享的个人实践

在过去的 30 年里，人类社会在各个领域所经历的飞速变化让我们越来越深刻地意识到：变革是普遍存在的、持续不懈的，它正在成为常态，而不是特定时期的特殊活动。持续变革的时代对教育的挑战是严峻的，不仅要求教育培养出的人才能够适应持续变化的时代和未来，也要求学校和教师，课程和教学发生深刻的变革以应对未来世界对人才培养的需要。

《变革的力量——透视教育改革》是著名学者迈克·富兰（Michael

---

① 徐涛，耀中教育机构课程和教学部总监，主要从事课程与教学、学校管理方面的研究。

Fullan）在 20 世纪末的一部极具影响力的著作。他对教育变革的动力、变革过程的复杂性以及变革的内在机制等问题进行了系统阐述，许多当时前卫的观点在今天纷纷得到了印证。其中，他强调了如果学生要取得成功，教师就必须成功；如果社会要取得成功，学生就必须成功。教师的发展和成功则来自继续学习和有效合作，来自能够激发学习和合作的一种机制和氛围，这就是学习型社会和学习型的学校。

本文将围绕教师专业学习社区建设的主题，聚焦专业学习社区在实践中的维度，再根据一个学习故事案例来剖析如何创造和建设一个学习社区，旨在从学习社区的特质协作领导和共同学习方面给出一些操作的策略建议。

一、专业学习社区（学习共同体）的概述

20 世纪 80 年代后期，在美国等西方发达国家，教育研究者逐渐将研究的重点放在教师工作环境和学校文化对教师教学工作的影响上。研究发现，那些在学习和教学中得到支持的教师其工作更积极更有效。到 90 年代初，"学习型组织"的概念被越来越多地认可，人们越来越相信组织中存在的问题需要组织内部的人员去解决，所以信任组织中的成员，创设激发组织成员的创造力的文化氛围变得非常重要，这是支持组织可持续发展的一个方向。在这样的趋势下，"学习型组织"的概念也被移植到教育领域，被称作专业学习社区（Professional Learning Community，国内也会翻译为学习共同体）。

二、专业学习社区（学习共同体）的维度

许多的文献都提到成功的专业学习共同体的特点——基于实践的视角。笔者意识到搭建一个真正促进教师间的协作、分享和学习的学习社区的复杂和艰辛，所以笔者尝试从建设一个专业学习社区所需要关注的维度去谈

论如何建设属于教师的学习社区。建设一个专业学习社区所需要关注的维度：

维度一：教育的愿景

对一个组织，特别是对一所学校来说，共享的教育愿景意味着全体教师为之奋斗的理想。一旦一所学校确定了自己的教育愿景，学校的各项工作都必须以实现愿景为目标。通常，教育的愿景都以促进学生高质量的学习和学校的改进和发展为方向。

当一所学校鼓励老师参与到教育愿景的设计、实践和不断的理解与讨论中时，实际上，教育的愿景已经开始融入到教师的追求和工作中了。

专业的学习社区共同关注的是通过教师间的学习和合作以促成高质量的学习和学校的持续发展。学习社区是在凝聚集体的力量去实现学校的教育愿景。

维度二：领导的文化

大量研究和来自教师的反馈问卷都指出，领导的文化深刻地影响着专业学习社区的推广和践行。当一所学校的校长认为自己是"全能"的时候，他或她将很难承认自己有专业发展的需要，也很难认可来自老师的对于学校发展的意见和建议。管理者和教师一样都必须成为学习者，共同发现需要和问题，面对真实的挑战，专业的学习社区才有可能被建立和继续被建设。

维度三：教师的学习

戴维·怀特这样描述了教师的工作："它是与我们自己、同事以及我们的服务对象永不停息的勇敢对话。"这里的"对话"某种程度上是教师的永不间断的思考与学习，同时，也指出了教师的工作需要和同事、学生展开真实的、反思性的对话与互动。

在传统的学校里，甚至今天的学校里，由于课表的分割，书面工作的繁杂，以及学校空间设计上的局限，教师间关于学生学习和学校发展的有质量的对话仍然是稀少的，大量的课堂教学仍然是孤立的，缺乏感染力和创造性的。

我们一方面承认教师个体的专注钻研对学生的高质量学习仍然有一定

的积极影响，但另一方面，越来越多的研究也证实基于共享愿景和文化下的学习社区内的群体间的互动讨论、彼此激发和碰撞可以提供更为丰富的信息传递和有质量的教师专业发展。努力协作和相互支持是人类达成的对回应充满变化和挑战的外部世界的共识，在教育领域我们同样需要去推动教师间的协作和支持。

维度四：氛围的创设

在我们使用氛围这个词的时候，我们更多地指向一种文化带给个体的感觉，但显然，个体的感觉离不开其经历，而教师学习社区的"经历"更多的和以下两个因素相关：一个因素是同事关系，学习社区的同事关系一方面来自直接管理者的日常沟通是否清晰、坦诚和对具体工作的理解与支持，另一方面来自教师间的彼此影响，即同事作为彼此支持的最重要的资源是否能够开放地、真诚地、平等地进行交流，促进和激励彼此的教学；另一个因素是有效的机制，学习社区的有效机制主要表现在对时间和会议的安排上，以及对一项需要彼此协作和支持的工作或项目的过程中。无论是时间和会议的安排，还是一项需要协作的工作，机制的呈现不仅表现在领导和教师讨论达成的共识和改变，又表现在此过程中对各种阻碍教师协作和学习的具体问题的处理方法上，以及由此最终形成的学习社区的氛围。

三、创造和建设一个学习社区：
北京耀中国际学校的案例分享

很多学校的改革，不是过于繁重就是过于琐碎，繁重和琐碎直接导致了连贯性和意义方面的缺失，最终，偏离了促进学生高质量的学习和学校发展的教育愿景。教师也将在学校改革的过程中发现，种种的努力其实对课程建设和教学质量并未产生积极的影响，甚至带来了焦虑。而且，教师的焦虑又往往来自学校改革的繁重和琐碎。

笔者作为北京耀中国际学校的双校长（Co-Principal）在过去三年里和一位来自澳大利亚的西方校长托马斯（Noel Tomas）亲自引领了学校的学

习空间的变革，以及在学习空间变革的带动下促发的教师学习社区的建设和发展。

（一）北京耀中国际学校的教师学习社区的开展背景

过去 30 年里人类社会的巨变促使人们对未来有了更多、更深的思考，各领域对如何面向未来也产生了很多的深度讨论和反思。变革正在成为各领域的主旋律，教育领域尤甚，社会对教育的高期望更使得每所私立的国际学校都在寻求变革。在这样的氛围下，所有的教育者都有一个变革共识，那就是在知识、信息和数据的骤增与便捷获取的情况下，如何让学生拥有不变的品质以应对外界丰富的变化。如同世界 500 强的大企业对员工的期待，学校也越来越重视软技能（soft skills）的培养，将这些软技能的培养渗透在课程和教学中正在成为一种趋势。

相对于其他领域的变革，学校仍然非常传统，特别是最终衡量教育成果的大学录取的取向仍然没有重大变化，这使得学校的变革更加困难。所以，如何将软技能的培养渗透在课程和教学中，并且确保学生基础知识和技能的掌握成为北京耀中国际学校要直面的挑战。教学的改变，需要先激发教师的学习，需要建设真正的属于教师的专业学习社区。

建设教师引领的学习社区，需要真实的目标和任务。学习空间的变革作为耀中教育机构的发展方向就成为一个最好的现实中的目标和任务。围绕学习空间的变革，校长和老师需要在一起学习，交流观点，解决问题。在空间发生了变化后，围绕教学中一系列真实的需求和问题，校长和老师需要持续推动学习社区学习、分享的文化，赋予每个老师以权力和能力去参与问题的解决，并主动形成自治的、预防性的机制去更好地计划教学，组织学生的学习。

（二）北京耀中国际学校的教师学习社区的三个发展阶段

北京耀中国际是一所接受外籍人员子女以及港澳台的适龄学生的国际学校。学校的年级设置从幼儿园到高中，大约有来自超过四十个国家的 800 名学生。学校在同类的国际学校中一直以中英双语课程而闻名，其独特的品格教育也贯穿在从幼儿园到高中的课程中。从 2015–2016 年开始，学校在耀中教育机构的指引下，以小学三年级为实验年级开始了一场以学习空间的变革引领教学变革和建设教师学习社区的革新旅程。

这场变革引领的教师学习社区的建设分为三个阶段，每个阶段都是一个完整的学年。

第一阶段，2015–2016 学年，校长和教师达成共同的愿景。当空间变革的想法最初由耀中教育机构的董事会传达到北京耀中国际学校的时候，学校的两位校长面临的挑战是巨大的，特别是如何扭转教师的教育理念，由学习空间的改变触发对教育和教学的反思与改进。两位校长意识到，没有教师的参与、协作和引领，无论是教师学习社区还是学习空间的变化都无法达成，所以，两位校长和老师们开始了一场并肩行走的旅程。

理念和愿景的理解与达成：在开学不久后的学校教师专业发展日，在校长主持下，教师跨年级跨学科以 5~6 人为单位组成学习小组，在网上即时互动的观点分享平台上，对"优质教育的特点""耀中教育和教学的优势""为什么要做学习空间变化引领的学习社区"展开问卷调查和讨论。大家对优质教育的特点、耀中教学的优势、为什么改造学习空间等问题展开讨论，各组反馈和分享，最终所有老师一致达成耀中的卓越教育致力去继续发扬和不断努力的十点，开始了校长和老师的革新之旅。

教师的深度参与：以学习空间变革引领的教师学习社区的建设是一个过程，为了让老师能够深度参与、有更多的认同感和使命感，两位校长在 11 月就完成了三年级团队的招募。这个下学年（2016–2017）才真正工作的三年级教师团队，开始了和校长的共同工作，包括和设计师讨论空间的设计细节，探讨创客空间如何适合三年级的项目学习、开放的杏坛如何使用技术、如何让家具服务于孩子的学习等。当学习的需要和空间设计不断地去对话和碰撞时，教师对教育愿景的认识越来越清晰、越来越真实。

将挑战任务化、具体化：由于老师对学习社区的深度参与，在准备过程中老师们也成为了发现问题的人和解决问题的人，校长授权给教师去解决问题。课程设计和课表设计、学习分组原则的多样化、空间的弹性使用、评估的跟踪这些具体的问题也成为具体的任务，进入到一个不断讨论和优化的过程中。

第二阶段，2016-2017学年，教师间的协作领导和共同学习。经过一年的准备，无论是空间设计和物理环境的配备，还是教师团队的组建和课程筹备，我们的三年级学习社区上路了，它是学生的学习社区，更是教师的学习社区！

准备：如何预热我们的家长和学生？学校教育从未像今天这样收到如此之多的来自家长的强烈关注，如何帮助家长理解新的学习社区的教育理念和实践？如何帮助学生们从传统的教室过渡到一个开放的、充满选择和可能的空间？由校长和教师共同引领的"家长课室"工作坊项目诞生了，面对面邀请家长加入学习社区的学习，让学习社区的教育理念延展到每个家庭。学生进入学习社区的衔接周的课程时，老师们请来了中国武术老师，让中华武术精神的力量与控制、自律与爆发帮助学生平衡。原本作为新事物的"弹性的学习空间引领的学习社区"初期挑战就这样在教师的协作过程中被慢慢化解。当家长和学生的需要和问题是教师的责任所在时，我们看到了所有教师凝聚的学习社区的力量，这是一种新型的领导力，表现在去主动影响他人，获得支持。

教师间的协作：在哪些领域协作？如何协作？协作的多样化是教师学习社区的新探索。每日结束后的教师间的反馈和反思；一起讨论和分配第二天晨间自选空间的学习活动；每周一的中西方教师的计划沟通；根据教师各自的优势和学习任务的需求形成的弹性的教师团队教学；根据学生的学习水平，展开不同形式的分组教学，学生的平行分组教学、差异分组教学、任务转换的分组教学等。校长常常作为一个教师的角色参加教师的协作讨论，观察和影响着教师的协作。围绕学生的有效学习，教师的沟通和协作成为日常工作的方式。因为是新模式、新探索，问题是难免的，校长不断调整和优化是正常的。这期间，校长又组织了一次回到教育的愿景来校准实践的专业发展日。

庆祝学生的成长：社区学习庆祝。感受成长、一起成长、庆祝成长、不断成长是学习社区所致力的学习文化，每当一个学习主题结束时，整个学习社区都会有一场精彩的庆祝。学生们的庆祝不只展示成果，更呈现过程，还有个体的对社区学习的分享。家长们以及其他年级的同学也在受邀之列，大家可以加入学生小组的主题展示，也可以在开放的论坛看学生的表演，学习社区的弹性空间为分享提供了物理上的可能性。教师们在学生们的成长中看到自己的成果，收获成就感，更加坚信学习社区的探索，这是对教师学习社区最好的反馈。

第三阶段，2017-2018 学年，教师学习社区不断成长，形成学习的自治文化。进入第三年，在上一个学年的经验的支持下，老师们开始聚焦高质量的学习，在学习社区中触发了教育的内涵，那就是教师不断学习，帮助学生成为优秀的学习者，培养学生拥有宝贵的学习品质，这也是教育对充满变化的未来的责任所在。

教师间的协作领导和共同学习趋于日常化。三年级学习社区走到第三年时，教师间的共同学习和协作领导已经趋于日常化。日常化不等于平庸化，这里的日常化是一种协作文化的确立和形成，是一套支持协作的机制的正常运行。其中，不断以学生的学习效果来检查教学和反馈教学已经成为教师协作的核心。

教师引领新的学习方向：评估不可评估的软技能——学习的品格。教师引领学习，反过来，由学生的学习引领教师的协作，这是教师学习社区的灵魂所在。如果协作、创新、沟通、坚持是最终成就一个终身学习者和面向未来的学习者的重要品质，那教师如何在课程设计、教学设计、教与学的实践中去培养学生的这些品质？这些学习品质将如何被评估？培养这些学习品质对教师的教学设计会带来哪些要求和挑战？教师如何针对学生的软技能不断给予每个个体有效的反馈？这些来自教师学习社区的讨论引发了教师们创新的新方向。在双校长的带领下，老师们开始了新的创新之旅。大家一起讨论最重要的学习品质有哪些？如何排序？是否可以有评估的细则？这些细则描述是否能够支持教师的日常教学？学生如何了解这些细则或教师的评估期待？我们如何将对学习品质的评估纳入学生的报告系统？截止到 2017-2018 学年结束，学习品质的评估细则已经初具雏形。

四、协作领导与共同学习

笔者梳理此文的目的，就是借由一个真实引领的案例去再一次发现教师学习社区的特质，并围绕学习社区的维度和特质提出值得借鉴和推广的经验和策略。教师学习社区各维度的实践策略如下：

维度一：教育的愿景。避免从上而下直接给出教育的愿景，而是和老师分享教育研究，请老师参与问卷调查，邀请老师加入愿景的制定，包括一些句子的推敲和词语的斟酌。在日常的教学中，增加实践中的教育愿景的解读分享，支持老师在实践中获取意义，以及对自己的教学产生更深的理解。

维度二：领导的文化。校长的领导力风格需要根据教师学习社区建设的不同阶段予以平衡，有时需要给予老师清晰的方向，有时需要和老师们先讨论再做出决定，有时则应该允许老师们进入一个发现问题、解决问题、感受成功的完整的自治的领导过程。赋能和赋责是协作领导中教师需要的必要的支持，这需要学校领导为老师提供相应的培训和适合的工作项目。特别是工作项目的选择，应该秉持从小项目到大计划的原则，确保老师可以去锻炼领导力，顺畅完成项目。

维度三：教师的学习。教师间的学习有赖分享的机制，比如在常规的例会中总是有"分享我们的实践"环节，哪怕是每次会议只有一位老师分享，每次分享只是几分钟，但要确保分享是大家的日常行为，而不是刻意的行为和表演的行为。教师间有质量的讨论需要辅以具体的策略，比如每个讨论总是遵循三个问题：为什么会产生这个问题？问题的解决需要哪些支持？以后如何避免类似问题的再发生？当大家共同完成了一项工作时，也总是请大家一起反思，反思也围绕着清晰的步骤展开：我们成功的地方有哪些？我们可以改进的地方有哪些？我们有哪些困惑？讨论的过程中，为了确保每个教师的充分参与，可以用即时贴、图表、小组讨论再汇报的多种形式展开。

维度四：氛围的创设。教师协作的时间是教师学习社区一个支持性条件。由于教师时间的分割和工作的繁杂，学校应该避免过多的行政会议，从而将更多的时间用于由教学需要引发的会议。教师间的会议也需要很好地预先计划和设计，如 20 分钟的短会和一个小时的会议，确保时间利用的合理性和有效性。当不同学科的老师需要时间来进行讨论的时候，除了专门的会议时间，学校也要考虑在一些弹性的个人时间里提供更多的教师间的自然交谈和交往，以培养教师间的积极关系，支持大家更好地讨论工作中的问题。

全面审视以上四个维度下的经验和策略，我们会发现，"协作领导与共同学习"是教师学习社区的特质所在。同时，教师间的协作领导和共同学习又是复杂的，需要学校的整体文化去支持和引领。在各维度的策略之外，笔者特别梳理出协作领导和共同学习的误区，以回应如何让教师间的协作领导和共同学习真正发生。

误区一：领导是个别人的角色和职责。当领导只是个别人的角色和职责时，由领导做出的重大决定的执行将会需要更加漫长和曲折的过程。教师学习社区的每个教师需要树立对领导力的概念的争取理解，即每个教师都拥有领导力，领导力不是领导独有的，个人的领导力的体现表现在积极参与关于决定的讨论、提出问题、对问题的解决贡献自己的建议和想法。

误区二：协作是只完成自己的任务。合作和协作的区别在于，合作是知悉了自己的具体任务然后很好地去完成属于自己的任务，而协作则需要每个参与其中的人知悉整个工作计划，不仅是了解自己的任务，也知道他人的角色，这使得在工作完成的过程中，大家可以很好地理解彼此和支持彼此，并在需要时可以弹性地共同面对问题、解决问题。

误区三：共同学习取代了个人的学习。基于个体的背景和经验，每个教师都该对自己的专业发展有清晰的规划。这个规划也许有和教师学习社区重合的部分，但绝不意味着教师的共同学习取代了教师个人的学习。来自教师个人的有清晰目标导引的专业学习仍然是非常重要的。

误区四：讨论和分享的只是问题或成绩。当讨论和分享成为教师学习社区的文化时，教师很容易被参与讨论和分享的具体的人及其风格所影响，而忽略了学习社区的文化建设是一个需要不断调试和发展的过程。实践中，或只分享自己成功的经验，或只讨论问题的解决都不是均衡的学习社区的文化。均衡的教师学习社区会将问题讨论和解决、成功经验分享、眼前项目与长远计划、回到愿景检查我们的实践有机地融合在一起。

五、结　语

作为本文的结语，笔者希望引用一组来自实践者（即教师）的反思来展示教师学习社区如何真正提升了学生的学习和学校的发展。

在学习社区，我发现身边的每个同事都是一座宝库，他们的分享对我的启发超过专业书籍的阅读，很多方法我会马上投入教学，进行尝试。

——一位新加入耀中的小学三年级英国老师

在项目学习的过程中，我意识到，不同风格的老师可以很好地互补与协作，但又不会妨碍我们去自信地做自己。

——一位工作两年的三年级的中文老师

我看到领导力在学习社区里更是一种同事间的影响力，表现为我乐意主动影响他人，也会愉快地接受他人给我的影响。

——一位年级组长

我之前并不会太多将教育的愿景与自己的实践相结合，但在教师的学习分享中，我发现，将教育愿景和自己的教学联系起来时，让我对自己的工作产生了前所未有的自豪感。

——一位工作了八年的教师

参考文献

［1］迈克·富兰.《变革的力量——透视教育改革》［M］.中央教育科学研究所，译.北京：教育科学出版社，2000.

［2］霍夫曼·J·B，希普·K·K.《学习型学校的文化重建》［M］.贺凤美，万翔，王大凯，褚保堂，译.北京：中国轻工业出版社，2006.

［3］霍德·S·M.《学习型学校的变革——共同学习，共同领导》［M］.胡咏梅，张智，孙晨，译.北京：中国轻工业出版社，2004.

［4］迈克尔·马奎特.《学习型组织的顶层设计》［M］.顾增旺，译.北京：机械工业出版社，2015.

学习共同体撬动教师专业自觉

郝玉伟①

摘要： 中国学生核心素养和关键能力的提出，对教师终身学习和专业发展提出了更高要求。从内部因素入手提升教师的学习意识，从外部因素入手构建学校教师学习共同体，对教师专业发展有促进意义。在对学校教师学习共同体的内涵进行初步探讨，以点线面搭建教师学习共同体基本结构的基础上，从价值取向、组织架构、相关制度、任务安排、资源筹措、活动原则等方面具体阐述学校教师学习共同体的构建。同时以北京教育学院附属丰台实验学校为例，对教师专业发展、合作共享、实践反思、互动共筹的实例进行了剖析。

关键词： 学校；教师学习共同体；构建

西汉经学家刘向在《说苑》中提到的"少而好学，如日出之阳；壮而好学，如日中之光；老而好学，如炳烛之明"，给予现代人启示：终身学习，才能实现人的全面发展。教师的终身学习是教师职业发展的根本要求，也是教师专业化发展的使命需要。《关于深化教育体制机制改革的意见》对学生能力发展提出要求：要注重培养支撑终身发展、适应时代要求的关键能力。[1]《中小学教师专业发展标准（试行）》也提出：教师要"具有终身学习与持续发展的意识和能力，做终身学习的典范"。[2]

---

① 郝玉伟，北京教育学院附属丰台实验学校校长，教育学硕士，高级教师，研究方向为教育教学管理。

从影响范围看，教师的终身学习不仅仅促进教师个体的专业发展，而且能够产生创造性教学效应，间接地服务于学生发展，并以言传身教的方式影响学生终身学习。从学习内容看，教师的终身学习不仅仅是学科知识的再丰富，还包含对现代心理学、教育学理论的再认知，教育教学的再实践再反思，对新媒体新技术的掌握与使用等。从学习层次看，教师终身学习的最高层次是实现自我超越，博采众家之长，创造教学实绩，构建理论研究特色。从学习路径看，教师终身学习首先是来源于教师个体内部自主发展、提升教学艺术、提升育人质量的意识；其次需要从外部因素入手，变革学校管理方式，构建学校教师学习共同体，创设和谐的文化氛围，建立并完善激励制度，提供教师专业发展保障，进而促进教师养成学习习惯，形成学习意识，产生学习行动，提升自身素养，与时俱进做好自我管理。

一、学校教师学习共同体的内涵

学习共同体最早是从经济领域提出的。彼得·圣吉在《第五项修炼》中提出了"学习型组织"，后来引入教育领域。1997年雪莉·霍德首次提出"教师专业学习共同体"，认为学习共同体是由具有共同愿景的管理者与教师组成的团队，他们进行合作性的、持续性的学习，并最终促进学生的学习[3]。梳理已有的文献研究，发现教师学习共同体有这样的特点：教师具有共同的愿景，教师学习过程具有实践性，教师之间友善而和谐，互相尊重，合作共享。已有研究表明，我国教师学习共同体建设虽然起步晚，但是发展较快；虽然起点高，但过于重视借鉴国外研究成果，忽视了深度的实践性研究。

在新时代背景下，学校教师学习共同体的构建，是聚焦于教师的必备品格和关键能力，以提升教师个人素养及学校教师团队整体修养为宗旨的学习型、成长型组织；是学校统筹安排下的具有共同价值观和共同愿景的系统；其成员以不同学段、不同学科的教师为主体，同时有教育家、学科专家、教研员、教育领导、教育服务人员，具有多样性、异质化的特点；成员之间通过团队学习模式交流合作共享，在实践、反思中实现超越与发展。

二、学校教师学习共同体的基本结构

一般说来，教师学习共同体的构建难以自发形成，需要支持引导，需要学校校长及各级教育组织提供学校外部有效治理和内部有效激励的机制。学校共同体包含五个维度：拥有共同愿景、相互理解信任、集体学习、提供支持性条件、分享实践经验。学校教师学习共同体具有这样的基本属性（表1）。

表1 学校教师学习共同体的基本属性

属性	内容	陈述
主体	学习者与助学者	学校教师学习共同体的主体包括学习者和助学者。
特征	共同愿景	主体之间要对共同目标有认同感和归属感。
条件	支撑条件	包含设备、人力资源、信息资源等其他学习条件。
方式	学习活动	学习是一个活动的过程，包含培训、实践、交流、反思等。
表现形式	人际关系	学习共同体中相互影响、相互支撑的人际关系。
作用范围	交流群体	小组、团队、班级、学校、家庭、社会。

以北京教育学院附属丰台实验学校为例，这是一所在"构建首都教育新地图"的形势下由北京教育学院与丰台教委联袂办学的九年一贯制学校。学校的治理方式是"理事会领导下的校长负责制"，还成立了"学术专家指导委员会"。基于学校特点，采取点、线、面相结合的方式搭建教师学习共同体，点动成线，线动成面，面动成体，形成特色（图1）。

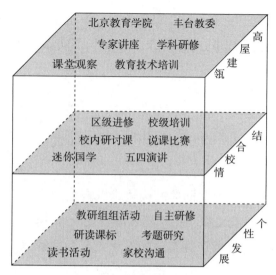

图1 点、线、面搭建教师学习共同体

点：是教师共同体中的主体，代表学校里的每一个人。学校的教师是一个个"点"，学校教学服务人员是一个个"点"；北京教育学院丰台分院的教研员是一个个"点"，学校的学术专家指导委员会的教授是一个个"点"；学校理事会成员是一个个"点"……

线：代表活动形式，也包含相应的支撑条件。北京教育学院的专家讲座、学术专家指导委员会指导下的学科研修、北京教育学院丰台分院的进修活动、校内的备课组活动、教师基本功培训、教师心理培训、说课比赛、演讲比赛、校内研讨课、自主研修、迷你国学、学生活动、家校讲座……

面：代表研修层面，包含人际关系、交流群体等方面内容。北京教育学院的专家培训、北京教育学院丰台分院的教研员、校级专题培训、教研组学科活动、教师自主研修、学生课外活动、家校沟通活动……

若把学校的每一个各具特色的人看作教师学习共同体建设的"点"，那么多元的研修活动就是一条条"线"，把各具特色的点用不同的方式连接起来，不同形式的研修内容，挖掘每个人的潜力，凸显个性。同时，通过外部因素激发内动力，引导每位教师在学习共同体中学会合作，学会分享，学会共赢。个性化的教师融入学习共同体中，产生凝聚力，形成合力。

不同层次的"点"和不同形式的"线"组成了教师学习共同体的不同

层"面"。北京教育学院及学术专家指导委员会的高屋建瓴，为学校师资培训的整体建构提供了理论层面的指导，而校级层面的专题培训则结合了学校、教师和学生的实际情况，最终搭建出学校教师队伍建设的共同"体"。

三、学校教师学习共同体的构建策略

形具而神生。学校教师学习共同体是一个学习型组织，彼得·圣吉在《第五项修炼》里提出日常工作中要进行"系统思考、自我超越、心智模式、共同愿景、团队学习"[4] 的理论，对学校教师学习共同体的构建深有启示。皮亚杰在建构主义理论中提到：知识既不是来自主体，也不是来自客体，是个体在与周围环境相互作用的过程中，逐步建构起来的对于外部世界的知识，从而使自身认知结构得到发展。建构主义理论进一步说明，学校要为教师学习共同体教师协作学习、互动共享搭建平台。

（一）价值取向

共同的信念、价值观是教师学习共同体有效构建的基础与保障。习近平总书记于 2014 年强调，全国广大教师要做"有理想信念、有道德情操、有扎实知识、有仁爱之心"的好老师[5]。宏观层面看，《中小学教师专业标准》是引领教师专业发展的基本准则，其基本理念为"学生为主、师德为先、能力为重、终身学习"[6]。中观层面看，具有中国本土文化特色的学校至少包含两个方面：基于情感联结的家国情怀的学校归属感特征；基于天下文化的国际胸怀的学校价值感特征。微观层面看，新时代新形势下，教师理论素养、学科素养、信息素养等多方面素养提升的理性生长意识日益增强，教师个体教育哲学建构与个性完善的需求与日俱增。

因此，北京教育学院附属丰台实验学校将习近平总书记提出的"四有教师""四个引路人"作为学校教师学习共同体的灵魂，作为教师学习共同体建构的内在价值导向。同时，围绕学校"一个学校·一个时代"的办学目标，提出了学校教师学习共同体的发展愿景：回归本真，做纯净的教育。在此基础上，再构建学校教师学习共同体的育人目标、教师发展目标。

育人目标：培养具有民族胸怀和家国情怀的"天地学子"。

教师学习共同体目标：以深厚的学识修养赢得尊重，以高尚的人格魅力引领风气，以端正的行为示范陪伴成长。教师的追求不仅是成为优秀的中小学教师，也是大学教师，还是"教师的培训师"，最终成为教育家。

学校教师共同体的共同愿景其重要之处在于它是来自于全校教师的价值取向，是经历了全校教师的集体大讨论"什么是好学校""什么是好教师""什么是好文化""什么是好制度"后产生的共同追求，它激发了教师的热情与抱负，也激发了教师互动共筹、风险共担的共同体向心力量。

（二）组织架构

组织架构是学校教师学习共同体流程运转、职能规划等最基本的结构依据。组织架构的本质是为了实现学校教师共同体的目标而进行的合理分工与协作安排，教师学习共同体组织架构的设计受到学校内外部环境、发展阶段、组织规模、教师结构、组织资源等因素的影响。在不同的时期、不同的阶段有不同的组织架构模式。

下面展示的是北京教育学院附属丰台实验学校现阶段的组织架构模型图（图2）。

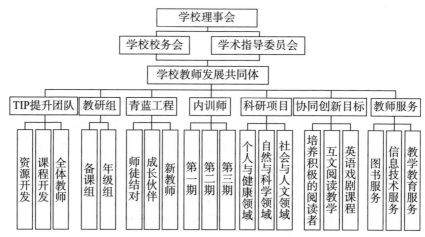

图2　学校教师学习共同体组织架构模型

扁平化的学校教师学习共同体厘清了学校、学术指导委员会和教师学习共同体的关系；充分培育学校学术文化；充分尊重不同阶段教师的发展需求；充分引导教师跨学科、跨学段进行教学研究；充分体现服务理念，保证教师学习共同体的组织架构稳定、合理、适切。

（三）相关制度

制度建设促进学校教师学习共同体在以人为本的基础上民主管理、规范管理、科学评价。学校教师共同体的制度形式包含正式的已经成文的行为规范，也体现在非文本的活动与变迁之中。

北京教育学院附属丰台实验学校遵照习总书记提出的"四有教师""四个引路人"要求和教师专业发展标准，参照教师的成长意愿，围绕"必备品格"和"关键能力"两个维度，在"健全人格与职业道德""学科与教育教学专业知识""促进学生的学习与发展""教育教学研究与专业发展"四个领域拟定教师学习共同体的二十条专业发展目标，以及从"师德修炼、文化修为、学术修为、专业修为"四方面制定学校教师学习共同体专业标准（表2）。

表2　北京教育学院附属丰台实验学校教师学习共同体专业发展标准

维度	领域	教师修为	发展要点
必备品格	健全人格与职业道德	师德修炼	1. 爱岗敬业，履职尽责 2. 关爱学生，教书育人 3. 为人师表，严谨治学 4. 热爱生活，身心健康
关键能力	学科与教育教学专业知识	文化修为	5. 学科知识 6. 学生的知识 7. 课程的知识 8. 教学的知识 9. 科学与人文素养

维度	领域	教师修为	发展要点
关键能力	促进学生的学习与发展	学术修为	10. 创设良好的育人环境 11. 设计合理的教学方案 12. 实施有效的教学活动 13. 培养良好的学习习惯与引导学生学会学习 14. 开展多元的学习评价 15. 促进有效的课堂管理 16. 渗透思想品德教育与生活礼仪教育 17. 实施积极的安全教育与健康教育
	教育教学研究与专业发展	专业修为	18. 教育教学反思及行动研究 19. 团结协作与经验分享 20. 终身学习与持续发展

学校教师学习共同体有"培训是成长福利，团队是最好专家，总结是精神享受，合作是必由之路"的表达，其背后渗透着不成文的文化制度：培训制度、合作制度、反思制度；学校也形成了以"学术积分""学习积分"为主体的双积分制度，还有《内训师管理方案》《科研项目管理制度》《三级课题管理办法》《学校课堂教学管理制度》《教师绩效考核制度》等成文的系列管理制度，建立了集体激励原则和个人激励相结合的有效机制，重视榜样的示范激励作用，促进了学校教师学习共同体的成长，也体现了教师职业吸引力，完善了民意表达途径，从而形成了有情怀、有尊严、有学术味道的学校文化。

（四）任务安排

合作学习理论（Cooperative Learning Theory）于 20 世纪 70 年代初兴起于美国，主要指各成员为了实现共同的学习目标，建立积极的相互依赖的关系，形成积极的心理氛围；增强面对面的互动，从而使个体和团体的绩效达到双赢；学习者之间学会交流，学会理解，具备相关的沟通技巧；给予学习者充分讨论交流的机会，促进团体成员努力达到团体目标。[7]

围绕学校教师学习共同体的学习本质，学校教师学习共同体的学习形式主要有讲座培训、教师阅读、理论学习、教学实践、反思总结等，也有根据教师个体特点设置的因需而生的教师工作室，根据教师不同发展阶段设置的学习团队，如骨干教师团队、新教师导师带教等。学校教师学习共同体的任务安排可根据学校的发展情况，做前瞻性、可行性的任务安排。

北京教育学院附属丰台实验学校作为一所新建学校，一直面临着生源扩张、大量新教师入职的状况，学校在 2015 年就对学校教师学习共同体的配置进行了前瞻性设计，对未来教师共同体的发展做出规划。

表 3　学校及教师学习共同体现状及展望（2015 年 –2020 年）

学校班级开设情况及展望（2015 年 –2020 年）

		总计	小学							初中				高中	
			1 年级	2 年级	3 年级	4 年级	5 年级	6 年级	合计	7 年级	8 年级	9 年级	合计	10 年级	合计
现状	15–16 学年	12	3	3	2				8	2	2		4		
	16–17 学年	17	3	3	3	2			11	2	2	2	6		
预测	17–18 学年	21	4	3	3	3	2		15	2	2	2	6		
	18–19 学年	25	4	4	3	3	2		19	2	2	2	6		
	19–20 学年	31	4	4	4	3	3	3	21	4	2	2	8	2	2

2017 年起，小学每年以 4 个班的规模招生，初中规模保持不变，高中 2019 年起开始招生。

教师队伍现状及未来需求（2015 年 –2020 年）

		小学		初中		高中		合计
		增班数	教师需求	增班数	教师需求	增班数	教师需求	
现状	15–16 学年	3	9	2	8			17
	16–17 学年	3	7	2	4			11
预测	17–18 学年	4	9		1		1	11
	18–19 学年	4	4		7		8	19
	19–20 学年	2	1	2	7	2	8	16

表 4　学校教师学习共同体结构与发展的现状及展望（2015 年 –2020 年）

教师学习共同体结构基本情况及展望（2015 年 –2020 年）

		人员结构		性别结构		年龄结构				
		教职工数	教师人数	男	女	30 以下	30–35	36–40	41–45	46–60
现状	15–16 学年	56	49	15	41	26	10	3	11	6
	16–17 学年	71	64	20	51	30	15	8	10	8
预测	17–18 学年	82	75	25	57	36	17	9	11	9
	18–19 学年	101	94	34	67	44	21	11	13	11
	19–20 学年	117	110	42	75	50	25	13	15	13

教师学习共同体专业发展现状及展望（2015 年 –2020 年）

		学历			职称			骨干		
		研究生	本科	其他	高级	中级	初级	特级	市	区
现状	15–16 学年	28	20	1	9	12	28	1	1	2
	16–17 学年	36	26	2	9	14	41	1	2	4
预测	17–18 学年	45	28	2	11	18	46	1	2	4
	18–19 学年	60	32	2	13	24	57	2	3	6
	19–20 学年	72	36	2	16	30	64	2	4	8

　　对于学校"超常规、跨越式"的发展状况，教师共同体每一个时期都有其具体发展任务；对于教师个体成长来说，每一阶段有每一阶段的发展目标。如何以教师共同体带动共同体上的每一个面、线、点向着新的方向前进，去争取更大的胜利？答案是：一步一步打小胜仗。

　　学校教师共同体根据年度进行重点任务规划与建设，稳扎稳打：

2013–2014 年度，常规建设年；2014–2015 年度，作风建设年；

2015–2016 年度，课程建设年；2016–2017 年度；文化建设年；

2017–2018 年度，素养建设年；2018–2019 年度，学术建设年。

学校建校初期（2014 年），教师平均年龄为 34 岁。根据教师共同体年轻化的特点，充分利用团队成员自身的优势，设计并启动了这样一项打造优秀教师团队的工程——Teachers' Improvement Program（TIP）教师综合素质提升工程，旨在提升教师素养，让教师在教育生活中从容行走，优雅为师。

表 5　教师学习共同体综合素质提升工程

项目序号	项目名称	时长	提升教师素养
1	教师迷你讲堂	每周一次 15 分钟	人文素养
2	青年学术沙龙	每周一次 60 分钟	综合素养
3	重温经典，共话教育	每周一次 30 分钟	理论素养
4	欧美课堂实例简析	每周一次 20 分钟	科研素养
5	外出跟岗研修	每学期 1-2 次，每次 2 天	教育教学技能
6	主题讲座	每月 1-2 次，每次 2-3 小时	理论素养
7	团队工作室	按工作室计划活动	综合素养

学校建校五年后的今天，教师共同体建设日趋成熟，以内涵发展为路径，以"内训师""科研项目""成长伙伴＋师徒结对""全息课堂教学"等为内容开展了多种形式的共同体学习。学校变革循序渐进，每次迈出一小步，每一步产生一种"胜利"的感觉，正是这种"胜利"激发了学习共同体的激情与能量。

（五）资源筹措

资源筹措是指学校通过多种方式和程序，从不同的渠道筹措学校教师发展共同体成长所需资源的全过程。资源包含物质资源和人力资源，也包含国内资源和国际资源。优质人力资源的引入盘活了学校发展，优质资源的引领保证了学校教师学习共同体有源源不断的活水，也保证了学校教师学习共同体的品质提升。

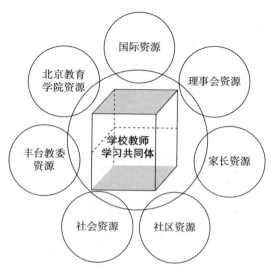

图3　学校教师学习共同体人力资源筹措模型图

1. 引进来

学校引入专家资源，大学教授和中小学教师形成教师学习共同体，聚焦中小学教育的重点、难点问题，进行实证研究。在多样化交流实践中，教师学习共同体通过教学实践发现教育理论，又通过教学实践发展教育理论。

北京教育学院为附属丰台实验学校成立了"学术专家指导委员会"，为学校移植和沉淀了学院"顶天立地、风清气正"的学术生态。学院的大学教授走入课堂，对中小学教师进行课堂诊断，以"一对一""私人定制"的方式对学校教师进行培训，五年时间，始终以"三高、三带、三学、四把关"的方式推动学校教师共同体高位发展。"三高"指学院科研处选派32名思想站位高、师德修养高、学术水平高的专家作为学术指导委员会成员；三带指专家在带徒弟的过程中"带师魂、带师德、带师能"；徒弟坚持"三学"：学思想、学做人、学本领；四把关则是专家为学校把关：把好教师招聘关，把好岗前培训关，把好课堂教学关，提升学术观。

学院将多个课题和协同创新项目引入学校教师学习共同体，浓浓的学术氛围，彰显了北京教育学院文化原力的强大生命力。近五年时间里500多人次专家走进学校指导，其中十余位专家挂职科研主管、学科教师，为学生上课、开办社团、为教师上引路课，为学校营造了"风清气正、互学互鉴、积极向上"的学术生态。

北京教育学院人文学院陈琳教授通过前期调查和课堂教学诊断，发现语文教师对文本解读存在着困惑，把握不够准确，于是成立了"互文理论视角下名家名篇教学"教师学习共同体。专家引领的教师学习共同体以理论培训、读书分享、名师观摩、实践研修、反思总结为主要内容，进行了为期两年的实践研讨。学习共同体的显性成果是：完成17篇文本细读、30份教学设计、文本解读、课堂实录、课后反思、读书报告、评课报告等，约30万字；汇编教师听评课感言文集一本《名家名篇教学研究》，约13万字；出版《枫华正茂—互文阅读教学的艺术》一书，约20万字。

冰山理论告诉我们：能看到的只是表面很少的一部分，而更大一部分的内在世界却藏在更深层次，不为人所见。大学教授与中小学教师之间虽然存在认知能力、价值理念、实践技能、知识结构上的差异，但这恰好形成学习共同体共享交流的内在张力，在问与答、实践与理论交织的过程中产生强大势能，为教师共同体文化的创生提供了令人震撼的源动力，创造出一种新型的教师学习共同体文化。

2. 走出去

北京教育学院附属丰台实验学校虽很年轻，但因北京教育学院优秀文化原力的移植，文化传统也变得厚重。文化原力移植促进学校教师学习共同体在传承中转化，在实践中创造，内生新原力，形成新品质，赋予新价值。

学校优质资源辐射，和陕西、福建、河北、北京通州及昌平等多所学校结成"手拉手"伙伴关系。学校内部培训师精品课频频受邀，走入其他学校进行教师培训，内容涉及学校管理、科研课题、学科教学、德育管理等方面。学习共同体"朋友圈"扩大、升级，呈现合作共赢的局面。

（六）活动原则

教师学习共同体的有效构建，需要对教师队伍结构、教师能力、岗位特点进行精准分析，科学定位，合理设计，从而满足不同教师的素养提升需求。学校教师学习共同体构建有以下原则：

1. 多维立体原则

设计分岗位、分学科、分学段、整合学科学段的教师学习共同体，构建目标体系，发挥市、区、集群、校的联动作用，形成严谨精细的学习组织，优化学术氛围，促进教师核心素养的提升。

2. 分层分段原则

结合学校发展需求和教师实际情况，分层次（新教师、发展期教师、成熟教师）、分阶段（每学年为一个阶段）构建教师学习共同体，满足个性需求，满足长远发展。

3. 能量维系原则

教师学习共同体，始终要在遵循教育规律、保持教育定力的前提下健康持续开展，学习内容要和时代脉搏一起跳动，删减与新增项目，保证学习共同体在运动中发展。

4. 合作共享原则

借助北京教育学院的国际研修项目、协同创新等项目，区级"春"系列、"领航"系列项目，集群内部研修项目，"手拉手"等市外学校合作项目，挖掘、整合多种资源，将教育教学实践、教学研究、科研活动紧密结合起来，提升教师综合素养。

5. 多元自主原则

探索自主研修方式，设计以"教师综合素养提升"为主题的线上＋线下的研修课程，教师自主选择、自主研修、实现自主发展。探索精确管理方式，加强对教师结构能力素养的精细诊断，设计穿越多种边界的研修课程，实现教师能力结构跨越学科、学段，视野超越教材、教参，进而拓展学生发展空间。

6. 鼓励精进原则

学习精进，鼓励先进，允许后进，淘汰不进。与过去鼓励先进、批评后进的评价方式相比，基于学生发展素养培育的教师学习共同体，其基本价值取向是珍视群体中的每一个人，关注每一个人不断发展的动力，激励每一个人的学习积极性和创造性，以学习促进发展。

四、学校教师学习共同体的实施效果

（一）共同体中"个体"的实践反思

教师学习共同体中，每个教师个体都是带着自己的鲜明特色、带着自己的教学经验与教学风格、带着自己原有的认知和技能走入共同体中的，教师个体的实践与反思为共同体带来新鲜的能量，使教师学习共同体变得更加丰富多元更有意蕴内涵。

一切真知都是从直接经验发源的。[8]北京教育学院附属丰台实验学校注重每个教师个体的教学实践，开发了"动静结合"（理论学习与实践研究相结合）的共同体活动方式。教师个体在共同体中进行实践、追求卓越的过程，是个体吸收知识、技能、思维发展的过程。学校提倡每一次共同体活动之后，教师个体要在学习共同体中发表自己的学习收获与反思，这是在已有的认知和经验基础上新的收获与发展。至此，教师个体在共同体中就完成了认识从实践中产生—认识服务于实践的过程。

由 14 名中小学教师、大学专家（北京教育学院教授、首都师范大学教授）及助学者组建成为 COP① 学习共同体，采用的是线上与线下相混合的学习方式。

第一阶段为理论学习，以线上学习为主，主要是观看视频、集体讨论、分享学习感受。第二阶段是现场研讨课：专家、教师和技术团队共同组成课堂行为采集小组，对每位教师的现场课进行数据采集，制作成数据模型，与常模对比进行交流分析，提出改进意见。第三阶段是改进后的现场课：依然是团队合作进行数据采集，对比两次课的数据并对比常模进行分析。之后再次回到第一阶段，基本上是一个理论—实践—反思—改进—理论……的螺旋上升过程，也是一个教育教学认识不断提升、教育教学水平不断提升的过程。

---

① The Teacher's Online Communities of Practice，简称 TOCOP 或 COP，中文简称靠谱。

学习：个体的吸收与转化

实践：在共同体中形成新的认知

反思：将学习共同体生成的成果
吸收内化为自我认知结构
中的一部分

分享：将个体的隐性经验、知识，
显性化地表达为共同体的
成果

教师个体
专业知识与储备
专业技能与风格
专业态度与修养
学生观与育人观
……

教师共同体
共同价值观
共同体专业发展标准
学术生态
合作文化
学校治理方式
……

图 4　教师学习共同体中"个体"的实践反思

（二）共同体中"共同体"的互动共筹

从场域看，教师学习共同体的构建是多样的：学校内部、校际之间、互联网络；从内容看，教师学习共同体还可以分为：课程建设、集体备课、科研项目等；从成员看，可以有特级教师工作室、心理研究室等。无论是哪一种教师学习共同体，都具有互动共享合作的特点。

共筹是教师学习共同体中的一种新模式，这种模式最先来源于金融行业，以大众融资的方式支持个人或组织。这种方式已经进入教育领域，目前，在笔者学校，突出地表现在学校教师的项目学习共同体中，其流程大致如下：发现项目，招募团队成员——针对项目，众筹研究方案——项目实施，完善行动过程——完成项目，总结研究成果。

北京教育学院附属丰台实验学校的"卢沟桥文化视角下的二十四节气传统文化教育项目"团队就是一个典型的互动共筹学习共同体。这个项目的主持人是一名入职仅一年的新教师，她以招募的方式组建了教师学习共同体，另外三名与她志趣相投的教师分别来自语文学科和美术学科，他们进行了研究方案的策划，之后具体实施。

他们做了这样的教学实践：一是宣传二十四节气，通过实践活动、走廊文化以及板报宣传等形式，引导学生认识节气，了解卢沟桥地区不同节气的环境特点。二是开展调查活动，引领学生参与到二十四节气传承活动中，期间通过分组合作，将节气来源、习俗以及节气歌等作为调查对象，让学生收集二十四节气的相关内容，从而为二十四节气文化内容的传承奠定基础。三是开展朗诵活动，将二十四节气教育与相关朗诵活动进行整合，对学生产生潜移默化的影响。四是，组织学生参加绘本编创，在学生充分了解二十四节气的相关知识和含义后，动员学生与老师一起完成与二十四节气文化相结合的卢沟桥异形图设计。

互动共筹的最大优势就是实现了合作、对话与共享，改变了单打独斗的状态，潜移默化地营造了团队学术文化氛围，实现了团队共赢的效果，也使教师核心素养在团队合作中获得了提升。

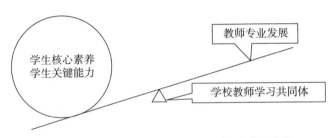

图5 教师学习共同体的专业发展撬动学生发展

总之，构建有效的学校教师学习共同体，其共同价值观的行动轨迹，彰显了教师共同体的职业幸福；对话分享的机制、对实践的讨论、反思与再实践，促进了教师的专业发展：爱学习、会学习、能教会学生学习，教师的专业发展进又促进了学生核心素养和关键能力的提升。

参考文献

［1］国务院. 国务院关于深入推进义务教育均衡发展的意见（国发〔2012〕48号〔EB/OL〕. 2012–09–05. http：//www. gov. cn/zwgk/2012–09/07/content_2218783. htm.

［2］教育部. 中小学教师专业发展标准（试行）〔EB/OL〕. 2012–9–13. http：//old. moe. gov. cn/publicfiles/business/htmlfiles/moe/s6991/201212/xxgk_145603. html

［3］许萍茵. 教师学习共同体述评〔J〕. 黑龙江教育学院学报，2011（10）：53–56.

［4］彼得．圣吉．第五项修炼［M］．北京：中信出版社，2009：7-10.

［5］习近平．做党和人民满意的好老师—同北京师范大学师生代表座谈时的讲话［EB/OL］.（2014-09-10）D2017-02-27

［6］教育部．中小学教师专业发展标准（试行）［EB/OL］．2012-09-13. http：//old. moe. gov. cn/publicfiles/business/htmlfiles/moe/s6991/201212/xxgk_145603. html

［7］Johnson, D. W&Johnson. R. T&Holubec. E. J. Cooperation in the Classroom Seventh Edition［M］. Interaction Bookcompany, 1998. 22-23

［8］毛泽东．实践论［M］．北京：人民出版社，1975：14 -16.

教师学习共同体及其构建

李新翠 [1]

摘要： 教师学习共同体是促进教师专业发展的有效路径和方式。教师学习共同体作为一种新型的教师专业发展理念和模式，具有支持和共享的领导、集体创造力、共享的价值观和愿景、支持性条件和共享的个人实践五大特征。教师学习共同体的构建需要从明确主题和主体两个方面出发，把握好教师需要什么以及教师需要做什么的基本问题，并处理好行动与反思、自我与集体、合作与发展等之间的关系。

关键词： 教师；学习共同体；构建

随着教育改革发展的深入推进，以及人民群众对优质教育需求的日益增长，教师素养的全面提升再次成为教育改革发展的突破口和有效抓手。而从学校场域或区域场域来讲，究竟以怎样的路径和方式来促进教师专业发展和提升教师专业素养呢？笔者多年的研究和实践发现，教师专业素养的提升一定不是给予教师多少新知识、多少新技能、多少新理念或者多少新方法，而在于激发教师成长的内在动力，唤醒教师的专业自觉，让教师真正成为自己专业发展的主体，拥有教育教学的专业自主权，让教师有兴趣、有意愿、有需求去学习、去探究、去反思，只有这样教师才能真正实现自身专业发展。教师学习共同体作为一种教师专业发展的理念、组织形式和具体路径，将开启教师专业发展的新路径。

---

① 李新翠，中国教育科学研究院副研究员，主要从事教师教育研究。

一、何为教师学习共同体

从腾尼斯的"共同体"，一种以共同价值为指向的组织形式和合作共生关系；到博耶尔的"学习的共同体"，一种基于实践、在实践中、为了实践的发展的、反思的、合作的实践模式；再到霍德的"专业学习共同体"，在教育教学场域中，以共同的价值观和理念为引领，建构起来的一种以对话、交流、反思与合作为特征，以促进教师专业发展为中介，最终促进学生学习与发展的组织或理念。

由此，教师专业学习共同体是以自愿为前提，以共同价值观和愿景为引领，以"分享（资源、技术、经验、价值观等）、合作"为核心，以对话与反思为策略，进行互相交流和共同学习的组织。

1. 共同体

"共同体"是一个社会学概念，1887 年斐迪南·腾尼斯（Ferdinad Tonnies）出版《共同体与社会》一书，认为"共同体"是建立在自然情感的意志基础上、联系紧密的、排他的社会联系或共同生活方式，这种社会联系或共同生活方式产生关系亲密、守望相助、富有人情味的真正共同体。[1]马克斯·韦伯（Marx Web）在《社会学的基本概念》中对"共同体"定义道："在个别场合内、平均状况下或者在纯粹模式里，如果而且只要社会行为取向的基础，是参与者主观感受到的（感情的或传统的）共同属于一个整体的感觉，这时的社会关系，就应当称为'共同体'。"共同体是基于共同体成员共同的愿景的基础上建立起来的，能够将个体的"我"（I）转型为集体的"我"（we）。[2]在这个共同的集体中，成员们分享共同的价值、意义、情感和文化传统。共同的目标、一致的行动、分享与反思成为共同体的主要特征。

2. 学习共同体

1995 年博耶尔在《基础学校：学习的共同体》（The basic school：a community of learning）报告中首次提出学习共同体的概念。国际上通常认为专业学习共同体是一群人以发展的、反思的、协作的、全纳的、学习为导向的、促进发展的方式进行分享和批判性询问彼此的实践，以一个集体企业而运作。霍德（Hord，1997）在总结已有研究的基础上，将过程和预期结果两个维度整合起来界定专业学习共同体：在专业学习共同体中，教师及其管理者持续地追求和分享学习并促进他们的学习。他们行动的目的是提高他们作为专业人员促进学生学习的有效性，因此也可以界定为持续探究和改进的共同体。学校内外的一群人能够互相学习，彼此促进，并促进学生学习和学校发展。

我们认为，教师专业学习共同体是生态取向的教师专业发展新模式，是具有共同教育价值观和工作愿景的教师自愿结成团队，互相尊重、互相交流、互相支持，共享教育资源，共同反思、探讨和解决教育教学问题，个人学习和集体学习相结合，实现个体和群体的专业发展，最终促进学生的学习与进步的一种组织。

二、教师学习共同体特征

教师学习共同体作为一种教师学习与发展的新型模式和理念，具有一定的特征。不同学者都提出了一定看法和观点，本研究将主要呈现霍德（2004）提出的"五特征说"。[3]

1. 支持和共享的领导

校长和教师都应该成为学习者，共同不断地质疑、调查和寻找解决方案。传统的教师教、学生学、管理者管理的模式需要彻底改变。某些人懂得多的等级分层将逐步淡化。这一新型的管理者与教师之间的关系导向共享的和合作的领导关系，所有人都将进行专业成长，并学会将自己视为在共同的球队里一起"踢球"的成员，朝着共同的目标即创建更好的学校而努力。校长尊重教师，并承认教师的专业地位，与教师如同同伴一起工作。圣吉（Senge，1995）补充，校长的职责为教师持续学习创造良好的环境。圣吉描绘了领导在构建专业学习共同体中的角色：领导播下共同体的种子，培育共同体的幼苗，一旦共同体产生就给予无限的爱护。他们通过随从、服务而领导。他们邀请他人来分担领导的担子。[4]

2. 集体创造力

20 世纪 90 年代，圣吉的《第五项修炼》出版。随后，圣吉描述的有利于增加组织潜力和创造力的学习型组织进入教育领域。具有成员持续扩展自己的能力以期取得他们预期的结果、新颖和开放的思维、集体意志自由、成员持续努力共同学习等特征的学习型组织日益引起教育工作者的注意，并引发了相应改革的计划和实施。伴随教育者探究和共享圣吉的范式转型，这一名词逐渐演变为学习共同体。

在学校中，学习共同体的表现就是来自不同层次的多元地区的教师持续不断地共同合作，增强他们创造自己理想的能力。这些活动称为探究，并由校长和教师共同探究而产生共同体。探究帮助他们解决由于不同年级的专业和学科而产生的差异问题；强迫教师辩论哪些东西更重要；促进他们对彼此工作的理解和赞赏；帮助他们创造将彼此捆绑在一起的纽带，将他们捆绑到共同的价值观上。探究促使校长和教师成为学习者的共同体。

在这样的反思性对话中，参与者能够学会使用新观点和新信息进行问题解决。这一过程的关键工具是共享愿景，支持性的物理、时间和社会条件，以及共享的个人实践。

3. 共享的价值观和愿景

专业学习共同体不仅鼓励教师参与发展共享愿景的过程，而且将该愿景作为教学和学习的方向标。专业共同体的核心特征是始终聚焦于学生的学习，认为学生都有较强的学习能力，教师为学生创造环境支持并实现他们的潜能。这些共享的价值观和愿景成为教师行为的标准。在这样的共同体中，成员之间互相关心，互相尊重。

4. 支持性条件

支持性条件决定了教师何时、何地、如何聚集在一起共同学习，作出决策，解决问题和创造性地工作。学习共同体有效运转的两类条件包括：物理或组织机构和参与人员的素质与能力。有效学习共同体中个体的首要特征是愿意接受来自成员的反馈，并朝着前进的方向而共同努力。除此之外，还有以下特征：学校和学区内的教师互相尊重和信任；拥有有效的认知和技能基础以支持他们开展有效的教学和学习；得到管理者的支持；相对集中的社会化过程。注意以下因素之间的强烈相关：教师对学校、学生和变革的积极态度与学生对学习的浓厚兴趣和积极投入。

5. 共享的个人实践

教师在共同体内互相交流、学习和评价彼此的教育教学实践和反思。这一过程是同伴互助过程的重要组成部分。教师定期互相评论，这一评论旨在实现个体和共同体共同进步，并因成员间的互相尊重和信任而活力无限。互相尊重和理解是这一工作文化氛围的必备条件。由于彼此之间亲密关系的发展，教师得到帮助、支持和信任。教师体验（甚至鼓励）辩论、讨论和争议。他们很乐意分享自己的成功经验和失败教训。他们表扬和认可彼此的胜利，并对彼此的难处给予同情和支持。改革的目标是为学生的学习提供适宜的环境，教师也需要重视并支持艰苦努力、接纳富有挑战性的任务、乐意冒险、不断成长的环境，分享彼此的实践经验有助于创造这样的环境。在此基础上，斯多尔（Stoll，2006）又扩展了专业学习共同体的特征：开放性、网络关系和合作伙伴关系以及成员参与的全纳性。[5][6]

我们认为，合作、共享、反思、参与等是教师专业学习共同体的四大基本特征。

综合以上，笔者认为教师学习共同体具有以下四大旨趣。一是实践旨趣。就英美教师专业学习共同体而言，专业学习共同体是一种实践。教师在共同体内不断实践、不断分享和探究实践，并着眼于改进实践。因此，专业学习共同体不是空洞的口号，而是具有时间和空间维度的有形的实践。二是对话旨趣。专业学习共同体中，教师通过对话进行工作。只有对话才能了解，才能认识，才能分享和探究，对话是专业学习共同体中最有生命力的音符。如果在专业学习共同体中，教师之间还是沉默地你干你的，我干我的，那将没有任何意义，反而影响教师的正常发挥。只有冲破沉默，专业学习共同体才具有生命特色，才有学习，才有共同。三是合作旨趣。专业学习共同体中的对话，不是为了自我展示，不是自言自语，而是有对象和有倾听者的，对话的目的是为了合作，为了共生。教师之间彼此敞开心扉，就某一主题或问题发表意见，并最终达成一致的解决方案。四是反思旨趣。专业学习共同体仅仅有对话和合作不足以达成专业发展的目标。只有对对话与合作不断地进行自我反思与集体反思，才能内化为自己的理念，才能改变自己的行为。

因此，构建教师专业学习共同体必须是基于教育教学实践，脱离开实践则无任何意义；同时要创造开放、宽松的学校文化，以使每一位教师成为专业学习共同体中的主人公，充分对话与深入合作；还要加强反思，才能实现专业发展的目标。

三、如何构建教师学习共同体

20 世纪 80 年代以来，以英美等国为先导，开始了对专业学习共同体的研究。专业学习共同体作为一种组织形式，成为学校变革和教师专业发展的必然选择。特别是作为教师专业发展的组织形式，专业学习共同体是由理智取向和实践—反思取向走向生态取向的必然产物，更加强调环境、文化、合作等因素对教师专业发展的影响，以及教师在此共同体中的专业自主和专业选择权利，同时也是最近为教师专业发展赋权的重要体现。如托马斯（Thomas）强调："教师专业发展思想的一个重要转向就是将关注的重心从'个人化的努力'（individual effort）转向'学习者的共同体'（communities of learners），在共同体中，教师通过参与合作性的实践来滋养自己的教学知识和实践智慧。"

研究表明，教师专业学习共同体是动态的，既是一种有形的组织形式，更是一种无形的理念引领。专业学习共同体的发展通常经过启动（initiate）、执行（implement）和确立（institutionalization）三个基本阶段。教师专业学习共同体的发展不是一蹴而就的，是学校领导与教师共同实践、共同探索、共同学习和共同领会的过程。

圣吉对建筑策略的回答：首先找出有兴趣采用不同方式做事的教师，那些确实愿意并富有激情做这些的教师，让他们聚集到一起互相讨论。创建一个核心小组是动员和启动组织中成员的一项常用的策略。以这些"发令员"开始，纳入其他成员也非常重要。同时，圣吉将启动一个持续发展的思考过程，在这个安全的环境下人们能够分享自己真正关心的东西。

在计划和执行改革之前，学校首先决定自己的奋斗目标和发展方向。在交流了个人的愿景之后，成员开始发展一个共享的愿景，根基于信任和互相理解的基础之上。一个组织不仅仅要设计和交流发展愿景，而且要考虑这一愿景的用途，作出符合愿景的决策。

（一）教师学习共同体构建需把握五个要素

斯多尔等（2006）指出了教师专业学习共同体的具体发展策略。[6]

1. 通过领导和管理来推进专业学习共同体发展

领导和管理作为此处描述的所有过程的支撑，对专业学习共同体具有至关重要的意义。文中列举项目学校的校长和教职工如何通过三种方式促进他们的专业学习共同体的发展：设计和宣传一项学习愿景和焦点；建立信任和协作；促进分散式的领导。

2. 充分利用空间以促进专业学习共同体发展

学校经常需要为一些事情分配场所，例如正式会议需要会议室。但是如果你想创造理想的职员室或协作学习场所，你就需要审视学校中场所的组织和使用，这意味着大厦需要重新组织以便于职工分享和学习。

3. 加强专业学习和反思性探究

专业学习共同体促进所有成员的专业学习和成长。教师专业学习的潜在目的是促进学生的学习，因此，当决定专业学习和询问活动的目的时，应该考虑对学生学习的潜在影响。

4. 促进专业学习共同体中的成员全纳性

专业学习共同体的显著特征是共同体中所有成员的承诺和参与，不仅仅是教职工；此外，是学校、中心或学院的人们共同工作，不仅仅是特定学科、学段或角色的人一起工作。在专业学习共同体中，教师们对所有学生的学习和发展都拥有一种集体责任感，每个人都与此有关。同样地，每位教师的特定经验和技能都受到高度重视。但达到如此包容性的承诺和投入并非易事。

5. 通过网络和伙伴关系扩展学习共同体

一个专业学习共同体具有外向型特征并拥有极强的外部人际关系网络和伙伴关系。这些关系网络具有双重目的，一是能够为学校内的所有同事扩展学习机会，二是扩展专业学习共同体以帮助扩展所有学生和年轻人的学习和生活机会。

（二）教师学习共同体构建需明确两个基本问题

基于教研组的现状与特征，根据英美专业学习共同体的旨趣和构建策略，以教师需要什么和教师应该做什么两条主线构建适合我国教师专业发展的专业学习共同体。

1. 创建专业学习共同体——教师需要什么

发挥领导的核心参与和示范作用。领导必须放下以往高高在上的姿势，俯下身子，蹲下来，与教师一起钻研。只有校长进入专业学习共同体中的角色，才能感染、带动和示范其他教师共同参与。校长不再是下指令，布置任务，而是与教师一同感受共同学习的氛围和成果。

创设宜于且能催生专业合作的学校文化。文化是学校中最软的力量，但却是作用最深刻的力量。通过讲座、校园布置、理念认同等方式不断创造和完善有利于教师平等交流合作的文化环境。在评价导向上，从过去的终结性评价向过程性评价转变，将教师在专业学习共同体中的参与度、表现度和贡献度作为教师评价的重要指标。让教师在潜移默化中适应这种发展方式。

创设合宜的时间和条件保障。作为一种有形的组织，学习共同体是一种物理存在，必然需要一定的时间和空间条件，以及一定的经济条件支持。学校应该为教师创造灵活的时间和空间保障，让专业学习共同体成为一种原始的常态。

2. 创建专业学习共同体——教师做什么

具备了以上条件，专业学习共同体就有了存在的可能。如何将这种可能转化为现实，且是有力的现实，需要发挥专业学习共同体成员的主动性和积极性。

共享的价值观和集体责任感。教师必须具有促进学生发展的共同价值观和集体愿景，才愿意汇集在一起，也才能走到一起。这是专业学习共同体从可能走向现实的首要条件。教师们愿意为了学生，共同交流和分享，一起探究和解决问题。

真诚地、开放地、务实地对话与交流。对话与交流是共同体存在的生命力所在，而且只有真诚地、开放地、务实地对话与交流，才能回到问题与事情本身，才能全方位、深层次地讨论与分析问题，进而解决问题。

聚焦地、持续地探究。仅有对话与交流只是抛出了问题或主题，要解决问题或研究主题，教师必须聚焦问题，并进行持续地探究。教师成为研究者，研究成为教学的基础，需在专业学习共同体中淋漓尽致地得以阐释。

个人反思与集体反思的有机统一。反思是对问题的重现。专业学习共同体尤其强调个人反思与集体反思之间的有机统一。

（三）构建专业学习共同体需要处理好三对关系

1. 行动与反思

教师是一项实践性职业，且有学者提出教师专业成长＝实践＋反思。同时实践与反思也是专业学习共同体的两大旨趣。教师在专业学习共同体中既要实践、学习，更要反思。实践与反思密切相关，但又有相对独立性。教师必须处理好行动与反思之间的关系，做好在行动前反思、行动中反思和行动后反思，该结合时不能割裂，该独立时不能模糊。既要加大行动力度，也不能忽视反思，因为只有反思才能不断改进和完善行动。

2. 自我与集体

专业学习共同体是由教师个体组成的一种专业学习组织，教师既作为个体存在，又是专业学习共同体中的重要组成部分。这就要求教师既要关注自己的存在、自己的专业发展状态所处位置及前进方向，同时又要投入和融入组织，只有这样才能促进自身发展。教师一方面要清醒认识自己，另一方面要根据集体目标不断调整自我，以使自我适应集体发展，但又不能一味迎合集体。

3. 合作与发展

专业学习共同体是通过成员之间的合作而促进成员和共同体的共同发

展。发展是新事物地不断诞生，只有有矛盾才有发展的动力。所以专业学习共同体中的合作不是一味趋同，不是同质化，而是成员之间互相借鉴、互相学习、互相促进的良性互动关系。

参考文献

[1] 斐迪南·滕尼斯.《共同体与社会》[M].林荣远，译.北京：商务印书馆，1999.

[2] 马克斯·韦伯.社会学的基本概念[M].上海：上海人民出版社，2000：62.

[3] Hord, S. M., *Professional Learning Communities*: *Communities of continuous Inquiry* [M]. Southwest Educational Development Lab., Austin, TX. 1997

[4] Senge, P., Cambron-McCabe, N., Lucas, T., Smith, B., Dutton, J., & Kleiner, A. (2000). *Schools that learn* [M]. NewYork：Doubleday.

[5][6] Stoll. L, Bolam, R., Mcmahon, A., Wallace, M., & S. Thomas, Professional learning communities：a review of literature [J]. *Journal of Educational Change*, 2006（7）：221–258.

认知学徒制理念下新任体育教师学习共同体的构建研究

胡峰光　梁吉涛 [①]

摘要：新任体育教师工作之初，是他们开始体育教育教学工作的关键适应期，面对真实的、复杂的课堂教学任务，会碰到各种棘手的、陌生的课堂教学实践问题。如果能在此阶段得到专家、师傅的有效指导、能参加到行之有效的培训团队之中，必将有利于他们尽快适应工作、胜任岗位。而现有的新教师培训往往存在培训内容侧重理论缺乏具体课堂教学实践的指导、以大班讲座组织形式为主缺乏对新教师个体差异的关注等问题，培训往往缺少实效性。依据认知学徒制"真实的工作任务"、"模仿"等重要元素构建的新任体育教师学习共同体，始终注重真实的课堂教学共同任务、鼓励新教师模仿（师傅），让新任体育教师在培训期间始终浸润在真实的课堂教学实践情境中，在专家的指导下进行问题解决，通过实际操作（教学实践）逐渐获得专家（老教师师傅）的专长和默会知识，进行解决复杂实践问题所使用的认知策略层面的知识培养。通过一年的培训，获得了一定的培训成效，提高了新任体育教师的工作适应能力，提升了新任体育教师的教学实践能力，同时打造了一个优秀的体育新教师研修团队，这样的培训不仅缩短了新任体育教师在工作之初适应岗位、胜任工作的时长，而且提高了新任体育教师在工作生存阶段的职业幸福感。

关键词：认知学徒制；新教师；真实培训任务；模仿；学习共同体

---

① 胡峰光，北京教育学院体育系教师，主要从事体育教师培训研究；梁吉涛，北京市大兴区教师进修学校教师，主要从事体育教师培训。

新任体育教师，指的是入职三年以内的体育教师，这一阶段是新任体育教师开始体育教育教学工作的关键适应期，也是专业发展的初期重要阶段。在此阶段为新任体育教师提供有针对性、实效性的培训，有助于促进其专业发展，大大缩短其职业适应期。但是当前新教师培训存在一些问题：在培训内容方面，往往依据培训组织者的经验总结，聘请的有些教育专家、学者缺乏与教育教学实际运作的接触，难以将艰深晦涩的教育学理论嫁接到教学实践之中，缺乏对新教师具体课堂教学实践的指导，新教师即便经过培训也不能察觉自身的问题所在；在培训组织方面，往往以大班主题讲座、课题汇报等形式为主，培训过程往往枯燥乏味，主体性得到抑制；在培训评价方面，较少去关注新教师真正的内在改变，缺少导师、教研组对新教师日常教学工作的观察，最终给出的评价难免偏颇。[1]如何提高新任体育教师培训的实效性，关系着他们在入职之初的职业生存与专业成长。而认知学徒制在继承传统学徒制优势及避免传统学徒制弊病的前提下，不仅为学习者创设真实、复杂的教学情境，而且强调用于解决复杂实践问题所使用认知策略层面知识的获取，注重的是学习者自身的反思和探究，是一个能促进技能和知识向工作场所成功迁移的教学模式；同时学习共同体通过参与者相互对话、交流，进行人际沟通、分享彼此情感体验和观念、分享各种学习资源，在共同活动中形成相互影响、相互促进的人际关系，形成具有强烈认同感、归属感的学习集体。在新任体育教师培训中，将认知学徒制中的"真实任务"、"模仿"等元素融入到培训学习团队的构建中，充分发挥认知学徒制的先进理念、方法，打造出一种新型、有效的新任体育教师学习共同体培训组织形式，意义非凡。

一、认知学徒制理念下新任体育教师学习共同体的构建

认知学徒制非常强调学习中的社会性，提倡学习者组成学习共同体进行社会交互和知识贡献，主张专家（师傅）和学徒结成实践共同体。学徒是学习的主人，在专家（师傅）的指导下积极探究，通过和专家（师傅）

及能干的同伴互动，学会更高层次的专长。认知学徒制理念下新任体育教师学习共同体强调"学习共同体"的培训组织形式，集教学、研究、实践于一体，将学到的知识通过工作实践得到提升，能很好地诠释认知学徒制中的学习社会性理念。

（一）认知学徒制的内涵与特征

认知学徒制（Cognitive Apprenticeship），源自布朗（Brown）、科林斯（Collins）和杜奎德（Duguid）（1989）所提出的情境认知的理论，旨在强调提供真实情境的学习环境，并且以解决问题为导向，学习藉由学习活动本身来认识所吸收学习的知识，同时在认识过程中，间接影响对知识本身的诠释与应用，强调人类学习的认知特性。认知学徒制是以学习者为中心，学习者浸润在真实的情境中，在专家（师傅）的指导下进行问题解决，通过实际操作（教学实践）逐渐获得专家（师傅）的专长和默会知识。[2]认知学徒制具有以下几个特征：

1.认知学徒制强调"教师"（师傅）作为楷模的专家，并使学徒学习的思维过程可视化、显性化

认知学徒制的目标，就是为了创造解决问题的情境，以把师傅的默会知识展示给学徒；将这些过程可视化，好让学徒去观察、复演和实践它们。它强调的思维可视化包括两个方面的内容，一是使师傅思维外显给学徒，让师傅在示范、指导过程中出声思维，把他们自身的思维过程外显给学徒；二是指师傅帮助学徒发展他们在课堂教学实践能力时，让学徒意识到他们自己的思维，学徒可以通过反思问题解决策略、小组讨论某一问题的不同解决方法等途径外显他们自身的思维。

2.认知学徒制重视师生互动的教学指导方式

学徒从那些能干的他人那里学会思考、辩论、行动和互动，作为合法的边缘性参与者和他们一起做事，[3]学徒通过观察、指导和实践的结合来学会某特定领域内的方法。在这一系列活动中，学徒反复观察师傅执行目标过程（示范）；然后再在师傅指导和帮助下尝试执行这个过程（指导）。这里的指导强调有指导的参与，就是说师傅提供密切的反馈性支持，来帮助新手完成一个整体任务。当学习者掌握越来越多的技能后，师傅逐渐减少自己的参与，向学徒提供的提示和反馈也应越来越少。

3. 认知学徒制始终聚焦于真实情境的学习

认知学徒制强调学徒在真实情境中的学习认知过程，"试图通过类似于明显体现于手工学徒制的活动和社会互动，将学徒浸润在真实的情境中"，"让学徒在真实的领域活动中获得、开发和运用认知工具去支持学习"[4]，使得他们能在真实的场景中加工自己的思维。

（二）认知学徒制理念下新任体育教师学习共同体的构建

认知学徒制理念下新任体育教师学习共同体由 3 位助学者（学科专家、教研员、优秀老教师）、6 位新任体育教师组成，旨在提升共同体的集体知识，促使新任体育教师都参与到对集体的理解中，通过这种方式去帮助他们学习；学习共同体中的"师傅"或专家，往往比新手更有技能，对活动的重要特征有更广泛的视野，起指导作用，辅助新任体育教师完成教学任务、完善教学设计和改进教学流程。而学习共同体中的新任体育教师们（同伴）在培训中相互充当资源、探究新领域，相互帮助、相互挑战，通过备课、说课、观课和议课等环节，反思教学，积极寻求教学的有效策略。

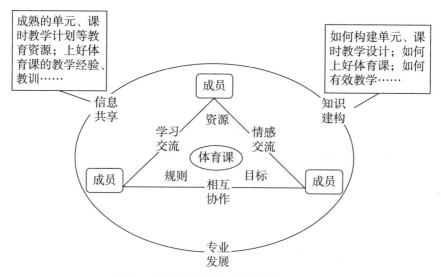

图1 体育新教师学习团队构建结构图

认知学徒制理念下新任体育教师学习共同体，以规范的体育课堂教学为团体的共同愿景，以优秀教师的成熟体育单元、课时教学设计和课堂教学为模仿学习对象，在助学者们的引领、指导下，在新任体育教师（同伴）的交流、反馈下，在集体中完成学习、情感交流和相互协作，达到集体成员的信息共享，真正完成规范的体育课程设计与实施任务，最终促进每一位成员的专业发展。具体见图1。

二、认知学徒制理念下新任体育教师学习共同体的指向与任务

认知学徒制的最重要特征就是将学习者浸润在专家实践的真实情境中，学会专家解决问题的技巧和过程。认知学徒制理念下新任体育教师学习共同体强调将新任体育教师浸润在由师傅专业引领的教学真实情境中，帮助他们学会师傅解决课堂教学问题的策略、方法和技巧。

（一）学习共同体的真实任务：课堂教学

认知学徒制强调，"工作"是驱动力，学徒逐渐掌握任务不是为了一个遥远的象征性目标（例如证书），而是为了完成任务。柯卡（Kerka）指出："关于人们在工作场所怎样学习的研究表明，（工作场所的）学习是建构的、情境性的，常常通过认知学徒制发生"[5]。一方面，作为学徒的学习者通过真实的任务观察作为师傅的指导者，观察师傅执行真实任务时的领域知识的呈现、教学策略的使用、沟通技巧的处理等，从中学习将来自己执行同样真实任务时可以使用的技能技巧；另一方面，师傅观察学徒执行真实任务的实作，并结合学徒的实际情况给予指导、提供脚手架等帮助和支持。

在学习共同体中，将重心始终指向体育课堂教学，抓住新任体育教师工作场所的实践活动，始终以提升新任体育教师课堂教学实践能力为宗旨，关注他们在入职初期的体育课堂。助学者诊断他们在课堂教学中存在的问题、原因，并给予问题解决的方法、措施，围绕着体育课堂教学实践而进

行真实任务的学练。

（二）学习共同体的情境指向：真实的教学实际问题

认知学徒制强调学习的情境性和真实性，关注人的有意义学习和深刻学习，注重专家和新手的知识外显和可视化，强调脚手架、反思和清晰表达在学习中的作用。认知学徒制理念下新任体育教师学习共同体重视经验学习，明确知识的学习与诠释必须通过对该知识的吸收与应用而获得，强调在真实的活动中学习理念，所以重视学习情境与知识间的关联。学习者可从实际活动中学习迁移，并强调培养学习者情境思考的能力。真实的任务创造了学徒学习的真实情境，学徒可以在实践情境中想象自己在执行任务时的情况，可以针对性地学习某些技术技能。

针对新任体育教师在入职初期面临的需要尽快解决的多个问题，按照紧迫性、重要性排序，分配到多个月的培训任务中。基于新任体育教师自身或者同伴或者助学者的真实教学课堂，开展针对以"真实问题"为主题的月培训活动，见表1。

表1　认知学徒制理念下新任体育教师学习共同体"真实的教学实际问题"一览表

顺序	新教师急需解决的问题	重点教学观摩内容
第1个月	什么是体育规范教学设计？	教学设计
第2个月	什么是体育课堂常规与组织管理方法？	组织管理与课堂常规
第3个月	如何武装体育教师的教学基本功？	讲解、示范、组织、评价、口诀等体育教学基本功
第4个月	什么是体育单元教学计划？	教学的有效方法、措施
第5个月	如何进行教材分析与学情分析？	如何进行教材、学情分析
第6个月	如何把控体育课堂的运动负荷？	运动负荷、练习强度和密度
第7个月	如何选择和应用体育教学方法？	讲解法、示范法、练习法
第8个月	如何听评课（同课异构）？	一看、二听、三思、四记
第9个月	体育教学基本功考核	教学基本功

（三）新任体育教师需要机会去观察他人的课堂教学

认知学徒制的教学策略通过示范、教导、提供脚手架并逐渐撤除、表达、反思和探究来培养学徒成为一个独立思考者及问题的解决者，以改善在类似讲座为主的培训中，学徒无法将所学的教学概念应用到日常工作中的问题。认知学徒制理念下新任体育教师学习共同体构建了大量不同层次的"体育教学课堂"（具体见表2），新任体育教师以学徒的身份观察或观看助学者们课堂现场教学或录像来学习技能，去观察、参与真实情境中的专家实践，发现专家的实践策略如何与理论知识、概念知识相适合，发现助学者们如何利用社会和真实环境中的各种资源。

表2　认知学徒制理念下新任体育教师学习共同体中不同层次的"教学课堂"构建

教学实践课堂	课程标准	新教师职责	师傅职责
助学者（专家）的教学课堂（或课堂录像）	高于新教师水平的课堂	学习、模仿	示范、引领
助学者（师傅）的教学课堂（或课堂录像）	高于新教师水平的课堂	学习、模仿	示范、学习
同伴的教学课堂（或课堂录像）	平行或略高于新教师水平的课堂	诊断、模仿	诊断、指导
新教师的教学课堂	平行于新教师水平的课堂	诊断、反思	诊断、指导、脚手架辅助

三、认知学徒制理念下新任体育教师学习共同体倡导"模仿"的学习方式

认知学徒制是一种高度情境性的学习方式，学徒在真实的工作场所中观察师傅的实作，感知和捕捉师傅的知识和技艺，然后再在师傅的指导下进行实作，逐渐学会师傅的技能。在入职初期，鼓励新任体育教师在学习共同体中观察和模仿助学者们（专家或师傅）的工作实况，模仿可以直接指向教学文案、教学行为、教学方法等，通过模仿，有效地帮助新任体育

教师尽快熟悉、熟练教学工作。

（一）强调"在助学者指导下的模仿"

在认知学徒制理念下的新任体育教师学习共同体，助学者指导下的模仿包括三个层面：第一层面是直接模仿助学者们相对成熟的单元及课时教学设计。由于新任体育教师缺乏对教材内容的准确理解，无法完成有效的教学设计，在入职初期可以由师傅提供其工作中积累的成熟的单元及课时教学设计，新任教师再结合所在学校、学生、教学资源的实况稍微修改，进行模仿性的教学实施。第二层面是助学者的现场教学示范或者教学录像，聚焦的是助学者们的实作。专家（师傅）通过提供示范实践课堂、示范和解释教学策略，将复杂任务分解成小的可处理任务等多种途径来显性他们的思维，使得新任体育教师更加容易观察、模仿。新任体育教师通过现场看课或观看录像，直接学习到教学方法、策略等，再经过反思内化为自身的教学方法、策略。第三层面是助学者们的专业指导，聚焦的是学徒（新任体育教师）的实作。助学者们参与监管新任体育教师学习的过程，观察新任体育教师的教学课堂，提供暗示、挑战、脚手架、反馈、示范等指导策略，让他们的课堂教学实践与助学者们的规范课堂更为接近。在监管过程中助学者们的指导既要使新任体育教师少走弯路，还要留出空间允许他们自己进行探究和问题解决，进行反思和对比教学。

（二）强调"在助学者脚手架下的模仿"

助学者师傅提供的脚手架可以是建议或帮助，可以是教学中一些物质上的支持，例如提供比较成熟的单元、课时教学计划等。在此过程中师傅要注意：要考虑新任体育教师个人的情况，根据他们不同的先前经验，设计不同种类、数量的脚手架支持：概念层面的脚手架支撑指导思考内容，在备课中为新任体育教师提供教学设计的指导思想、教学目标、教学过程方面的建议；元认知层面的脚手架支撑指导思维方式，在备课中提供教学设计的指导思想、教学目标确定依据、原则、规律等建议；程序层面的脚手架支撑指导给养的运用，在上课中师傅提供课堂教学程序层面的指导，提供如何开始上课、进入基本部分、突显教学重点等的操作程序指导；策略层面的脚手架支撑指导方法，师傅针对新任体育教师的课堂教学实践问题及需求，提供课堂有效教学的方法，例如课堂常规形成、学生组织与管理、学生学习指导等策略、方法的指导。要鼓励新任体育教师的点滴进步，当发现他们在课堂教学的某些方面变得熟练后，就应该及时拆除脚手架支撑，给予他们自身更多的责任。

（三）强调模仿后的反思、探究

认知学徒制理念下新任体育教师学习共同体，强调新任体育教师在课堂教学实践后的反思。他们仿佛置身事外，来分析自己的教学实践，看清整个教学过程，并将自身课堂教学的方式方法与师傅或他人的方式方法进行比较，清晰表达他们在课堂教学环境中所做的一切，说明他们实践行为的原因，解释课堂教学的策略。这不仅有助于他们进行课堂教学实践知识的建构，而且有助于他们找到新的途径来对待今后的课堂教育教学。

同时，认知学徒制理念下新任体育教师学习共同体鼓励新任体育教师利用一些机会去探究他们的课堂教学实践，通过选择问题解决的途径来发展他们自身的能力。他们不仅可以提出自己的问题，而且被鼓励在模仿师傅课堂教学时，形成自己解决问题的思维方式、操作方法等，通过及时与师傅进行专业对话、研讨，最终形成符合自身特点的课堂教学特色。

四、认知学徒制理念下新任体育教师学习共同体的实效与影响

认知学徒制理念下新任体育教师学习共同体实施一年以来，从教学实践、职业态度、工作状态等都显示了培训的成效，不仅调动了他们在培训中以及在学校中的主体作用，而且提升了他们在教育教学工作的专业发展能力。

（一）有助于新任体育教师主体性作用的发挥

新任体育教师把学习共同体作为展示自我能力的舞台，在接手做课评课任务时，不仅满足了新任体育教师追求个人成就感的需要，而且能增强其对培训过程的真实体验、反思。同时，认知学徒制理念下新任体育教师学习共同体始终关注新教师在实作中的即时问题，并将所学习到的、所建构的理论体系、方法和技能即时地应用到教学工作中，帮助解决教学中的即时问题，投其所好，激发他们的主体作用和参与培训的动机和需求。

（二）促进了新任体育教师的教材理解能力

在学习共同体中，新任体育教师通过模仿优秀老教师们的单元、课时教学设计和课堂教学，逐步熟悉相应的单元、课时教材内容；同时，通过和助学者们、新任体育教师们集体备课、说课，以及进行课后的研讨、交流，可以准确地认识教材、理解教材。

（三）提升了新任体育教师的教学实践能力

认知学徒制理念下新任体育教师学习共同体，通过同课异构、师徒课堂等教学观摩形式，使用讲授、示范、小组讨论、亲身体验、自我反省、即时回馈、指导别人、反复演练等方式，新教师逐渐熟悉了课堂教学实践的方法、步骤，逐渐学会了课堂、学生的组织管理等。另外新教师通过对自身课堂教学实践的回顾和自我反馈，检讨并改善教学实践过程中的教学技巧、失误、经验等，一步步改善和提升教学，逐步熟悉课堂教学实践套路，进而提升了自身的教学实践能力。

（四）打造了一个优秀的体育新教师研修团队

认知学徒制理念下的新任体育教师学习共同体，因为相对固定的分组模式，促进了新任体育教师们之间的亲密同伴关系建立，加上在培训过程中新教师们一起研讨教学、专业问题，在培训活动之余还有才艺展示、网上交流等形式，营造了相互欣赏、相互尊重的研修氛围，大大提高了新任体育教师们的自我职业归属感，提升了其在职业生存期的工作幸福感。

参考文献

[1] Collins, A., Brown, J. S., Newman, S. E. (1989). *Cognitive apprenticeship*: *Teaching the crafts of reading, writing, and mathematics*. In L. B. Resnick (ED.), Knowing, Learning, and Instruction: Essays in Honor of Robert Glaser (pp. 453–494), Hillsdale. N. J: Lawrence Erlbaum Associates.

[2] Brown, J. S., Collins A., Duguid, P. (1989). Situated cognition and the culture of learning. *Educational Researcher*, 18 (1), pp. 32–42.

[3] Weigel, V. B. (2001). *Deep Learning for a Digital Age*: *Technology's Untapped Potential to Enrich Higher Education*. Jossey–Bass Publishing: San Franciscao, CA.

[4] Kerka, S., (1997). *Construction, workplace learning and vocational education*, ERIC: ED407573.

[5] 陈家刚 . 认知学徒制研究 [D]. 华东师范大学，2009.

第四辑　教师学习管理与实践改进

智能时代中小学教师信息素养转段升级的路径与挑战

于晓雅 [①]

摘要： 近年来人工智能的突破性进展是人类发展史上的一个重大转折，人类的思维方式和工作方式将发生重大转变，也加速推动了信息时代下的信息社会向人工智能时代下的智能化社会转型。智能化社会创新人才需求发生变化，公民的信息素养内涵也将面临全新的转段升级。面对汹涌而来的与人工智能深度融合的新型学校生态环境以及未来创造性人才需求的国际竞争，中小学教师的信息素养也必将转段升级到人工智能素养。本文通过传统的信息素养培养和信息技术应用能力提升到人工智能背景下信息技术与教育深度融合的视角，思考和探索教育信息化2.0时代教师主动拥抱人工智能，提升教师信息素养的内容和方法，同时通过案例分析从学生数字胜任力角度来说明教师智能素养的重要性和应用途径，期望为面对人工智能处于无从下手的基础教育阶段中小学教师提供一些具体的实践研究策略与途径。

关键词： 信息素养；人工智能素养；深度融合；数字胜任力

[①] 于晓雅，北京教育学院信息科学与技术教育学院副教授，教育学博士，主要从事教育技术、人工智能教育方面的研究。

一、人工智能时代教育发展背景分析

（一）信息素养是 21 世纪公民核心素养

信息素养是 21 世纪公民必备生存技能。2016 年世界教育创新峰会（WISE）发布《面向未来：21 世纪核心素养教育的全球经验》的研究报告指出，信息素养是最受各经济体和国际组织重视的世界公民核心素养之一。各国政府和教育部门皆注重从中小学开始培养公民的信息素养，同时认识到教师信息素养对学生信息素养培养的重要影响作用，在出台学生信息素养教育框架和标准的同时，美国、英国、法国、日本、澳大利亚、新加坡等国政府和教育部门对教师信息素养也给出了相应的标准，并作为教师任职资格条件之一。我国把培养学生信息素养作为中小学教育的重要目标之一，指出教育信息化就是要培养具有良好信息素养和终身学习能力的人。虽然目前还没有把教师信息素养作为教师资格必备条件，但是已把提升教师信息素养作为实现国家教育信息化的重要举措之一。

（二）人工智能催生信息社会向智能化社会转型

以 2006 年 ImageNet 图像识别大赛上深度学习算法引领人工智能图像识别达到实用条件为标志，人工智能技术在"互联网＋大数据、计算力和深度学习算法"的驱动下取得突破性进展，迎来了以应用为特色的第三次浪潮，并以前所未有的速度进入金融、医疗、家居、教育等多领域，推动信息时代下的信息社会向人工智能时代下的智能化社会转型，引起了人类思维方式和工作方式的重大转变。各国纷纷部署本国人工智能发展规划，开启了以人工智能为主的全球技术竞赛，争取在人工智能应用推进社会转型进步中抢占全球先机，人工智能人才的竞争驱使各国加紧教育领域向人工智能教育的转型。

美国 2016 年发布《为人工智能的未来做准备》和《国家人工智能研发战略规划》两份为美国人工智能搭建了顶层设计的框架报告，指出人工智能研究在经历了 20 世纪 80 年代"专注于人类知识"和 21 世纪 00 年代"机器学习的兴起"两次浪潮后，即将迎来"解释性和通用人工智能技术"的第三次浪潮。美国于 2015 年用《高等教育信息素养框架》代替了 2000 年发布的《高等教育信息素养能力标准》，2016 年发布了《重塑技术的教育角色》，都为信息素养教育带来了智能时代新的视角。法国 2017 年发布包含教育和人才培养的《法国人工智能战略综合报告》，2018 年总统马克龙公布的《法国人工智能发展战略》中提出了"以人为本，迎接人工智能时代"的理念，通过让广大国民了解、信任、认可并适应人工智能技术，进而为人工智能发展打下良好的群众基础。同时在基础教育中鼓励人工智能进课堂，数字教育从娃娃抓起，从小学就开始设置相关课程。日本已经将人工智能纳入了《科学技术创新综合战略 2016》体系中，计划从 2020 年起，将编程纳入中小学必修课程。德国早在 1988 年就成立了有世界最大人工智能实验室之称的人工智能研究中心（DFKI）。英国最先在 2013 年就用计算（Computing）课程代替信息与通讯技术课程（ICT），教学目标由关注计算机操作技术向关注计算思维和人文价值倾斜。新加坡、韩国、加拿大等国也纷纷加大人工智能领域的投资，提出本国中小学人工智能时代的新要求，以提升国家未来人工智能实力。我国于 2017 年发布《新一代人工智能发展规划》，明确提出要"发展智能教育"、"利用智能技术加快推动人才培养模式、教学方法改革，构建新型教育体系，建立以学习者为中心的教育环境"。

　　人工智能推动信息社会向智能化社会转型，人工智能人才的激烈争夺和本国培养的迫切需求推动教育领域的研究。本研究结合人工智能、大数据、学习分析等技术与教学的融合创新，从人工智能大发展的时代背景下探讨人工智能给教与学带来的新机遇和挑战。具体拟从信息技术学科学习内容、信息技术与学科教学深度融合、跨学科和教学相结合的 STEM 项目学习三个方面，从教师学习理念、学习内容以及教与学实践应用视角，在人工智能视域下，通过培养教师信息素养的学习模型研究，整合信息素养提升与教师培训，探索中小学教师转变学习方式、提升信息素养的方法和策略。

二、教师信息素养的内涵和结构分析

（一）人工智能时代信息素养内涵的转段升级

信息素养（Information Literacy）的概念是随着时代发展而不断丰富和发展的。1974 年美国信息产业协会主席保罗·泽考斯基（Paul Zurkowski）在给美国图书馆与信息科学国家委员会（NCLIS）提交的计划中首次提出"经过培训掌握了应用信息工具和原始信息源来解决实际问题的技术和技能，能够把信息资源运用到实际工作的人就具备了信息素养"，强调了利用技术工具的能力。此后有代表性的定义是 1989 年美国图书馆协会（ALA）提出的"能够识别何时需要信息，能够查找、评价和有效地利用需要的信息"，强调了信息处理的一系列能力。信息素养初期概念强调以图书馆为基础的信息检索技术和能力。20 世纪 90 年代前后随着计算机和网络的普及应用，信息素养关注通过计算机和网络获取、评价、处理、利用信息在解决问题和决策中的作用。随着互联网＋的深入广泛影响，进入 21 世纪以来，信息素养注重能力和方法的数据素养、元素养，强调利用信息创造新知识，强调参与学习社区，注重信息交流的能力。第三次浪潮的人工智能技术的飞速发展与广泛应用，对公民素质提出了新的要求，编程能力、计算思维及对智能化社会的深度认知，成为人工智能时代信息素养内涵的重要内容。对信息素养的内涵出现人与人工智能深度融合、和谐相处的人工智能素养研究期望，成为教育领域的研究热点问题之一。

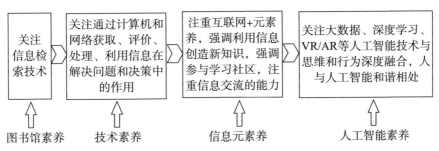

图 1　教育信息化 2.0 时代信息素养的内涵转段升级到人工智能素养

尽管目前对信息素养内涵还没有完全达成共识，但大家基本认同如图1所示的演进路线。面对来势汹涌的人工智能技术，未来将会是人与人工智能协作的时代，人工智能社会生存环境和思维方式将发生根本性的变革，未来公民必须将人工智能技术与解决问题的思维和行为深度融合，以适应人与人工智能和谐相处的智能时代新特点。关注大数据、深度学习、VR/AR等人工智能技术与思维和行为深度融合的智能素养成为信息素养最重要的内涵。公民信息素养进入人工智能素养时代。

（二）人工智能时代教师信息素养转段升级至智能教育素养

关于教师信息素养的研究，国内外从信息素养理解、标准研制、技术路径应用、课堂实践以及各种教师信息素养培训模式探索和效果研究等方面，都有较为丰富的研究成果。随着智能社会对创新型人才的迫切需求和人工智能技术在教育领域的逐渐深入应用，也对教师信息素养提出了新的内涵要求和标准。美国国际教育技术协会（ISTE）2008年将2000年初版的《面向教师的美国国家教育技术标准》进行了升级，要求教师应该从了解和使用技术拓展到如何促进学生有效学习和高效生活能力的提升，强调教师要具有帮助学生成为高效的数字化学习者与数字化公民从而能够面对数字化世界的各种挑战的能力。我国教育部先后印发《中小学教师教育技术能力标准（试行）》（教师〔2004〕9号）和《中小学教师信息技术应用能力标准（试行）》（教师厅〔2014〕3号），用来指导中小学构建教师队伍建设标准体系，全面提升中小学教师信息技术应用能力，促进信息技术与教育教学深度融合，并先后推进实施有"全国中小学教师教育技术能力建设计划项目""全国中小学教师信息技术应用能力提升工程"等多个教师继续教育重点项目，推进提升教师信息素养的培训和研究。

为迎接智能化社会，推动教师主动适应信息化、人工智能等新技术变革，积极有效开展教育教学，2018年教育部印发《教育信息化2.0行动计划》（以下简称《2.0计划》），明确要求教育领域升级到2.0时代，提出启动"人工智能＋教师队伍建设行动"，推动人工智能支持教师教育和教育教学等新路径，推动教师更新观念、重塑角色、提升素养、增强能力。《2.0

计划》建议通过开展基础教育阶段"教师人工智能应用能力提升工程"，培养提高教师的人工智能技术应用能力，大力提升教师信息素养和智能教育能力。2018 年 8 月教育部印发《关于开展人工智能助推教师队伍建设行动试点工作的通知》（教师厅〔2018〕7 号），决定在宁夏和北京外国语大学开展人工智能助推教师队伍建设行动试点工作。探索人工智能助推教师管理优化、助推教师教育改革、助推教育教学创新、助推教育精准扶贫发现新路径，为在全国层面开展人工智能助推教师队伍建设行动，探索模式，积累经验，奠定基础。其中特别提到教师智能教育素养提升行动：对教师进行智能教育素养培训，帮助教师把握人工智能技术进展，推动教师积极运用人工智能技术，改进教育教学、创新人才培养模式；建立人工智能助推教师队伍建设行动实验校，积极推动教师利用智能助手和情境化学习资源等优质资源，创新教育教学，提高教师工作效能，探索开展智能教育。探索培养适应人工智能等新技术挑战的教师。

随着信息时代到智能时代的转型，世界各国教师信息素养标准、框架和内涵发生了很大的变化，从教师教育技术能力和教师信息技术应用能力转段升级到教师人工智能应用能力和教师智能教育素养。新形势新要求对于教师信息素养提升的路径和标准指出了全新的方向和途径，必须结合中小学教师的实践加以研究。

（三）教师信息素养转段升级的金字塔模型

信息化时代对于教师信息素养培养和评价的模型，比较著名的有美国学者迈克·艾森堡（Mike Eisenberg）和鲍勃·伯克维茨（Bob Berkowitz）提出的基于网络主题探究模式来培养学生的信息能力和解决问题的能力的BIG 模型，英国信息素养权威专家詹姆斯·海瑞（James Herring）提出的重在培养学生思维技能和自我评价能力的 PLUS 信息技能教学过程模型，英国 SCONUL 协会信息素养工作组提出的信息技能七柱模型，澳大利亚昆士兰理工大学信息技术系克里斯汀·布鲁斯（Christine Bruce）博士提出的信息素养教育六框架模型等，虽然研究角度和能力培养侧重点不同，但是都是基于建构主义的学习理论，认同信息素养的获得必须融入特定的情境和过程中，强调任务驱动和教师角色的转换。四种模型适用于所有学科、所有阶段的学习者。BIG6 和 PLUS 模型作为交互式信息素养培养过程模型，由于步骤清晰，非线性结构让学生很容易返回前面阶段重新进行，非常适合学生信息素养的培养。七柱模型从信息素养教育的层次出发，从低到高培养信息素养和能力水平，满足分层培养信息素养的需要，也有人认为它是一个评价模型。六框架模型给出了信息素养教育包含的六个内容，适合开展模块化的培训。信息时代这些模型自提出以来在世界各国都得到不同程度的推广和应用，取得了很好的效果。

在未来人工智能时代的社会样态、教育样态、知识样态和学习样态中，教师的思想观念、心智结构、生活方式和角色意识等内容，以及教师与社会、组织、学生、同行的关系，都可能发生颠覆性的全新变化。另外，学习资源、学习环境、学习方式，以及人类解决问题的行为方式和思维习惯发生巨大变化，甚至因为可以省略重复记忆，许多学习内容都将发生巨变，教育向更注重创造力、更具人文和创新的方向发展。

由于人工智能技术进入教育的时间有限，虽然有巨大的应用潜力，也有众多的实践案例，但是如果要有准确的智能化时代的教师信息素养模型，还需要假以时日的深度研究与实践。本研究根据我国《教育信息化 2.0 行动计划》从更新观念、重塑角色、提升素养和增强能力四个方面提升教师的信息素养和智能教育能力的建议，在学习国外信息素养培养模型基础上，提出人工智能时代教师信息素养培养的层次可以通过类似一个金字塔式模型（如图 2 所示）来表达。

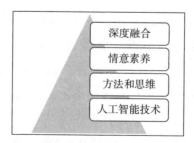

图 2 教师信息素养提升的金字塔模型

第一层是人工智能技术学习。通过人工智能技术学习形成人工智能学科的话语体系和思维方式，是国家"教师人工智能应用能力提升工程"学习的基础内容。建议不能再运用传统教师培训唯技术学习的方式，而应采用与解决真实问题相结合的 STEM 项目式跨学科学习，形成信息技术和人工智能技术与教育教学紧密的联系。第二层是人工智能教育能力的方法和思维，是最核心的部分。人工智能时代简单重复工作被替代后，人类问题解决能力、协作能力和创造力变得越来越重要。符合智能化社会需求的创新人才，需具备良好的计算思维、逻辑思维、批判性思维、编程能力和对智能化社会的深度认知。第三层是对人工智能接受的意识和态度决定的情意素养，是在使用技术解决问题过程中所体现出来的道德、态度、精神和价值观。情意素养是信息素养内化于人的外在体现。第四层，也就是最深层次的内容是智能技术与教学教研应用的深度融合，智能教育素养成为教师教育教学和专业成长的一部分，即教师和人工智能技术和谐相处的技能和素养，这是理想情况。未来社会的许多工作需要专业人士与机器人共同开展，即人与机器人协同工作将成为常态。教师应当了解更多的人工智能基础知识及人工智能对智能化社会的塑造，了解机器人能做的工作及掌握"人机协同"工作的本领，提前做好准备，以适应人工智能时代的快速发展。

三、人工智能视域下教师信息素养转段升级的路径

依据上面提出的教师信息素养提升的金字塔模型，设计的人工智能视域下教师信息素养转段升级至智能教育素养的路径如图 3 所示。

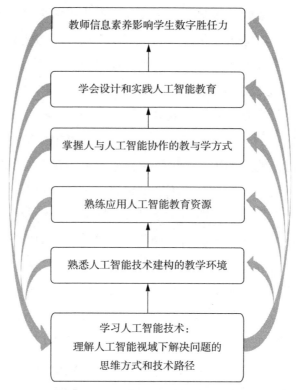

图3　中小学教师信息素养转段升级至智能教育素养的路径

（1）学习人工智能技术。

人工智能是研究与开发用于模拟、延伸和扩展人的智能的新兴技术科学，通过机器来模拟人的智能，如感知能力（视觉感知、听觉感知、触觉感知）和智能行为（学习能力、记忆和思维能力、推理和规划能力），让机器能够"像人一样思考与行动"，最终实现让机器去做过去只有人才能做的工作。人工智能在教育领域应用的关键技术包括云计算和大数据、机器学习、自然语言处理、计算机视觉、人机自然交互、机器人与智能控制、知识图谱以及虚拟现实和增强现实技术。教师不一定要学会这些技术，但是必须了解这些技术在教育中的应用，了解它们解决问题的思想和方法，并将这些思想和方法渗透到自己的教学中。人工智能技术为教育打开了一扇最生动的窗口，同时也给现在的老师、未来的学生提出了很大的挑战。随着人工智能时代育人目标的变革，教师要不遗余力地学习和理解人工智能技术，提升人工智能技术应用能力，达到信息素养从信息时代向智能时代的转段升级。

（2）熟悉人工智能技术建构的教学环境。

未来教师的任务是由教师与人工智能共同协作承担的。二者各司其职、优势互补。人工智能技术可以在学习新知、诊断、联系、测评学习过程中进行应用，形成一个智能支持的学习环境，可以是知识和能力的智能化表征、智能诊断与推荐、学习负担检测预警，也可以是虚拟探究学习环境。目前已经有智能机器人学伴和特殊教育机器人助手出现。典型案例如中英文作文智能批改平台能够使很多老师的重复性劳动得到解放，学生的作文水平在这个机器的引导下也能得到快速的提升；还有通过人工智能软硬件技术建构的智能教室，可实现感知适应、虚实结合、远程协同、数据驱动、智能管控、人机融合、自然交互、智慧生态等功能。在这样的人工智能生态环境下，学生化被动为主动进行知识的实践。教师从知识数据库出发通过本人或学生传递知识，用"以学生为中心"和"以实践为根本"的新教学模式取代"以教师为中心""以知识为根本"的模式，教师成为问题的解决者，并形成良好的教师与学生、教师与数据库、学生与数据库等多元交互的教学生态，主导作用也得到了增强。北京师范大学的"AI Teacher"（人工智能教师）项目，建立了教育大数据平台，采集学生全学习过程数据，对学生的知识、情感、认知、社会网络等进行全面仿真，并通过数据精确了解学生发展的一般规律及个体特征，以实现"人工智能教师"服务。它能够帮助教师辅导答疑、出题判卷、布置和评价个性化作业，还能帮助教师精准教研、生成教研报告、进行教学设计，甚至能够帮助教师撰写年度总结报告。不同于以往只关注知识测试的评价系统，人工智能技术建构是基于实际问题解决的智能评价系统，而且能给出被测评者一些客观的建议和措施，如图4所示。教育包含了"教"和"育"的问题，智能的介入将教师从繁重的重复性的工作中解放出来，使教学更有效率，教师可以把精力投入到"育"的层面。

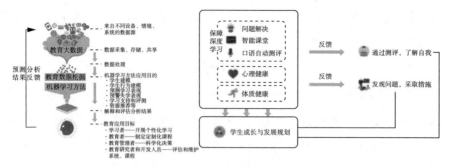

图 4　智能助学和评价系统

（3）熟练应用人工智能教育资源。

未来教育靠的是人与人工智能协作，人工智能将会取代简单重复的脑力劳动，传统教师的知识传输角色将逐步被人工智能取代。当前，数据、信息和知识正加速膨胀，但人类的智力是有限的，我们需要借助外部工具或者智能设备发展自己的智慧，认知外包将成为常态。人机结合的思维体系是我们未来思维方式的重要转变方向。人与电脑的结合可以突破人类个体认知的极限，使得我们能够驾驭超越个体认知极限的复杂情境，处理超越个人认知能力的海量信息，应对超越个体认知能力极限的快速变化。大数据时代下复杂社会的生存，呼唤着人机结合的教育智能，人类借助智能设备而生存的时代已经到来。同时必须看到，人类老师将在人类的创新、复杂决策、情感关怀激励等方面发挥更大优势，人工智能视域下教师将向激发学生的学习动机，培养学生的同理心、意志力、创造力、个性化等角色发展。

（4）掌握人与人工智能协作的教与学方式，学会设计和实践人工智能教育。

杰瑞·卡普在《人工智能时代》一书中指出，未来人类的工作将会需要和他人建立情感联系、展现同理心、制造美的物品，需要启发年轻人，激发其目标感的活动，需要人类独有的技能参与其中的任务。在智能化社会中，学习已经不再是简单的知识记忆过程了，因为传统的学习方式已经不能适应现代"知识爆炸"的现实。在建构主义学习理论指导下，学习者不再是被动地从教师那里获取单一的信息，而是可以通过多种渠道获取与学习内容相关的信息，在一定的学习情境下，自主地对信息选择、加工和利用，实现知识的意义建构。在互联网和大数据的支撑下，评价学习者的表现，教师可借助人工智能分析学生成绩和学习行为等数据来预测学习表现，发现新的学习规律，给出可视化反馈，还能根据不同学生的特征进行分组，推荐学习任务、自适应课程或活动，提高学习者的学习效率等。

（5）教师智能教育素养影响学生数字胜任力。

人工智能技术推动教育从知识教育走向智慧教育，需要教师能够发展学生的高阶思维能力，倒逼教师必须向激发学生的学习动机，培养学生宏观辨识与微观探析的素养、证据推理与模型认知的素养、实验探究与创新意识的素养、科学精神与社会责任的素养等方向发展。教师通过智能化环境的构建，着重思考如何创设不同类型的学习任务，营造支持性学习环境，引导学生自适应预习新知、智能交互学习新知、智能化陪伴练习、智能引导深度学习，帮助学生不断认识自己、发现自己和提升自己。

（6）人工智能改变了教学管理与教学评价。

技术的发展和教学环境的优化，使得教与学的过程数据越来越丰富。如何充分、有效地利用这些数据优化教与学，需要教育工作者对传统教学评价和教学管理模式与方法进行变革。人工智能应用于教育领域，通过采集教与学场景中的数据，利用大数据分析技术对各项教育数据进行深度挖掘，实现检验教学效果、诊断教学问题、引导教学方向与改进教育管理。一方面帮助教学管理者全面督导，使传统的以经验为主的管理方式向智能化、科学化转变，提升管理效率；另一方面，建立学习者数字画像，智能分析、评价学习者行为，破解个性化教育难题，科学辅助教师进行教学决策。通过人工智能对教学的诊断反馈进而为教学组织、学习活动等提供创新解决方案，提升教学效率。将人工智能应用到教育之中，不仅可以改变教师的教学理念和教学行为，使教师在教材之外可以利用更多的优质教学资源，同时还改变了学生的学习方式，提升了学生课后自主学习的主动性、趣味性，使学与教的模式发生转变。

人工智能视域下，教师必须从人工智能技术学习入手，理解人工智能视域下解决问题的思维方式和技术路径，明确人工智能时代必须转变育人目标，接受并善用人工智能技术转变教与学方式，适应并能设计人工智能教学生态，通过纵向和横向贯通其中的人工智能技术的应用，达到我国《教育信息化 2.0 行动计划》要求的中小学教师信息素养和人工智能应用能力向智能教育素养的转段升级。

四、实施 STEM+人工智能教育提升教师智能教育素养

要深刻认识到，技术可以放大杰出的教学，但再伟大的技术也不能代替平庸的教学。人工智能技术改变了教学环境，为教师和学生提供了智能化、个性化的学习和教学环境，但是如果不改变教与学的方式，技术也可能演变成更残酷的僵化教学的帮手，比如已经有人工智能课堂纪律监测系统应用的反例出现。其次人和机器人各有各的特点，人适合于灵活多变的工作，机器人适合做人们设计好的重复性工作。未来智能化时代，死记硬背、重复性劳动、科技含量低的工作岗位将会被人工智能取代，智能化社会比以往任何时候都需要更多具有创造性、创新型的人才。因此，教师要转变育人目标，转变教与学观念，善用人工智能技术，真正回归"人"的工作，创新教学内容、改革教学方法，从事更具创造性的劳动，推动教育教学创新。教学模式、教学手段和教学方法的深刻变革，使教师与学生在教学中的地位发生了革命性的变革。

《教育信息化 2.0 行动规划》提倡开展人工智能技术引领的科技人文融合的教育教学模式创新。目前国际上比较热点的 STEM 教育在于鼓励学生利用科学、工程、技术、数学之间的关联性知识解决问题，将不同学科中的思想、方法综合起来，解决实际问题，它打破了学科壁垒、促进了学科融合。STEM 教育是基于真实问题解决的以学生为中心的项目式学习，以科学素养和工程技术素养为培养目标，为未来社会输送具有创造力的人才。学生在智能化的学习环境下，采取基于问题解决的学习、探究性学习、发现式学习、协作学习等多种学习方式，主动建构知识意义，更有利于培养中小学生人工智能素养。同时，人工智能技术本身是跨学科的，应用遍及

各行各业。STEM 教育以技术工程为驱动，有较为成熟的教育理论和教学模式供参考，像 SCAMPER 课堂教学认知策略和深度认知测量工具等，就能为学生提出一系列的问题，引导学生做创新教育课程设计，让他们在检验自己设计方案时运用科学的方法对问题进行思考，通过技术手段以及逆向（工程）的方法对设计思路进行逻辑梳理，学会用科学的方法进行构思，激发创造力。开展人工智能视域下的 STEM 项目学习，有利于培养学生人工智能视域下综合运用计算思维、编程能力、技术习惯来求解真实复杂问题的智能素养。

近年来，中小学一线教师在 STEM 教育中有机融入人工智能内容方面，做了积极尝试。例如编程能力不是简单的技术，而是人与人、人与人工智能和谐相处的智能时代必备的一种表达能力：利用编程语句求解复杂数学问题；利用 Scratch 的传感器功能来动态描述物理问题中的运动轨迹，引发新问题；利用 Arduino 自制传感器把创意变为现实。开展人工智能技术的 STEM 项目学习，是促进人工智能学科思维、计算思维能力的培养的有力途径。同时通过人工智能技术与学科的跨学科整合学习，培养学生应对学科割裂所造成的无法创造性解决真实、复杂的科学技术问题，培养学生设计思维、创造性思维和创新能力，以应对未来人工智能时代不确定的未来。

五、思考与挑战

人工智能技术的应用目前还处于迅速发展中，对于各行各业的影响还将继续扩大和深入。尽管人工智能可以快速迭代，但教育制度以及教师的知识结构、教学习惯、教育观念的转变是较为漫长的过程。教师的角色转换不可能一朝一夕完成，教师的信息素养转段升级到人工智能素养也不能操之过急，而必须循序渐进地展开。

对于《教育信息化 2.0 行动规划》所提出的教师人工智能技术应用能力提升，还面临很多的现实问题。例如目前开设的人工智能课程比较单一，还没有形成一套完善的体系，涉及的层面也比较简单。从师资方面来说，除了课外活动机构，如少年宫、科学实验项目社团等能够提供专业教师外，很多学校普遍由信息技术或科学教师带领学生探索人工智能教育，非专业教师还不能完整深入地理解人工智能，会不自觉地偏向编程或者 STEM 项目探索。随着国家的重视，高校、企业等的人工智能相关的优质资源也可进入课堂，STEM 教育让学科、班级和学校的边界将逐渐被打破，未来不仅是信息技术教师，而是全学科教师的人工智能教育及与教学深度融入的人工智能技术。另一个挑战是教师的角色和职能发生转变后，未来的课程组织方式也将随之改变。因为 STEM 教育是跨多个领域的综合性课程，期望教师独立完成是不切合实际的，必须辅以教师间协同、教师与人工智能协同环境的支持。今后一门课可能由多位教师负责，既有学科专家和教学设计师，也有知识传递者、活动设计者、人工智能助教或其他角色。余胜泉将这些挑战归纳为智能技术、应用、数据、决策、价值认知五大挑战。探索未来"人工智能＋教育"的路还很长，教师的信息素养转段升级还在持续的探索和实践中。

参考文献

［1］林崇德. 21 世纪学生发展核心素养研究［M］. 北京：北京师范大学出版社，2016：3.

［2］中小学教师资格考试网. http：//ntce. neea. edu. cn. 教育部考试中心，截至 2018 年 11 月 11 日。

［3］秦炜炜. 面向学生的美国国家教育技术标准新旧版对比研究［J］. 中国电化教育，2008（3）：1-6.

［4］秦炜炜. 面向教师的美国国家教育技术标准新旧版对比研究［J］. 开放教育研究，2009（3）：105-112.

［5］王奕标. 从新版 NETS-T 看教师教育技术能力建设的新发展［J］. 电化教育研究，2009（10）：115-120.

［6］彭立伟. 美国信息素养标准的全新修订及启示［J］. 图书馆论坛，2015（6）：109-116.

［7］U. S. Department of Education, Office of Educational Technology. Reimagining the

role of technology in education：2017 national education technology plan update
［R］. Washington：U. S. Department of Education, 2017.

［8］陈凯泉，何瑶，仲国强 . 人工智能视域下的信息素养内涵转型及 AI 教育目标定位——兼论基础教育阶段 AI 课程与教学实施路径［J］. 远程教育杂志，2018（1）：61-71.

［9］Computing Programmes of Study for Key Stages1-4［DB/OL］.［2017-09-20］. http：//computingatschool. org. uk/data/uploads/computing-04-02-13_001. pdf.

［10］Leon A. Gatys, Alexander S. Ecker, and Matthias Bethge. A Neural Algorithm of Artistic Style. Journal of Vision .2016, Vol.16, 326.

［11］Texture Synthesis Using Convolutional Neural Networks. Papers published at the Neural Information Processing Systems Conference. Advances in Neural Information Processing Systems 28（NIPS 2015）.

［12］陈凯泉，沙俊宏，何瑶，王晓芳 . 人工智能 2.0 重塑学习的技术路径与实践探索——兼论智能教学系统的功能升级［J］. 远程教育杂志，2017（5）：40-53.

［13］黄荣怀 . 教育机器人的发展现状与趋势［J］. 现代教育技术，2017（1）：13-20.

［14］黄荣怀，杨俊锋，胡永斌 . 从数字学习环境到智慧学习环境——学习环境的变革与趋势［J］. 开放教育研究，2012（1）：75-84.

［15］马玉慧，柏茂林，周政 . 智慧教育时代我国人工智能教育应用的发展路径探究——美国《规划未来，迎接人工智能时代》报告解读及启示［J］. 电化教育研究，2017（3）：123-128.

［16］闫志明，唐夏夏，秦旋，张飞，段元美 . 教育人工智能（EAI）的内涵、关键技术与应用趋势——美国《为人工智能的未来做好准备》和《国家人工智能研发战略规划》报告解析［J］. 远程教育杂志，2017（1）：26-35.

［17］唐烨伟，郭丽婷，解月光，钟绍春 . 基于教育人工智能支持下的 STEM 跨学科融合模式研究［J］. 中国电化教育，2017（8）：46-52.

［18］王萍 . 智能虚拟助手的教育应用研究［J］. 现代教育技术，2017（8）：18-24.

［41］牟智佳 . 学习者数据肖像支撑下的个性化学习路径破解——学习计算的价值赋予［J］. 远程教育杂志，2016（6）：11-19.

［19］吴永和 . 构筑"人工智能＋教育"的生态系统［J］. 远程教育杂志，2017（5）：27-39.

［20］余明华，冯翔，祝智庭 . 人工智能视域下机器学习的教育应用与创新探索［J］.

远程教育杂志，2017（3）：11–21.

［21］周晓清，汪晓东，刘鲜，李琼，焦建利 . 从"技术导向"到"学习导向"——信息技术支持的学与教变革国际发展新动向［J］. 远程教育杂志，2014（3）：13–22.

［22］McArthur D, Lewis M, Bishary M. The Roles of Artificial Intelligence in Education：Current Progress and Future Prospects［J］. Journal of Educational Technology, 2005（4）：42–80.

［23］王作冰 . 人工智能时代的教育革命［M］. 北京：北京联合出版公司，2017.

［24］National Science and Technology Council. The national artificial intelligence research and development strategic plan［EB/OL］.［2016–11–24］. http：//www. 360doc. com/content/16/1015/ 20/37334461_598685262. shtml.

［25］Luckin R, Holmes W. Intelligence Unleashed：An argument for AI in Education［EB/OL］.［2016–11–24］. https：//www. pearson. com/ news / blogs / CompanyBlog / 2016 / 03 / intelligence – unleashed – an argument–for–ai–in–education. html.

［26］刘清堂，毛刚，杨琳，程云 . 智能教学技术的发展与展望［J］. 中国电化教育，2016（6）：8–15.

［27］徐鹏，王以宁，刘艳华，张海 . 大数据视角分析学习变革——美国《通过教育数据挖掘和学习分析促进教与学》报告解读及启示［J］. 远程教育杂志，2013（6）：11–17.

［28］人工智能学家 . 人工智能是变革人类社会的第四次"工业革命"吗？［EB/OL］.［2016–11–28］. http：//mp. weixin. qq. com/s/6uMEhm8HscSoNTyck85m2g.

［29］刘凯，隆舟，刘备备，王伟军，王培，等 . 何去何从？通用人工智能视域下未来的教师与教师的未来［J］. 武汉科技大学学报（社会科学版），2018（5）：565–575.

［30］杨新凯 . 基于设计思维框架的课程教学思考与探索［J］. 教育进展，2017，7（6）：376–380.

［31］余胜泉 . 人工智能教师的未来角色［J］. 开放教育研究，2018，24（1）：16–28.

［32］余胜泉 . 人工智能＋教育蓝皮书［M］. 北京：北京师范大学出版社，2018.

教师工作场所学习实现方式分析 [①]

李孔文 [②]

摘要： 教师作为学习者，在复杂的情境中，要通过工作场所学习实现专业实践的改善。工作场所学习理论是教师学习的工具，用以探查教师专业发展的内在机理，强调教师学习的核心是组织或者实践共同体；学习内容随着情境变化；不同教师学习轨迹各异。教师工作场所学习依托于工作场所学习课程和指导性学习两种方式。由最新学习者提供信息来源，设计工作场所学习课程；让有经验的同事指导作为学习的支持，促使教师工作场所学习行为有序开展，使教师从边缘参与者成长为有效处理复杂教学任务的全部参与者。教师作为未完成的个体，工作场所学习改善教师专业实践的过程发生在学习共同体中，与其所处工作场所情境发生交互作用。教师工作场所学习通过问题解决，需要对学习目标、学习情境、学习主题、学习内容、学习过程、学习成果等方面予以有效规划、真实实施和评估督导，从而学以成师，实现自洽性的满足。

关键词： 教师学习；工作场所学习理论；实现方式

教师学习成为研究热点问题并非偶然，从国家倡导、社会需求和个体实践三个方面均能得到证明。教师的成长需要在工作情境中，教师学习又

---

① 本文系北京市教育科学规划项目 2018 年优先关注课题"教育师资多元评价体系构建与应用研究"（课题批准号：AEFA18010）、北京联合大学 2017 年教育科学规划项目"北京市中小学教师学科素养培育研究"（课题批准号：Sk30201701）的阶段性研究成果。
② 李孔文，北京联合大学师范学院教授，博士，硕士生导师，主要从事教育基本理论、课程与教学改革、教师教育研究。

是教师专业发展的基石，因此，这里选择工作场所学习理论来分析教师学习的实现方式。

一、教师学习是为了专业实践的改善

华东师范大学崔允漷教授等人早先指出，由于专业是一种实践，专业规定了边界，专业还意味着精熟；因此教师专业发展就是教师专业实践的改善。[1]从形式逻辑分析，教师专业发展即专业实践的改善，教师学习是为了教师专业发展，所以，教师学习是为了专业实践的改善。采取换元思维的方式，遵循三段论第一格第一式的基本要求，在此不作赘述。从辩证逻辑分析，教师学习不单是简单意义的自我圆融，更多指向专业实践的改善，直指工作绩效评估。崔教授等人已经论述了关于专业存在的现实价值和教师专业的实践取向，那么教师学习作为教师生活的重要方式，势必需要走向专业实践的改善。

教师学习包括个体学习和共同体学习两种方式。我们先来讨论共同体学习。"教师"概念本身有集合概念和非集合概念两种形态，共同体学习中，"教师"概念是集合概念。作为集合概念的"教师"，具身携有这一群体共同属性，反映出国家需求和社会需求的价值准则，能把教师行业总体标准化为不同专业的教师品质。教师共同体学习，往往先从其工作岗位职责所需的专业技能开始。由于不同单位对教师专业能力要求殊异，教师共同体学习的实践取向便昭然若揭。工作性质和工作内容决定了教师共同体学习的基本要求，但只是规定了下限，对教师群体有个基准线的规约。教师共同体学习能达到的更高标准无法制订，既是工作复杂情境使然，也是教师共同体具有多样态性征使然。不同的教师共同体对于教师学习的要求有别，绝非由所在的工作岗位仅有的标准限定，职称等级对应的岗位职责也是不同的。

在教师个体学习中，"教师"概念是个非集合概念，日常表达常与教师共同体学习中的集合概念"教师"混淆。有了教师行业基准线后，教师个体学习会不断从多元类型中走向共同体学习的基本要求和更高要求。教师个体学习往往是芜杂的，除了日常生活本身的重复性思维以外，还有专业生活中能够反映出来的创新性思维。教师作为现实中的人存在个体差异性，导致每一位教师学习的轨迹均会呈现各异的曲线，我们只能大致感知一个总体发展态势。教师个体学习目前难以描绘出精准图样，其速率和最终指向刻画困难。如果我们从专业实践改善的视角来看，教师个体学习先要依托于专业。假定教师专业是位图，那么教师学习的图形放大以后，教师专业属性会被稀释。因此，教师专业能力是矢量单位，虽有多个极向，但被扩容以后不会变得模糊不清。密布马赛克图形中，教师个体学习更清晰地投射出教师共同体学习的基本要求，继而朝着更高要求前进。

教师共同体学习与教师个体学习具有内在的关联，这是复杂的工作情境决定的。一方面，教师的工作对象是复杂的。"教师"是与"学生"密切关联的存在，但学生不是教师工作对象的全部。另一方面，课堂教学中的教师学习情境也是复杂的，教师既要对教学内容有清晰认知，也要对学情准确研判。只有掌握了教材内容知识、教学对象知识和教学方法知识，才能对课堂教学有初步构想，从而获得一定程度的教学效能感，否则，教师的知识话语将无法和学生有效衔接。教师共同体学习对教师个体学习有方向性的引领，是指教师个体学习需要达到共同体学习的基本要求，如果达不到工作岗位的基本准则，教师个体学习上的诸多创新性思维会被工作情境中的共同体视为异类。

需要注意的是，不根据教师个体成长规律，而按照一个模式照搬套用，那么教师个体学习会逼仄到一个狭小的空间里，无视工作场所的复杂情境后果很可怕。但教师个体在达到教师共同体学习的基本要求时所表现出来的欢娱和狂喜，仍然是低阶学习获得感存在的诸种表征。

二、教师工作场所学习的基本要求

教师作为学习者，需要以己昭昭使人昭昭。在工作场所中我们经常发现这样的现象，每当教师个体小有所获，周围便是击节点赞。刷存在感的娱乐方式搅乱了教师工作场所学习的基本要求。教师工作场所学习，意即在工作中学会如何工作，这是教师学习的应有之义。我们讨论过教师的个体学习和共同体学习，强调教师学习隶属专业实践的改善，回归常识的教师学习需用工作场所学习理论奠基。

工作场所学习理论显示，实践情境具有不稳定性、无秩序性和不确定性，实践者面临的问题不是彼此互相独立的，而是一个动荡情境，它是一个由不断变化且相互作用的问题所构成的复杂系统。而实践情境中的这种复杂性、不确定性、不稳定性、独特性和价值冲突的特点不符合科技理性的模式。[2]"学习"的常识是由学习者与情境发生有效交互作用的过程。美国加利福尼亚大学伯克利分校的让·莱夫教授和独立研究者爱丁纳·温格基于人类学研究提出了情境学习。情境学习理论强调学习是意义的协商，是与世界的交互活动，主动行动者、活动和彼此相互作用构成了学习的世界。[3]二人的理论强调，学习者角色是从合法的边缘参与者逐渐向中心参与者转变。身处工作场所，教师学习当以工作场所学习理论为基础，建构起教师学习的生动画面。库伯从经验的角度看待学习，他认为学习是"通过转化经验而创造知识的过程"，并提出了基于经验学习的六个特点：经验学习是作为一个学习的过程，而不是结果；经验学习是以经验为基础的持续过程；经验学习是在辩证对立方式中解决冲突的过程；经验学习是一个适应世界的完整过程；经验学习是个体与环境之间连续不断的交互作用过程；经验学习是一个创造知识的过程。[4]没有工作经验的教师需要在工作中形成经验，应当通过工作场所学习来获取经验。

教师学习的理论多种多样，我们选用工作场所学习理论，是由教师工作的属性决定的。日常生活中教师工作有重复性思维和创新性思维，需要累积诸多的工作经验，变成日常工作的基本流程，变成自动化的工作思路。教师学习的主要目的在于让教师从一个边缘参与者发展成为一个可以有效处理复杂教学任务的全部参与者。比利特认为，工作场所复杂的情境给个体学习带来三个方面的贡献：特殊情境为个体提供各种类型的活动，如需要解决的问题、需要建构的知识、实现成功目标的决心；在工作场所，初学者接受资深员工的直接指导，为今后的合作学习打下基础；工作场所提供了间接指导，即给予个体观察其他员工的机会。[5] 在教学新业态面前，没有谁能放言自己已经登峰造极。复杂工作情境充斥诸多不确定的因素，每一位教师都是未完成的人，需要潜心悟道、低调做人、高调学习。

我们经常会把入职当成教师专业发展的重要转折点，但成为教师队伍中的一员，并不是人生的辉煌时刻。度过教师工作岗位的蜜月期，能够被工作场所高度认同，才是教师教书育人的本色。教师工作场所学习，将一名新手教师形塑为专家型教师，不仅是让新手教师了解简单的工作事务活动，还要让他们不断体察和省悟。中国教师学习，有子思学派倡导的"博学之、审问之、慎思之、明辨之、笃行之"优良传统，尽管新手教师与其指导教师并未发生太多辩驳和争论，但每一位新手教师对其工作职责范围均有不同程度的自省与决断。新手教师研判教学问题，仅仅是就事论事，不明就理。如果对同一问题能够从深层次探察机理，这样的新手教师已经开启了自我超越之路。

专家型教师学习路径是立体多元动态的网络空间。因为专家型教师可以把一件具体的工作内容快速整合成复杂的工作思路，与其所学内容发生多通道的联络，简单工作内容经历复杂性思维的认知，促使其工作性质得到高度提炼，化为简要的工作规程。"像专家一样思考"，不是呈现简单问题复杂化处理方式，而是将复杂性思维融入简单工作处理，多维度审视会改变工作任务完成绩效，将日常教学工作转化为教学改革和教学研究的课题，进而推动教学学术的发展，在教学探索领域中享有特定的话语权。

教学任务本身是复杂的，教师工作场所学习对应的是工作内容与其工作时间、工作空间相匹配。教师学习的个体性和群体性显示，教师个体学习和教师共同体学习，需要有协作的团队精神。例如，制订一个班级规划时，我们会考虑到用班级愿景来引领班级建设的各项事务。班级愿景以班主任的工作愿景和所有学生的学习愿景为主体，科任教师的工作愿景通常被忽略。通过教师工作场所学习，我们能够达成的共识是：教师专业发展主要依托学生成长来体现，这是回归常识的表现；所在班级科任教师专业发展与班集体荣誉息息相关，这是学习共同体的性征使然；教学关系主导的师生关系，不断形塑师生品行，每一位教师都应该对学生发展负责；优秀学生帮助科任教师专业发展，教师因其感到幸运，科任教师也是教育涉益者；科任教师帮助处于不利境地的学生，体现教育情怀，这是正确的学生观；科任教师与班主任的强强联合，达成班级共同愿景，师师合作才能共赢；科任教师教学能力受到众多学生的审视，这是学生眼中的教师观；班级日常生活幸福指数分布不均衡，每一位学生需要过"为我们而存在"的有意义生活。

在教师学习诸相面前，我们讨论教师工作场所学习，是为了强调教师学习需要向着问题解决和工作绩效发展，不单是工作岗位职责需求，更是教师教书育人的使命决定的。教师工作具有特殊性，关于教育问题的研究和实践从未终结，教师学习最终结果首先是教师本人获益，无论是自我圆融还是促进教学的专业实践改善。教师专业发展的前提就是教师在工作中学会如何工作，把工作场所当成学习场域，在实践中自我成长。教师工作场所学习，最新学习者给其他教师提供迥异的学习通道，让所有教师教学行为有序化，克服无从着手的窘境。

教师工作场所学习通过问题解决，需要对学习目标、学习情境、学习主题、学习内容、学习过程、学习成果等方面予以有效规划、真实实施和评估督导，从而学以成师，实现自洽性的满足。工作场所充斥大量的具体问题，教师学习的首要任务就是为了解决问题。例如，"熊孩子"如何教育。我们可能会审视"熊孩子"现象发生的背后机理，看看所谓的"熊孩子"是否就是让教师头疼的对象。因为人在环境中不断被形塑，同质化的教育目标可能会规约人的多样态发展边界，按照"好孩子"定向原则，我们可能会略去多元生命存在的意义。列斐伏尔认为，具有实践的目标，让日常生活变成一件艺术作品！让每一种技术方式都用来改变日常生活。[6]人的类本质的丧失转向个体心理结构的畸变，导致人的异化现象永恒化。教师工作场所学习，首先是对自己有利，然后是对他者有用。因此，"熊孩子"现象，需要教师在工作情境中运用日常生活理论和生活世界理论，诠释问题存在的根由，充分理解个性应在共性中崛起，在班级规范中保存学生本性，让每一名学生都能学习有意义的生活方式。班级管理遭遇"熊孩子"，需要价值输出后得到价值接受，对事件价值审视后进行价值反思，形成价值认同并保护每一名学生在互融共建中健康快乐成长。

教师工作场所学习，以实际问题解决为导向，以工作实有绩效为根本。比利特认为，工作场所学习是一种在参与真实任务，并有熟练成员直接或间接指导的活动中获得知识和技能的途径。[7]埃若特指出，如果考虑到学习与工作相关的技能和知识时，工作场所学习比正式的培训更有效，因为这些专门的知识和技能在正规的教育中并不多见，而且学习者在正规的培训中往往缺乏将理论应用于实践的能力[8]。复杂工作情境中生成的教师学习，本身是个动态发展的体系，教师个体学习只有融入教师共同体学习，才会具有工作价值；超越教师共同体学习，教师个体学习才能展示出教师特色，将来才有可能发展为教学风格。

教师工作场所学习，要求教师立足于本职工作，掌握那些可能推动工作顺利开展和取得卓越工作绩效的学习本领。问题解决作为先导，这是教师专业实践改善的前奏。教师工作场所学习，指向教师专业发展，改善专业实践水准，为教师履职工作岗位带来新气象。

三、教师工作场所学习的实现方式

教师工作场所学习的实现方式有两种：一是工作场所学习课程，二是指导性学习。[9]两种方式并不莫测高深，虽源自国外学习理论，但中国教师学习是未用其名而实指精髓。我们在工作场所学习已经做过很多有益的探索和实践，只是未冠名"工作场所学习"而已。

教师工作场所学习的要义在于，教师立足于工作实践场域，解决工作环节中的具体问题，与朱熹倡导的"事上磨练"不谋而合。从教师学习角度，设置工作场所学习课程，是培养教师工作能力的必要条件。高校和科研院所人员在做教师培训研修时，经常会遇上来自一线教师的问询："你们讲得挺好的，但是我们遇到具体问题，并没有给我们提供切实有效的问题解决方案。"相比之下，工作场所学习课程针对性会强一些，对于实操阶段的教师有明晰的问题解决策略。从教师培训需求的角度来看，尽管教育教学理念可以帮助他们澄清很多模糊笼统的意识，教师听了之后也会热血沸腾，但是走进工作实践场域却依然如故，原来怎么做现在还是老样子。教师工作场所学习课程，与教师需求是匹配的。例如，教师教学设计需要达到何种程度为最优，一节好课的标准究竟是什么等相关问题。我们可以运用国家教育资源信息网上的"晒课""优课"的标准来设置工作场所学习课程，将教学设计编写和一节好课标准作为工作场所学习课程的具体内容。我们相信，敢于"晒课"的教师，是有信心成为优秀教师的，能够在逐年完善的优课评选规则中胜出，这样的教师势必成为很多同行效仿的对象。

另一种实现方式是指导性学习。教师工作场所学习中的指导性学习，就是让有经验的或者先学习的教师为新手教师或者尚未接触过该学习领域的教师提供有效的指导。这在中国并不陌生。我们做了很多事情，但是由于缺乏有效的整理和归纳概括，导致大量的一线经验处于散乱形态。我们从两个例子来佐证指导性学习。一是很多学校在新教师入职以后，都会给其配备指导教师。这种师傅带徒弟的形式，就是帮其快速进入角色，熟练专业技能，成长为能够胜任工作岗位职责的一员。这一传统在中国教师队伍建设过程中被长期保持并不断完善。西汉大儒董仲舒采取及门弟子和著录弟子两种方式培养后学，把亲往师门接受教育的称之为及门弟子，教会先来的高足弟子，再由高足弟子次相授受或转相传授那些著录弟子，与陶行知先生所说的"小先生制"有异曲同工之妙。新手教师的指导教师已然在工作场所浸淫多年，对于每一项教育教学工作的基本情形非常熟知，能指导新手教师了解工作流程和工作标准。新手教师学习，可以形成日常教育教学工作思路，达到规范要求。一段时间的学习经历为长期从事本职工作确立规则意识，以后若要提升工作成效，势必以此为基点不断精致和完善。还有教师尝试用翻转课堂、慕课、创客教学、人工智能等形态融入教学过程，需要已在相关理论研究和实践探索获得经验的教师做指导，尽管他们自身也不尽完善，但可以从他们身上学到自己从未接触过的新思想、新技术、新方法、新流程。

因此，设立工作场所学习课程，提供工作场所指导学习的相关支持，鼓励每一位教师积极参与，选择有经验的指导者并做好充分的准备，教师学习者本人也要积极对待，遇到问题能够得到有效的外部援助，成为教师工作场所学习实现方式的基本内涵。从规范设计工作场所学习课程、有效组织实施工作场所学习、加强工作场所学习的评估与督导等方面，显示出教师工作场所学习会激发教师的潜能，凝聚指导者与学习者对话交往过程中的积极经验，不断开发有价值的工作场所学习课程。同时，教师工作场所学习通过尊重和合作缓解了彼此的不情愿，依据学习知识的多样性和工作场所学习指导的灵活性，促使教师通过工作场所学会如何工作，从边缘参与者发展为全面参与者，从而有效解决复杂工作情境中的各种问题。

四、学以成师，教师学习在路上

身为教师，我们都知道需要不断学习。教师学习不是一次性完成的，需要在工作中学会如何开展工作。教师工作场所学习，把教师专业发展与工作岗位职责紧密相连，掌握工作岗位职责必备的专业知识和专业能力，让有经验的指导教师带领不熟悉的教师或者后学者共同成长。教师工作场所学习，是对工作岗位职责的底限要求，完成共同体学习的基本要求，为教师个体学习在工作中自行实现更高要求提供阶梯，以便实现自我超越。

通过教师资格证书考试走上岗位，我们可以认定其教师身份和教师岗位。但是否能够担当教师重任，还需要付出更多努力。面对纷繁复杂的工作情境，持续学习能力是一位教师堪当重任的基本条件，因此，我们这里说"学以成师"。教师学习所能拥有的课程内容和指导性学习，就是将工作场所的具体要求化为一个又一个学习单元，通过工作场所学习成为学校发展和学生发展需要的教师。

"学以成师"启示我们，教师学习是没有终结的迷人旅程。教师学习，反映教师专业发展没有止境。尽管中小学教师职称评审已经延展了正高级序列，拓宽了专业发展之路，但是即便是达到正高级职称的教师也应该不断学习。教师工作场所学习，随时会因为不同的工作对象、工作时间、工作空间等因素发生诸多变化，一节课上好了，并不代表所有课都能上好；一件事情完成了，并不代表所有事情都能有效完成。设置工作场所学习基本要求，仅仅是达到教师专业发展的基准线。工作岗位职责的正确打开方式，是所有教师都能有更多时间精进与其工作岗位职责关联的教育教学技艺。在充满诸多不确定因素的工作场所，需要我们努力学习，把教师专业发展当成奇幻之旅，在问题解决过程中，享受教师学习带来的各种快乐。

"学以成师"启示我们，教师学习是与先学多学优学者共舞的旅程。进入工作场所后，教师不难发现哪些人是先学者、多学者、优学者。从一名新手教师成为一名专家型教师，通常需要 20~30 年的工作周期。当然，即便所在工作岗位都是专家型教师，彼此交互的教师学习仍然是积极有益的。因为每一名教师的专业领域和研究方向各不相同，其拥有的专业话语权限均有边界。与先学多学优学者共舞，教师会提高学习速率，增强学习效果，提高问题解决的工作本领。也就是说，不要看你自己究竟有何学习能力，看看你的团队有什么样的学习伙伴，从他者身上获取无须亲历的经验，可以增进教师专业实践的改善。子曰：三人行，必有我师焉。我们从他者身上，会发现伊索寓言中提到的两只口袋，不是仅仅看到了别人的缺点和自己的优点，更为重要的是发现了别人的优点和自己的缺点。

"学以成师"启示我们，教师学习始终是实现阶段性目标构筑的学习路向。我们从新手教师而来，奔着专家型教师的职业理想而去。没有人说自己已然达到专业发展的巅峰状态，不是学习态度上的谦虚内敛，而是教师工作场所学习总是在挑战教师生理、心理、学理的极限。教师作为一个人，生理、心理和学理方面有很多不确定因素，教师学习在工作情境中，很难叙说哪一天教师个体全部担负起了教书育人的重任，哪一天我们又是不胜任的。在实现每一个阶段性目标的过程中，工作场所学习将教师职责得到有效落实，教师用才学胆识，在学习道路上不断形塑当代中国教师形象，无限逼近理想的教师专业发展终极意义。

当且仅当教师学习，我们才会有全责促进每一位学生发展的可能。

参考文献

［1］崔允漷，王少非.教师专业发展即专业实践的改善［J］.教育研究，2014（9）：77-82.

［2］唐纳德·A·舍恩.反映的实践者：专业工作者如何在行动中思考［M］.北京：教育科学出版社，2007：33.

［3］莱夫·J，温格·E.情景学习：合法的边缘性参与［M］.王文静，译.上海：华东师范大学出版社，2002：4-5.

［4］D. A. Kolb. *Experiential learning，experience as the source of learning and development*. Prentice-Hall，1984：25-43.

［5］［9］史蒂芬·比利特.工作场所学习有效实践的策略［M］.欧阳忠明，王燕子，雷青，译.南昌：江西人民出版社，2017：19-20，81-139.

［6］Henri Lefebvre. *Everyday Life in the Modern World*, translated by Sacha Rabinovitch, With a new Introduction by Philip Wander, Transaction Publishers, New Brunswick and London, 1994：203.

［7］Billet S. R. Authenticity and a Culture of Practice［J］. Australian and New Zealand Journal of Vocational Education Research, 1993（1）：1-29.

［8］Eraut M. Non-formal Learning and Tacit Knowledge in Professional Work［J］. The British Journal of Educational Psychology, 2000（70）：113-136.

智慧教育视域下的教师素养及其提升策略

摘要： 智慧教育预示着教育未来的发展方向，是教育现代化的鲜明特征。智慧教育教师素养是教师在智慧教育环境下完成本职工作所必需的基本综合素质。国内外教育改革实践为智慧教育教师素养提升提出现实性需求，范式转换理论、教师专业发展理论、教师胜任力建构理论为智慧教育教师素养提升提供了理论支持。可通过创建智慧教育教师素养提升标准体系、构建智慧教育教师素养提升培训体系、实施智慧教育教师素养提升培训项目以及布局智慧教育教师素养提升规划等策略促进智慧教育教师素养提升。

关键词： 智慧教育；教师素养；素养提升

党的十九大报告明确指出，"加快教育现代化，办好人民满意的教育。"[1]《中共中央国务院关于全面深化新时代教师队伍建设改革的意见》提出，"教师主动适应信息化、人工智能等新技术变革，积极有效开展教育教学"[2]。目前，信息化、人工智能等新技术与教育日益全面、深度融合，智慧教育应运而生，预示了未来教育的发展方向，成为教育现代化的鲜明特征。在智慧教育视域下，教师素养呈现出新的特征，需要我们加以明确认识并采取相应措施尽快予以提升。

---

① 陈卫亚，北京教育学院基础教育人才院讲师，教育学博士，主要从事智慧教育方面的研究。

一、智慧教育视域下的教师素养内涵

1. 作为未来教育形态的智慧教育

关于智慧教育的概念，祝智庭从教育信息化发展、教育发展以及人才培养需求角度强调了智慧教育的重要意义[3]；陈晓娟从构建现代化教育体系的角度，揭示了智慧教育的技术构成、资源构成与政策构成[4]；杨现民则是从先进信息技术推动数字教育向智慧教育发展的角度来看待智慧教育[5]。笔者认为，所谓智慧教育，是互联网、大数据、人工智能、云计算、区块链、移动通信、物联网等新一代信息技术与教育全方位深度融合，以物联化、泛在化、感知化、智能化与个性化等形式充分达成现代教育思想、充分激发并提升教育智慧而形成的新型教育形态，是教育信息化发展的高级阶段，是教育现代化的基本形态，是智慧教、智慧学、智慧育、智慧管、智慧评等各要素全面智慧化的新型教育。

智慧教育是新一代信息技术与教育各个方面高度融合的产物，物联化使教育成为有机整体，泛在化使教育打破时空限制，感知化使知识有人的灵性，智能化使教育充满智慧，个性化助力教育者与受教育者实现真正的个性化发展。由新一代信息技术促生的智慧教育符合社会发展大潮流，必将引发教育一系列大变革，推动教育实现质的飞跃与发展，并成为未来教育的基本形态。

2. 教师素养的基本含义

上海教育出版社《教育大辞典》认为，"教师素质是教师为完成教育、教学任务所应具备的心理和行为品质的基本条件"，"教师修养是指教师在思想、道德品质、文化专业知识、教育、教学能力等方面经过学习和实践而达到的水平"[6]。笔者认为，所谓教师素养，就是教师完成本职工作所必需的、基本的、综合的素质与条件。从对教师完成本职工作的重要性来看，教师素养是分层次的，有核心素养、一般素养、辅助素养等；从助力教师完成本职工作的程度来看，教师素养是有层级的，有基本素养（合格）、中等素养（较高）和优秀素养（优秀）等。

3. 智慧教育教师素养及其构成要素

基于对智慧教育、教师素养等概念及其含义的阐析，可形成智慧教育教师素养相关概念的基本认识。所谓智慧教育教师，就是智慧教育环境和形态下的教师；所谓智慧教育教师素养，就是在智慧教育环境和形态下，教师完成本职工作所必需的、基本的、综合的素质与条件。

概括而言，智慧教育教师素养主要包括智慧教育教学理念、智慧教育教学组织、智慧教育教学技能、智慧教育教学评价、智慧教育教学创新等要素，每个要素又由许多次要素组成，从而构成有机协调的统一体系。教师信息化素养只是与上述智慧教育教学信息化技能相对应，因此，在着重研究教师信息化素养的同时，很有必要加强对智慧教师素养其他各要素的深入而全面的研究，从而构建智慧教师素养体系并探寻素养体系提升之途。

二、智慧教育教师素养提升的实践与理论探索

（一）从实践层面看智慧教育教师素养提升

1. 国内外推动智慧教育发展的规划与实践风起云涌

从国际上来看，马来西亚早在 1996 年就提出了智慧学校（Smart School）计划，该计划的执行分为实验阶段与全面实施阶段，将在 2020 年全部落实完成；韩国于 2011 年 10 月发布《通往人才大国之路：推进智能教育战略实施计划》，旨在培养在 21 世纪社会中能够引领国际社会、具有创造力和个性的全球化人力资源，提出全面推行智慧教育，实现人才强国之梦；新加坡则于 2014 年公布"智慧国家 2025"的十年计划，积极运用ICT 技术促进教与学，在教学领域重点打造智慧教育项目[7]。

从国内来看，若干省市开展了智慧教育的规划及实践探索。2016 年 12 月，重庆市发布《重庆市智慧校园建设基本指南（试行）》，为重庆各级各类学校构建智慧化教育教学、教育管理和校园生活提供标准、方向和目标[8]，成为全国率先出台的省级层面用于指导智慧校园建设的规范性文件。

2016 年 8 月，江苏省发布《江苏省"十三五"教育发展规划》，明确提出要深入实施"智慧教育"和"三通两平台"建设，全面建成教育信息化公共服务系统[9]。2016 年 9 月发布的《北京市"十三五"时期教育改革和发展规划（2016-2020 年）》明确提出"推进信息技术与教育教学融合创新"，支持各级各类学校建设智慧校园，综合利用互联网、大数据、人工智能和虚拟现实技术探索未来教育新模式[10]。北京市海淀区则于 2014 年 3 月发布《海淀区智慧教育建设中长期发展规划（2014-2020 年）》《海淀区智慧教育建设项目管理办法》，成立海淀区智慧教育工作领导小组，在区教委设立智慧教育建设工作办公室，按照规划统筹布局全区智慧教育建设，有效推动海淀区教育综合改革与创新[11]。2016 年 10 月发布的《北京市海淀区"十三五"时期教育改革和发展规划》明确提出"构建智慧教育体系"，强调"以技术变革推动教育创新""构建智慧教育服务体系""建立教育大数据支持系统"[12]。

国内外一系列探索和推进智慧教育发展的举措表明，智慧教育已经成为教育改革发展的重要趋势，智慧教育已经到来，同时也越来越成为国家和地区经济社会发展与综合实力提升的重要体现。

2. 改革与发展实践呼唤智慧教育教师素养提升

习近平总书记指出：百年大计，教育为本；教育大计，教师为本[13]。进入 21 世纪，信息化社会氛围更为浓厚，互联网时代特征更为凸显，成长于互联网环境的青少年，成为信息化社会的原住民。对于作为新时代学生"四个引路人"的广大教师，以信息化素养为重要内容的智慧教育素养提升就成为重中之重。智慧教育将成为中国教育发展大计，智慧教育教师素养提升将成为智慧教育发展的核心与关键。

笔者曾参与《海淀区智慧教育建设中长期发展规划（2014-2020 年）》项目前期对全区信息化建设情况的调研工作，从中可以看出，基础教育阶段教师相关素养尚有很大提升空间，主要表现为：有相当一部分教师，尤其部分领导尚不具备以信息技术推动教育变革的理念，缺乏教育信息化建设动力；教师使用信息化设备提升教育教学质量与效益的意识不强；尤其是年龄较大的教师，缺乏基本的信息化教学知识和技能；广大教师对信息化素养培训具有强烈的期望和要求，但目前的培训内容与方式方法与之存在较大的差距；正是教师信息化教学的理念、知识与能力的不足，导致信息化设备的闲置率很高。由此可见，作为智慧教育教师素养中基本组成部分的信息化素养尚待有效提升，智慧教育教师素养提升任重道远。智慧教育建设根本与关键在于教师智慧教育素养的提升。

另一方面，各地区推进智慧教育的实践，已经对提升智慧教育教师素养提出了强烈要求。以北京市为例，《北京市"十三五"时期教育改革和发展规划（2016–2020年）》强调，要"引导支持各级教育教师应用信息技术改进教学实践"[10]。《海淀区智慧教育建设中长期发展规划（2014–2020年）》专题强调"提升智慧教研素质"，将提升智慧教育教师素养作为推进智慧教育建设的六大工程之一加以规划和建设[14]。《西城区"十三五"时期教育事业发展规划》则强调，要"制定实施校长和教师提升信息素养的具体目标和措施，利用互联网创新校长、教师培训模式，不断提升干部教师队伍现代信息素养和能力"[15]。因此，智慧教育建设的根本与关键在于教师智慧教育素养的提升，亟待加强对智慧教育教师素养提升途径、方式、方法的研究与实践。

（二）从理论层面看智慧教育教师素养提升

我们可以通过范式转换理论、教师专业化发展理论以及教师胜任力建构理论，分别从不同角度考量智慧教育教师素养提升的必要性，并进一步探讨智慧教育教师素养提升路径。

1. 从范式转换理论看智慧教育教师素养提升

库恩认为，科学研究是范式指引下的活动，科学革命的实质是范式的转换。范式的含义比较丰富，如"范式是长期以来形成的科学成就，是从事某一特殊领域研究者所持有的共同的信念、传统、理论和方法""是一个科学共同体所共有的东西""范式是团体承诺的集合""范式是共有的范例"[16]。范式转换理论揭示了事物发展的一般规律。事物总是阶段性地保有相对稳定的运作方式或运行模式，从而形成一定的范式。随着事物的发展，旧有的范式不适应发展需要，于是面临危机的考验。随着危机的累积，原有范式已不能满足事物发展的需要，此时就需要新的范式出现，即进行所谓的模式革新。同时，范式转换理论认为，决定范式转换的根本因素是信念的转换，往往是由于信念的转换，引发了理论取向与实践方式的改变，进而促使人们的行为方式、操作模式发生改变，从而实现范式的成功转换。因此，对传统教育的反思及对未来教育的认识，必将带来传统教育范式向未来教育范式的转变。

当前，大众对自主学习、终身学习、提高教育质量、促进教育公平等方面的需求对传统教育提出挑战，生于、成长于现代信息化社会的"原住民"——新一代青少年学生越发娴熟全面的信息化技能与素养为还不太适应现代化教学手段与教育模式的教师们带来压力。党的十八届三中全会通过的《中共中央关于全面深化改革若干重大问题的决定》鲜明指出："构建利用信息化手段扩大优质教育资源覆盖面的有效机制，逐步缩小区域、城乡、校际差距[25]。"随着现代信息技术与教育的深度融合，技术推动教育变革的客观现实将促使"技术推动教育变革"的理念逐步深入人心，并将以倒逼机制的形式引发教育各个层面、各个方面广泛而深层次的变革，进而推动教育向新的形态，即智慧教育形态进行嬗变，从而实现教育模式的范式转换。为适应上述范式转换，以智慧教育教学理念革新为首发，以智慧教育技能提高为基本内容，进而促进智慧教育教师素养的整体提升势在必行。

2. 从教师专业化发展理论看智慧教育教师素养提升

哈格瑞夫（Hargreaves）提出，教师专业发展涉及专业知识与技能、道德、政治、情感等四个维度，知识与技能是教师专业性的首要体现，是教师专业发展的重要组成部分。[17]关于专业知识，舒尔曼（Shulman）提出教师应具备一般教育学知识、关于学生的知识、学科知识、学科教育学知识、其他学科知识、课程知识、教育目的知识七种知识。[18]关于专业技能，则主要包括教学方法、评估方式、教学中应用的技术等。[19]

由上述教师专业化发展相关理论，知识与技能是教师专业性的首要体现，是教师专业发展的重要组成部分。智慧教育的到来，为教师专业性发展带来机遇和挑战。身处智慧教育环境的教师，可以充分利用互联网、大数据、云计算等现代信息技术将互联网教育、在线教育与线下传统教育相结合，使教师的教育智慧空前自由淋漓地得以发挥，由此更加凸显其专业性乃至艺术性。然而，现代信息技术只有为广大教师驾轻就熟地应用，才能充分发挥其优势，否则，很可能成为教育教学的羁绊；同时，信息技术在教育领域的全面深入应用必将带来更为规范的道德、更为民主的政治以及更为亲和的情感，这一切都给智慧教育教师带来发展性挑战。因此，教师专业化发展理论内在要求教师尽早加强智慧教育素养提升，以适应未来智慧教育发展的需求，同时以智慧教育素养提升为契机提高教师专业性，促使教师职业实现真正的专业化。

3. 从教师胜任力建构理论看智慧教育教师素养提升

1973 年，美国哈佛大学麦克莱兰（McClelland）教授发表了题为《测量胜任力而不是智力》（Testing for competence rather than for intelligence）一文，提出了胜任力（competence）的概念，指出胜任力是（人）与工作、工作绩效或生活中其他重要成果直接相似或相联系的知识、技能、能力、特质或动机[20]。对于智慧教育环境下的教师而言，只有具备相应的智慧教育素养，才能有效应对智慧教育所带来的系列挑战，在智慧教育时代有更大作为。

胜任力建构理论提出冰山模型和洋葱模型两种胜任力模型。冰山模型把个体素质描述为漂浮在海面上的冰山，将个体知识技能等外在表现比作冰山上部分，这是比较容易考察，也容易通过培训改变的部分；将个体动机特质、自我形象、社会角色等内在部分比作冰山下部分，这是不易观察，也不容易改变但却对个体表现起关键作用的部分。洋葱模型认为胜任特征包括个性、动机、自我概念、价值观、知识和技能等所有能够有效预测绩效的个人特征[21]，在这些内容中，洋葱最表层部分是知识和技能，洋葱中间部分是自我概念和社会角色，洋葱最里层是个性特征和动机。

从智慧教育素养的构成来看，信息化素养主要涉及智慧教育基本知识、基本技能部分，参照冰川模型，应属于智慧教育教师素养体系中外显性、基准性的部分；依据洋葱模型，则属于智慧教育教师素养体系中的表层部分。因此，信息化素养是智慧教育素养的重要组成部分，但并非智慧教育素养的全部，智慧教育素养与信息化素养实际上是包含与被包含的关系。

借助洋葱模型，较易看出智慧教育教师素养提升发展的轨迹。对于智慧教育教师而言，首先，通过接受相应的一般性培训以及自身努力，具备智慧教育基本知识与技能（包含但不限于信息化知识与技能），从而达到智慧教育素养体系洋葱模型的表层要求。其次，充分发挥教师自身主体性作用，创造性利用上述基本知识与技能，在智慧教育环境下进行教育教学方式、方法、模式与组织形式的创新性探索，满足受教育者（以在校学生为主，但也包括社区与社会具有受教育需求的所有人）多向度、个性化的教育需求，不断提升自身专业化水平，并确立智慧教育教师专业性社会角色，从而到达洋葱模型的中间层次。最后，进一步促进智慧教育教师专业性、个性化发展，达到洋葱模型的最深层次，从而在实质层面促进教师智慧教育素养得以提升。

三、智慧教育教师素养提升策略初探

由上述分析可知，智慧教育教师素养提升既有实践基础，又有理论依据，有必要尽快采取多方举措促进智慧教育教师素养提升。智慧教育教师素养提升是一项系统工程，可以通过采取以下举措促进智慧教育教师素养提升。

1. 创建智慧教育教师素养提升标准体系

明确智慧教育教师素养构成维度，进而创建智慧教育教师素养标准体系，是进行智慧教育教师素养提升培训课程研发、教材建设及项目开展的基础和前提，也是对智慧教育教师素养提升水平进行评价的重要依据。基于对智慧教育教师素养内涵的分析，智慧教育教师素养大致由智慧教育理念、知识、技能、组织、评价、创新等六大维度构成，各维度又包含丰富的内容，如智慧教育理念，由包括"技术推动教育变革""以教育现代化促进教育优质均衡发展"等重要理念维度；知识维度，则既包括智慧教育通识知识体系，也包括各学科智慧教育融合创新知识体系等。通过对以上六大维度的丰富和细化，可形成智慧教育教师素养体系。相应地，可以将六大维度作为智慧教育教师素养的一级指标，每个一级指标又可以往下细分为若干二级、三级指标。进而，按照范式转换理论的要求，敢于和善于进行理论和实践创新，参照冰山模型和洋葱模型，以提升教师专业胜任力为目标，进行指标分解与组配，从而科学建构智慧教育教师素养标准体系。

2. 构建智慧教育教师素养提升培训体系

首先，按照上述标准体系编制智慧教育教师素养提升培训系列教材及课程。该系列教材由两大类构成：一是包含智慧教师素养提升六大维度通识培训课程，目标是使教师建立智慧教育理念，具备智慧教育一般知识，培养智慧教育基本技能，探索智慧教育基本组织形式，明确智慧教育评价基本方式，探讨智慧教育创新形式；二是智慧教育教材体系，即将智慧教育以上六大维度内容渗透于学校教育（如中小学、幼儿园等）各学科之中，从而在国家课程标准的指导下革新各学科教材内容，形成各级各类教育新的课程体系。

其次，创建智慧教育教师网络学习平台，汇聚以上课程，形成智慧教育教师素养提升资源库，打造智慧教育教师线上线下立体学习平台。再次，创建智慧教育教师研修空间。该研修空间可基于智慧教育教师资源库、学习平台升级形成，兼具网络互动功能，实现智慧教育教师泛在学习与互联互通。

3. 实施智慧教育教师素养提升培训项目

一是以点带面开展智慧教育教师素养提升培训项目。首先，举办智慧教育教师素养提升种子培训班。该培训班，可在试点校、试点区域定点举办，也可面向多区域招收具有智慧教育现代化理念，具备智慧教育基础知识技能，具有开拓精神的教师，组班重点予以培训，从而培养智慧教育教师种子选手。接下来，以种子选手形成智慧教育素养提升培训师团队，分布到各学校、各区域，以"星星之火可以燎原"之势，推动智慧教育素养提升培训全面展开。二是多种形式开展智慧教育教师素养提升培训。培训形式主要包括：智慧教育教师素养提升培训班（线下），智慧教育教师素养提升网络学习平台，智慧教育教师素养提升互动空间等。三是全面提升智慧教育教师创新研究能力。将培训与研究创新相结合，鼓励教师申报并开展智慧教育研究、智慧教育教师素养提升研究等方面的课题，不断丰富智慧教育内容，创新智慧教育教师素养提升新形式。

4. 布局智慧教育教师素养提升规划

科学、合理、有效的整体规划是做好智慧教育教师素养提升工作的前提和保障。学校、地区乃至全国皆可按照不同层级需求有针对性地研制智慧教育教师素养提升规划。对于某地区而言，可以设立科研专项课题，针对智慧教育教师素养构成要素，分别对该地区教师教学理念、知识、技能、组织、评价、创新等方面素养状况进行全面深入调研，总结先进经验，查找现存不足，明确教师素养提升实际需求，在对智慧教育发展及时代需求预测的基础上，制定出切合本地区实际的智慧教育教师素养提升长远规划。

五、结　语

国内外关于智慧教育的规划与实践表明，技术推进教育变革的理念日益成为教育发展的重要导向，智慧教育成为未来现代化教育的重要发展方向，对智慧教育教师素养提升提出迫切要求。范式转换理论揭示出在智慧教育环境下智慧教育教师素养提升的内在需求；教师专业化发展理论预示智慧教育教师素养提升成为教师实现真正专业化的重要契机；教师胜任力建构理论为智慧教育教师素养提升规划布局、方案制订、项目开展提供了理论指导。面对未来教育发展变革需要，可以在智慧教育教师素养提升规划的统筹布局下，在创建智慧教育教师素养提升标准体系的基础上，倾力打造智慧教育教师素养提升培训体系，并尽快开展智慧教育教师素养提升培训项目，以有效提升智慧教育教师素养，促进智慧教育教师专业化进程。

参考文献

［1］习近平.决胜全面建成小康社会夺取新时代中国特色社会主义伟大胜利——在中国共产党第十九次全国代表大会上的报告［EB/OL］.http：//news. xinhuanet. com/2017-10/27/c_1121867529. htm.

［2］中共中央 国务院.中共中央 国务院关于全面深化新时代教师队伍建设改革的意见［EB/OL］.［2018-09-30］.http：//www. moe. gov. cn/jyb_xwfb/moe_1946/fj_2018/201801/t20180131_326148. html.

［3］祝智庭，贺斌.智慧教育教育信息化的新境界［J］.电化教育研究，2012（12）：5-13.

［4］陈晓娟.国内外智慧教育建设成功经验及对南京的启示［J］.改革与开放，2013（15）：14-15.

［5］杨现民，刘雍潜，钟晓毓等.我国智慧教育发展战略与路径选择［J］.现代教育技术，2014（1）：12-19.

［6］顾明远.教育大辞典［M］.上海：上海教育出版社，1998.

［7］云亮，赵龙刚，李馨迟.智慧教育：互联网＋时代的教育大转型［M］.北京：电子工业出版社，2016.

［8］重庆市.重庆市智慧校园建设基本指南（试行）［EB/OL］.http：//www. cqjw. gov. cn/Item/22975. aspx.

［9］江苏省.江苏省"十三五"教育发展规划［EB/OL］.https：//www. tech. net. cn/web/articleview. aspx？id=20170721104011297&cata_id=N485.

［10］北京市.北京市"十三五"时期教育改革和发展规划（2016-2020 年）［EB/OL］.（2016-11-02）［2017-10-02］.http：//zhengwu. beijing. gov. cn/gh/dt/t1457650. htm.

［11］刘杰.海淀区智慧教育公共服务环境建设与应用策略［J］.中小学信息技术教育.2016（4）：27-29.

［12］北京市海淀区.北京市海淀区"十三五"时期教育改革和发展规划［EB/OL］.（2016-10-14）［2017-09-30］.http：//zhengwu. beijing. gov. cn/gh/dt/t1455523. htm.

［13］习近平.做党和人民满意的好老师——同北京师范大学师生代表座谈时的讲话［EB/OL］.（2014-09-10）［2017-10-02］.

［14］北京市海淀区 . 海淀区智慧教育建设中长期发展规划（2014–2020 年）［EB/OL］.（2014–03–24])［2017–09–30］. http：//xxgk. bjhd. gov. cn/auto10489_51767/zfwj_59282/zfwj_57927/201510/t20151014_1139797. html.

［15］北京市西城区 . 西城区"十三五"时期教育事业发展规划［EB/OL］.（2016–11–01）［2017–09–30］. http：//zfxxgk. bjxch. gov. cn/XXGKxxxq. ycs？ inner_id=78772&type=3. http：//cpc. people. com. cn/n/2014/0910/c64094–25629946. html.

［16］托马斯·库恩 . 科学革命的结构［M］. 金吾伦，胡新和，译 . 北京：北京大学出版社，2003.

［17］Hargreaves, A. Renewal in the age of paradox［J］. Educational Leadership, 1995（7）：15.

［18］Shulman, L. S. Knowledge and Teaching：Foundations of the New Reform［J］. *Harvard Educational Review*, 1987（1）：1–23.

［19］Garet, M., Porter, A., Desimone, L., Birman, B., & Yoon, K. What Makes Professional Development Effective？ Analysis of a National Sample of Teachers［J］. *American Educational Research Journal*, 2001, 38：915–945.

［20］D. C. McClelland. Testing for Competence Rather Than Intelligence. *American Psychologist*［J］. 1973, 28（1）：1–4.

［21］Boyatizis, R. E. *The competent manager*：*A model for effective performance*［M］. New York：John Wiley & Sons, 1982.

提升学校中层干部管理能力的培训模式的个案研究

陈 丹[①]

摘要： 中层干部是学校管理的中坚力量，对推动学校依法办学和科学管理发挥着重要作用，提升学校中层干部管理能力意义重大。本文基于海淀区 S 校与北京教育学院开展协同创新整体推进之学校中层干部管理能力提升子项目，探索学校中层干部管理能力培训模式。培训主要是基于现场调研的需求诊断、工作坊研修的理论学习、参访交流的经验借鉴、案例研究的实践反思和专题指导的行动改进。反思培训中的问题，还需在以下几方面不断改进，包括完善工作坊研修的指导研讨、优化参访交流的过程设计、深化管理实践案例研究以及激发行动改进的内生力。由此，构建了"五环节管理能力培训模式"。

关键词： 中层干部；管理能力；培训模式

2014 年，教育部印发《义务教育学校管理标准（试行）》（以下简称《管理标准》），指出学校管理水平直接关系到学校的办学质量，要推动学校不断提高管理水平，实现学校治理的法治化和规范化。中层干部是学校管理的中坚力量，对推动学校依法办学和科学管理发挥着重要作用。由此，提升学校中层干部管理水平是落实《管理标准》的实践要求，是提高学校办学水平的重要途径。2016 年北京教育学院启动"协同创新学校计划"，海淀区 S 校与北京教育学院开展协同创新整体推进项目，其子项目之一为

---

① 陈丹，北京教育学院教育管理与心理学院教师，教育管理学博士，主要从事学校管理、校长培训研究。

学校中层干部管理能力提升，笔者作为该子项目责任专家，对提升干部管理能力的培训模式进行了初步探索。本文将基于此项目实践，梳理干部管理能力培训的行动过程，尝试构建中层干部管理能力培训模式，并反思中层干部管理能力培训中的问题和改进策略。

一、中层干部管理能力的含义

中层干部是学校管理的重要群体，是在学校组织结构中除校级干部以外承担了相关职能部门或岗位管理职责的人员，包括部门主任、年级组长、教研组长等。中层干部的管理能力要求源于他们在学校中的角色定位与职责。从角色来看，研究者们认为，他们既是教师，又是管理者；既是管理者，又是被管理者；既是领导者，又是被领导者。[1]从职责来看，研究者们认为，学校中层干部是学校战略决策的重要参与者、主要执行者；是学校战术决策的策划者、制定者；是部门工作的组织者、协调者、指导者、监督者、反思者、研究者；是学校领导与师生的桥梁；还是部门团队建设的第一责任人。[2]因此，研究者们认为中层干部的能力体现在怎样"正确地做事"。[3]在当前学校转型性变革的背景下，中层干部要具备价值观理解能力、诊断与解读能力（包括对自己下属的诊断与解读）、策划能力、实施能力、反思能力与重建能力等。[4]校长们对中层干部管理能力要求提及最多的则是沟通能力、执行能力、组织协调能力、团队合作能力、处理突发事件的应变能力等。[5]亨利·法约尔（Henri Fayol）最早将组织中的管理活动从其他类型的活动中分离出来，其涉及计划、组织、指挥、协调和控制五种管理职能，今天，这些职能已经被精简为四种，即计划、组织、领导和控制。其中，计划是定义目标，确定战略，制订计划以协调活动；组织是决定需要做什么，怎么做，谁去做；领导是指导和激励所有的群体和个人，解决冲突；控制是监控活动以确保它们按计划完成。[6]综合以上学校中层干部角色职责和管理职能相关研究可以发现，中层干部是学校重要的管理者，其职责体现了四种管理职能的基本内容，中层干部的管理能力实质是在履行管理职能的过程中呈现出来的相关能力。尽管研究者和校长们从不同维度提出了对中层干部的能力要求，但多数的能力要求还是以管理职能相关能力为核心，属于四种管理职能的范畴之内，少数能力表现为在此基础上的拓展和延伸。

由此，笔者将中层干部管理能力定义为学校中层干部在开展岗位管理工作以实现学校发展目标过程中体现出的计划、组织、领导和控制的综合能力。具体来看，计划能力体现在中层干部能根据学校发展规划和相关政策要求，明确学校发展目标和岗位工作要求，科学制定学校教育教学阶段工作计划或专项工作计划，为学校各项工作有序有效开展提供依据；组织能力体现在中层干部能通过组织结构设计、制度机制建设和工作流程完善，组织协调学校相关部门、人员和资源，有效保障学校教育教学有关工作的落实；领导能力体现在中层干部能与相关部门和人员进行良好的沟通，激励团队成员为落实相关工作和实现教育教学工作目标而共同积极努力；控制能力体现在中层干部能通过对照工作目标和相关标准要求，对教育教学和相关工作过程进行全程跟踪和指导，保证各项工作按要求实施，并高质量实现工作目标。这四种能力相互支持，缺一不可，共同构成了中层干部的管理能力结构。

二、S校中层干部现状和学习需求的诊断调研

项目启动之初对学校中层干部管理能力现状和学习需求进行了诊断调研，以此作为培训设计的实践依据。调研共涉及4次会议观摩、3位校级干部访谈和13位中层干部问卷调查。其中，观摩旨在从会议的真实情境中，通过学校中层干部们的语言表达、文本呈现、行为方式等去发现他们管理能力提升的隐性需求；访谈旨在从学校管理和任务要求等方面去了解学校中层干部管理能力提升的外在要求；问卷调查旨在从中层干部自身工作和专业发展等方面去了解学校中层干部管理能力提升的内在需求。具体调研结果如下：

第一，管理工作的基本规范需要完善。学校中层干部对待本职工作认真，具有较强的岗位责任感，部分中层干部对于本职工作有深入的思考，并形成了自己独有的管理经验和工作策略。但与此同时，中层干部们在日常工作规范方面还存在一些问题，如在工作计划的制订、工作总结的撰写、专题公文的书写、专题文件或制度的行文、工作会议材料的准备等方面都有体现，表明了干部们在计划能力和控制能力方面的不足。

第二，管理活动的组织需要改进。学校中层干部在活动组织中有以下几方面表现：一是部分会议或活动议程没有做到全员知晓，造成参会者缺乏积极性和主动性甚至参会无准备；二是部分会议或活动的分工不明确，造成有关部门人员间的职责错位和相关部门人员的失职等；三是部分研讨类的会议或活动缺乏规范的流程和有效的方式，造成研讨会议效率不高。这些则体现了干部们在组织能力和领导能力方面还有待提升。

第三，日常沟通协调合作需要改善。有 6 位中层干部从不同维度提出了关于沟通协作的问题，涉及如何与领导沟通达成共识、如何与不同部门沟通协调实现相互支持、如何与教师沟通增强凝聚力、如何与家长沟通加强家校合作等。

第四，管理知识方法需要学习。有 6 位中层干部提出要加强管理知识方法的学习，如"掌握高超的工作方法和工作艺术""改进工作方法""提高管理艺术性和水平""加强思想道德品质修养"等，在基于日常经验处理工作的基础上，进一步提高专业知识和管理理论水平。

第五，岗位业务规划能力需要提升。有 5 位中层干部从自己本职工作出发提出了需要提升的相关内容，如"做好学校制度与决策的宣传和解释""布置或协调领导决策落实，加强督办检查""打造德育主题系列特色，增强德育课程系统化""班主任队伍结构不合理，梯队建设待加强，班主任带头人辐射作用需增强""学习后勤工作的理论和知识""打造更多精品课程，提高课题研究水平""多做安全宣传，多做广大师生安全意识培训"等。

鉴于以上问题和需求，项目组计划从理论和实践两方面入手开展培训，具体为：第一，提高学校中层干部的管理理论水平，加强干部工作的理论引领。针对计划、组织、领导和控制四个管理职能，指导学校干部学习相关理论和方法。第二，提高学校中层干部的管理实践能力，促进干部工作的规范高效。指导学校干部开展管理案例研究，反思自身管理实践中的经验与问题，研究改进策略，逐步优化本职岗位管理工作。

三、管理能力培训的行动过程

（一）基于工作坊研修的理论学习

学校中层干部主要来自教师队伍，尤其是负责教研、教学的干部，都是教师中的骨干力量，他们以往大多接受的是学科教学类的学习和培训，对于管理方面的培训极少，更没有进行过系统的管理学学习，因而对管理理论相关知识和方法的学习十分必要。项目组针对干部们的实际需求和管理学的基本框架，系统设计了管理理论学习的内容，包括理解管理和管理者、计划、组织、领导和控制五个模块。同时，也在相应的模块中将调研中提及的沟通协调、组织、合作、规范等需求进行了重点安排。

在此基础上，如何有效开展这五个模块的理论学习，是项目组又一个需要认真思考的问题。"成人教育之父"诺尔斯把成人的学习区别于儿童的学习，将其定义为"帮助成人学习的科学和艺术"。情境学习理论也指出，成人学习不是孤立的，而是个人、社会和物理情境之间相互联系的产物，是个体参与真实的情境与实践，与环境相互作用的过程。它在本质上是社会性的，学习者之间的交往特征、交往时所使用的工具、活动本身以及活动所发生的社会背景之间的交互构成了成人学习者的有效学习。[7]为此，项目组采用了能体现这种成人学习特点和需求的参与式工作坊方式，发挥干部们的学习主体性，让干部们在充分参与和交往互动中进行管理理论的研修学习。

管理理论学习工作坊初步形成了一定的研修流程，具体如下：每次研修活动围绕一个主题，涉及自主学习、伙伴分享、专家指导、交流研讨、互助实践五个环节。其中，在活动前的自主学习环节，全体中层干部自己阅读学习《管理学》中的相关专题内容，并记录学习笔记，为参与正式的交流研讨活动做好准备；活动中，在伙伴分享环节，1~2位中层干部作为分享者，在自主学习的基础上为其他成员详细介绍《管理学》中的相关专题内容及自己对该部分内容的理解和实践运用思考，既为全体成员呈现出了需要学习和研讨的内容，也为大家参与研讨交流提供了互动的情境；在专家指导环节，指导专家和项目负责人作为促进者，针对伙伴分享环节的内容，从相关维度提供拓展性讲座，对重点进一步梳理解释，从实践层面进行关联分析，促进干部们系统理解相关内容，深化管理理论与实践间的联系；在交流研讨环节，全体成员作为研讨者，针对以上环节中提到的相关管理专题内容进行研讨、交流和展示，内容涉及自己对相关概念、理论及方法的理解，对现实工作的反思，对实践运用的思考等，促进干部们对管理专题内容和实践问题相关理论认识的深层理解；在活动后的互助实践环节，全体干部将学习研讨的相关理论方法及时运用到工作实践中并相互协助支持解决实践问题，从而实现从理论学习到实践成果的有效转化。

（二）基于参访交流的经验借鉴

管理工作的实操性强，许多管理人员是通过"做中学"逐步成长起来的。经验主义学派认为，有关企业管理的理论应该从企业管理的实际出发，特别是以大企业管理经验为主要研究对象，加以抽象和概括，然后传授给管理人员。[8]成功经验和科学方法的学习是学会有效管理的重要途径。学校中层干部管理能力提升需要开展理论学习，也需要借鉴同行实践经验，由此，到名校观摩交流成为了干部培训的重要方式之一。项目实施三年，项目组带领学员到北京、上海、深圳等地的10多所中小学名校观摩学习，了解名校的管理文化，学习名校在教育教学、课程实施、制度设计、教师发展、特色建设等方面的管理经验和有效做法，为中层干部开拓管理视野、创新管理思路、改进管理实践提供借鉴参考。

对于如何提高参访交流的获得感，项目组也为此进行了相应的安排和设计。一是针对学校中层干部学习需求，与参访名校进行前期沟通，尽量按照相应需求来安排观摩交流内容，交流形式一般都涉及参观校园、听课、专题报告和研讨交流等，让干部们通过看、听、问等多种感官充分感受和学习名校的经验做法。二是针对学校中层干部学习效果，设计了名校参访反思单，包括活动前"您计划在这次参访活动中重点关注哪些内容？"，活动中"您在参访活动中看到、听到及想到了什么？您在参访活动中印象最深刻或者最受触动的是什么？"，活动后"您认为本次参访活动中的哪些经验可以借鉴到您自己的工作中？您准备如何借鉴？可以简要介绍您的设计思路"。通过这种方式，让干部们带着自己管理实践中的问题去参访，在观察与比较中学习、反思，提高参访学习的针对性和实效性。

（三）基于案例研究的实践反思

案例研究是管理人员学习提升的一种重要方式，它源自哈佛商学院的案例学派，美国管理学者孔茨在其论文《管理理论丛林再论》中肯定了案例学派在理解管理问题、探求基本规律、提出或论证管理原则的重要作用。管理案例是对特定的管理情景问题的客观描述，它真实提供了所需要决策的各类管理问题、实际存在的复杂管理冲突、各种相关事实和背景资料，再现管理者或管理组织所面临的实际管理情景和决策环境。[9] 由此，本项目采用案例研究方式，组织学员针对自己管理实践岗位的一个具体问题撰写管理案例，开展案例分析和研讨，旨在通过撰写和分析案例，促进学员学会发现、分析和解决自己管理实践中的问题。该内容穿插在管理学理论学习的推进过程中，目的也是希望将理论学习与案例研究很好地融合在一起，发挥相互支持、相辅相成的作用。

案例研究主要经历了四个阶段：第一阶段是学习如何开展案例研究，项目组为干部们开展了3次案例研究的主题讲座，帮助其理解什么是案例研究、为什么要开展案例研究及如何开展案例研究。第二阶段是尝试开展案例研究，项目组组织干部们提出自己在管理实践中的一个具体问题，进行共同研讨、分析，并针对不同类型的问题，如考核评价类、团队沟通激励类、教师专业发展类、学生走班管理类等，请专家分类指导。在此基础上，干部们开始撰写管理案例，通过案例故事对管理实践过程进行生动描述，通过案例分析对管理实践中的问题和经验进行理性反思。第三阶段是修订和研讨案例，项目组设计了一个调查问卷，发挥大家的智慧，帮助每一位干部探索其管理案例涉及管理学中哪些方面的问题，之后项目组将调研结果提供给干部们，引导其运用相关专题的理论去完善案例分析。同时，项目组对干部们的案例文本进行反复修改，在此过程中，也将其部分案例融入到管理学相关主题工作坊的学习讨论中，一方面帮助中层干部从相应的理论层面去认识管理实践现象及本质，探索解决管理实践问题的策略；另一方面也启发中层干部学会运用相关管理理论去深化自己的管理案例分析，提升案例研究的品质。第四个阶段是基于管理实践案例的改进策略研究。项目组引导中层干部聚焦自己管理实践案例中的问题，提出具体的行动改进策略，为进一步优化自己的管理实践工作提供支持。项目组采取了个性化指导的方式，引导每位干部明晰自己管理实践案例中的具体问题，促进其针对性地分析问题并思考改进策略。同时，为其提供了相应的研究文本框架选择参考。

（四）基于专题指导的行动改进

行动改进是管理能力提升在实践中的落实与体现，是管理能力培训的最终指向目标。从管理能力培训的路径来看，它表现为从实践出发、走向理论、再回归实践，行动改进正是这条路径中重要的实践回归。中层干部的行动改进发生在自己的岗位实践中，相应的指导也需要在现场展开。同时，行动改进指导是一个系统工程，涉及从发现问题到实施改进的全过程。本文以在 S 校开展的"计划"主题行动改进指导为例进行说明。

行动改进指导分为三个阶段：第一阶段是在需求诊断环节发现问题。项目组在调研期间，参加了学校的多次会议，会议涉及对学校学期和阶段工作的计划与总结，由此发现中层干部在计划方面存在的不足，包括计划文本的规范、计划执行的调整、计划与总结间的一致性等。第二阶段是在理论学习环节提供理论指导。项目组在计划职能模块研修中，详细讲解了计划的概念、价值、方法等，并结合几位中层干部以往的学期工作计划进行案例分析讲解。第三阶段是在行动改进环节进行现场指导。项目组应学校要求，针对每位中层干部新学期的工作计划初稿，以《管理标准》和学校学期工作总要求为行动指南，以计划的相关理论方法为规范要求，和中层干部们进行研讨交流，对每一份工作计划逐一指导、修订，形成新学期工作计划修订稿，并以此为准付诸实施。同时，建议中层干部们该学期末在此计划基础上开展总结工作，形成一个制订计划—实施计划—总结对标计划的计划管理闭环。

四、管理能力培训的反思改进

（一）完善工作坊研修的指导研讨

干部们通过参与式工作坊的管理学学习，在管理概念上初步建立了管理职能的基本框架，对管理工作有了新的认识，对改善自身管理实践工作获得了很多启示。在此基础上，项目组认为中层干部的管理理论学习活动设计还有待完善，主要表现为：第一，增加理论书籍阅读指导。干部们的学科背景多为教育类，阅读管理学书籍存在一定困难，在阅读分享活动中部分人是照本宣科，很难进行概括性和理解性的表述分享，如何能在自主阅读环节为干部们提供相关的指导支持，减少他们的阅读障碍，为有效参与研讨活动创造条件，项目组还需要进行针对性地设计。第二，加强研修过程中研讨的深度。工作坊活动中，干部们会参与主题研讨，但受活动整体时间限制，研讨环节的时间相对较短，不能充分调动每个人的积极性，不利于激发每个人的自主思考，如何能在有限的学习活动时间内，提高每位干部的参与度和获得性，项目组还需要进一步完善整个活动过程的设计。第三，丰富研讨人员的结构。目前的研讨人员主要集中在学校的中层干部间，今后还可以增加中层干部的工作团队成员，结合研修模块的主题和真实情境中的相应工作，开展工作团队方式的研讨，以顺应中层干部工作的综合性和合作性特点要求，更新干部对团队领导的认识，提升中层干部团队领导力。[10]

（二）优化参访交流的过程设计

项目组带领学校中层干部走进北京和外地若干所名校听课、观摩、学习交流，在真实的名校文化情境中，感受和体悟名校的办学思想与管理经验，对转变中层干部管理理念和拓展管理视野发挥了积极作用。为进一步提高参访交流的活动效果，笔者认为还需要做以下两方面努力：第一，重新安排参访交流的时间。原有的参访交流活动时间和课程时间是各自独立安排，没有进行相应的连续流程设计，参访交流提前或者滞后于某主题课程学习，不能很好地实现理论学习和经验借鉴间的融合。因此，需要重新设计参访时间，确保每个主题理论学习后及时跟进安排参访交流，实现二者的顺承衔接。第二，加强参访交流的内容聚焦。名校管理可看、可听、可学的经验做法很多，原有的参访交流活动设计了活动的内容，如学校教师专业发展、教育教学、课程建设等，但没有专门针对管理能力培训的主题模块要求进行设计，理论学习与参访交流只是部分的对接。由此，今后的参访活动内容安排应紧密联系主题模块理论学习内容，例如，如果理论学习主题是"组织"，那么参访交流应重点观摩学习名校在各方面工作中关于"组织"的各种有效做法和经验。

（三）深化管理实践案例的研究

项目组为推动管理实践案例研究做了很多努力，如请专家开展讲座、组织专题研讨、指导撰写、反复修订等，取得了一定成效，但还有几个问题仍需在今后的研修中去逐步解决：第一，管理案例文本中的分析部分深度不够。干部们可以将案例故事描述得很生动，但运用管理学相关理论去分析案例的能力还显得很欠缺。究其原因，一方面干部们已经习惯了日常的工作思维，行动多于思考，平时更多的是去执行或落实某件事情，而很少去思考为什么要去做这件事情；另一方面，干部们刚刚接触系统的管理学学习，对管理学的理论和知识还有一个逐步理解、消化的过程。因此，项目组还需要在案例分析这个环节加强指导，引导干部们在实践的同时不断提高理性思维水平。第二，管理案例的研讨不充分。项目组指导干部完成了案例文本的撰写，并在几次主题学习中对有关案例进行了研讨，但还没有形成一个系统有效的案例研究流程，充分发挥案例研究对改进学员管理实践的作用，这其中非常关键的环节就是对案例的研讨。项目组认为，下一步应该充分利用现有案例，深入研讨每一个案例中的关键问题和经验，分析这些实践案例中问题的本质、形成的原因和可行的解决策略。第三，加强案例研究后的行动改进指导。项目组组织中层干部开展了基于管理实践案例的改进策略研究，推进实践改进行动，促使干部们去解决管理实践中的问题，或是总结推广案例中的典型做法，取得了一定效果，但距离预期目标还有一定差距，今后还需要加强这方面的研究改进，深入指导中层干部梳理分析管理改进的成效和经验，形成相关的学校管理流程、工具或制度，提高学校的管理效率。

（四）激发行动改进的内生力

项目组和中层干部在行动改进的过程中分别扮演着不同角色，项目组是助推者，是行动改进的外部力量，中层干部是实践者，是行动改进的主体力量。行动改进的效果受管理能力培训的影响，更取决于实践者自身的内生动力。项目实施过程中发现，中层干部群体中存在着个体改进动力差异，从而造成行动改进效果的不均衡。由此，笔者认为，行动改进在现有重视理论和实践指导的基础上要进一步关注激发实践者的内生力，具体可以从以下几方面着手：第一，加强责任担当的价值引领。在管理能力培训的各个环节中要渗透干部的责任担当，这种担当不仅体现在努力奉献的精神，还应体现在专业高效的能力。要让中层干部感受到基础教育领域变革和学校发展对学校管理提出的各种要求和挑战，激励中层干部不断学习和改进，让中层干部从"要我提升"转为"我要提升"，从而不断提高管理工作的专业性和有效性。第二，促进管理行为惯性思维的转变。管理工作的经验性特征容易让中层干部工作到一定阶段后产生固化的管理理念和模式，不易察觉工作中存在的一些问题，或者发现了问题也缺乏改进的意愿。因此，管理能力培训要关注中层干部的思维转变，在工作中建立问题意识，养成反思的习惯。在对实践问题不断反思改进的过程中提升管理能力。同时，为了应对中层干部多元角色对其提出的管理能力要求，还要引导中层干部学会综合性、系统性地思考问题，逐步建立"整体综合式思维"和"关系式思维"。[4]

五、管理能力培训的模式建构

综合以上中层干部管理能力培训行动过程和反思，笔者对其进行系统梳理，形成"五环节管理能力培训模式"，即需求诊断、理论学习、经验借鉴、实践反思、行动改进（见图1）。

需求诊断是提升管理能力培训的起点，旨在通过调研了解中层干部的工作现状、对管理工作的理解与自身角色定位、在工作中的表现和困难，以及提升自身管理能力的主要需求，为中层干部管理能力提升研修活动方案设计提供重要依据，是针对性开展理论学习和经验借鉴的基础与前提。理论学习和经验借鉴是提升管理理论水平的重要手段，前者旨在通过工作坊研修的方式从理论方面完善中层干部在计划、组织、领导和控制四个方面的管理知识结构体系，提供管理工作需要的知识、方法和工具，后者旨在通过参访交流的方式从实践方面拓展中层干部的管理实践视野，提供管理工作的新理念、新思路和新做法。二者相互补充，从理论和实践两个方面深化中层干部对学校管理的认识与理解。实践反思是促进管理理论与管理实践相融合的重要方式，旨在通过案例研究引导中层干部发现自身管理实践中的问题，并运用理论学习和经验借鉴的成果去分析与解决实践问题，为真正的行动改进做好理论准备。行动改进是管理能力提升的重要表现，是理论学习、经验借鉴和实践反思的成果在管理实践过程中的呈现与检验。

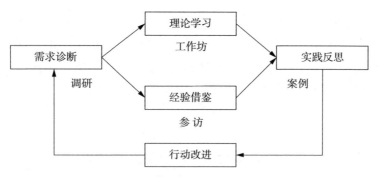

图1 "五环节管理能力培训模式"结构图

如果借助社会组织系统"输入—转化—输出"的发展过程来说明"五环节管理能力培训模式"的话，理论学习和经验借鉴相当于管理能力培训的"输入"，实践反思相当于管理能力培训的"转化"，行动改进则相当于管理能力培训的"输出"。其中的"转化"环节是最为重要的，因为在这个过程中，中层干部不断地将自身管理实践和与其相联系的外部理论、经验进行比对、反思、筛选、运用，使其内化于心、外化于行，并选择性地改造嵌入到自身的管理实践知识体系和能力体系中，对提升中层干部管理能力发挥着重要的催化作用。在此基础上，需求诊断是管理能力培训"输入"前的起点，也是"输入—转化—输出"后不断回归的新起点，由此，在这个循环推进的过程中促进中层干部管理能力的不断提升。

参考文献

［1］李晓贝. 中小学中层干部执行力要素研究［D］. 河北：河北师范大学硕士学位论文，2014.

［2］王学军. 学校中层干部执行效能研究——基于某市中等学校的研究［D］. 上海：华东师范大学硕士学位论文，2009.

［3］沈斌. 痕迹化管理：提升学校中层管理能力的有效手段［J］. 江苏教育，2015（1）：37–40.

［4］［11］李政涛. 赢在中层与发展在中层——校长需要思考的四个"中层问题"［J］. 中小学管理，2013（10）：4–5.

［5］谢凡.校长谈中层：为学校发展锻造"脊梁"［J］.中小学管理，2013（10）：10–13.

［6］斯蒂芬·P·罗宾斯，玛丽·库尔特.管理学（第11版）［M］.李原，等译.北京：中国人民大学出版社，2012：9.

［7］陈惠惠.我国成人学习理论研究综述［J］.中国成人教育，2016（4）：9–13.

［8］郭咸纲.西方管理思想史［M］.北京：世界图书出版公司，2010：260.

［9］欧阳桃花.试论工商管理学科的案例研究方法［J］.南开管理评论，2004（2）：100–105.

［10］刘艳茹.中层干部如何成长为学校发展的"中流砥柱"？——北京顺义区中小学中层干部培训的实践与思考［J］.中小学管理，2014（11）：35–36.

芬兰教育评估系统对我国教师学习评估的启示

苑　薇 ①

摘要： 芬兰教育能够处于世界领先位置，在 PISA 测试中排名前十，主要得益于其相对完善的教育评估系统。为推动 21 世纪有竞争力学习和教育的发展，芬兰于 2014 年建立了芬兰教育评估系统（FINEEC），评估覆盖整个教育体系，通过评价教育活动、评估学习成果、审核质量体系、提供评估工具等确保高质量教育。他山之石，可以攻玉。在我国大力振兴教师教育的背景下，参考芬兰教育评估系统的成功经验，对于我国有效开展教师学习评估，不断提升教师专业素质能力具有重要意义和作用。

关键字： 芬兰；教育评估；教师学习评估

　　芬兰将教育视为对学会学习、社会技能和解决问题的能力培养，并始终坚持教育要与社会变革发展保持同步。为促进教育紧随时代的发展，芬兰构建了教育评估系统，并主动对其进行变革，不断优化完善。可以说，自 2000 年以来，芬兰能够连续 5 次在 OECD 组织的 PISA 测试（The Program for International Student Assessment，简称 PISA）中取得优异成绩，主要得益于教育评估系统。为此，笔者从芬兰教育评估系统发展历程与主要特征方面进行研究，以期为推动我国教师学习评估建设、促进教师专业发展提供科学的参考和借鉴。

---

① 苑薇，北京教育学院中小学师资培训办公室教师，军事学博士，研究方向为教育技术。

一、芬兰教育评估系统的发展历程

芬兰教育评估系统大体经历了三个发展阶段。

第一阶段在 1970 年至 1990 年期间，芬兰教育评估以内部评价为主，建立了以教育督导为基础的质量保障体系，在芬兰国内实施统一的质量管理。此阶段的教育评估是以权力和控制为导向的行政性评估，评估者多为管理层，与参评者多为从属关系，评估存在视野狭窄、思路局限、缺乏多方面知识体系支撑等问题，导致评估结果片面性较强。加之评估者处于利益相关联群体中，考虑到利益得失，评估结果受到利益驱使存在平均主义。此时的行政性内部评估欠缺科学性、合理性。

第二阶段在 1991 至 2014 年期间，芬兰教育评估从内部评估逐渐转向外部评估，并逐步实现两者结合。20 世纪九十年代，教育评估的作用转向促进参评者进一步发展，在芬兰教育领域获得了广泛认同。1991 年，芬兰全面废除了教育督导制度，标志着以内部评估为主的时代结束。与此同时，基于专家网络的外部评估系统凭借其涉及领域广、掌握专业知识程度深、专业间协作效果好、评价建议观点多、可操作性较强，评估效率和质量相对较高等优势得到了同行的认可，甚至获得了芬兰教育评估委员会的好评。鉴于此，芬兰教育评估建立新的评估系统，从以内部行政评估为主导转变为专家网络外部评估和内部自评相结合的评估系统。芬兰教育与文化部委托芬兰教育评估委员会（Finnish Education Evaluation Council，简称 EEC）、国家教育委员会（National Board of Education，简称 NBE）和芬兰高等教育评估委员会（Finnish Higher Education Evaluation Council，简称 HEEC）三家机构承担外部评估职能。[4] 之后，芬兰将 2000 年、2003 年和 2006 年 OECD 组织的 3 次 PISA 测试取得好成绩，归功于此评估系统，并认为其有助于学校和学生发展，保障了教育的质量和效率。

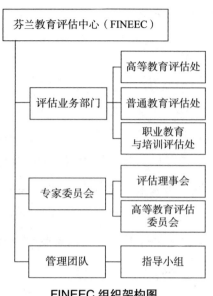

FINEEC 组织架构图

来源：笔者根据《芬兰教育评估机构的重组与实践—访芬兰教育评估中心主任哈里·佩奥托涅米》中的相关表述绘制。

第三阶段是 2014 年至今，芬兰构建了社会第三方参与的教育评估系统。虽然内外结合的评估系统取得了一定成绩，但是多家机构共同执行产生了职权交叉、机构重叠等问题，造成了整体教育发展理念、指导思想与芬兰教育改革进程不同步的局面。为促进决策和指导教育政策在各个发展层面提供更科学的评估数据，也为确保评估结果不受外界干扰，2014 年芬兰合并裁撤国家层面现有的教育评估机构，成立了教育评估中心（Finnish Education Evaluation Centre，简称 FINEEC），作为独立的第三方专家组织统筹负责开展各级各类外部教育评估。

《芬兰教育评价中心法》（Act on the Finnish Education Centre，简称《中心法》）规定，FINEEC 隶属于芬兰教育与文化部，是一个独立运行业务的专家组织，教育与文化部不能干涉其评估业务。FINEEC 的组织架构主要包括 3 个部分：评估业务部门、专家委员会和管理团队。（如上图所示）评估业务部门包括：高等教育评估处、普通教育评估处及职业教育与培训评估处 3 个部门。部门职能包括：开展对应学段的教育评估，为相关教育机构提供服务，探索和开发评估方法。专家委员会常设评估理事会和高等教育评估委员会，其职能为评估审议、决策和咨询。其中，评估理事会主要负责监督和发展中心的评估活动、参与战略规划、准备长期项目发布、制定国家教育评估规划、论证教育评估项目；高等教育评估委员会主要负责评估项目规划、计划和评估周期、审议最终评估结果。管理团队主要包含指导小组，由教育与文化部任命的中心主任、部门对口主管，由具有学位和相关知识技能经验的成员构成。指导小组成员均为政府公务员，这体现出 FINEEC 的政府机构特征。FINEEC 其余成员均由外聘教育评估领域专家或者管理人员兼任。从人员构成中不难看出，FINEEC 同时具有政府和社会第三方的双重属性。FINEEC 将致力于为芬兰教育发展提供及时、有效的评估数据，强化教育评估质量管理和评估文化的建设，进而推动芬兰整个教育系统向形成有竞争力的学习和教育而发展。

二、芬兰教育评估系统的主要特征

芬兰教育评估系统具有政府高度重视、法律法规保障、评估方式多样化、评估流程简易化、评估结果公开化等诸多特点。笔者针对我国教师学习评估情况，详细阐述以下 3 个特点，为推动我国教师学习评估建设提供参考。

（一）以促进教育发展为根本着力点

芬兰教育评估旨在为教育发展提供支撑服务，形成了以促进教育发展为评估开展根本着力点的特征，具体体现在理念、目标、方法乃至具体实施上。

芬兰教育评估理念认为，评估的作用不在于竞争和排名，而在于引导和发展。评估数据在尊重和保护隐私的前提下，面向教育行政部门、学校和家庭，这是为了引起全社会对教育的关注和重视，促进学校进一步发展，培养学生责任心及对学习认真的态度；而不是为了问责、处罚、监督、比较、竞争和排名。在此理念下，自全面废除督导制度后，芬兰教育评估系统一直以支持教育发展、促进教育发展为目标。1999年颁布的《芬兰教育成果评价框架》指出，芬兰教育评估旨在发展教育系统的整体或部分，包括教育结构、资金、活动、任务和对象。FINEEC更是提出了为推动芬兰教育发展而提供及时、有效、可信评估数据的目标。

在秉承理念、围绕目标的基础上，芬兰教育评估系统采用了诊断性评价与形成性评价相结合、定量与定性相结合的方法开展评估，对芬兰教育予以有效的策略支持，促进芬兰教育事业高质量发展。在具体开展评估的过程中，芬兰教育评估系统更是将评估对象视为一个有机整体，以平等、对话的态度实施评估、促进发展。例如，芬兰教育评估系统在基础教育评估时，突破了学科知识标准化测试，从效率、经济、有效性三个维度评估学生习得知识对未来发展的有效性。评估内容以满足学生全面发展为标准，根据芬兰国家课程标准而制定，同时考虑教师、校长、环境等外部因素；评估要结合学生的实际发展状况形成过程性评价，提出引导和改进策略，从而促进学生全面发展。

（二）注重学会学习能力的评估

芬兰倡导终身学习，芬兰教育尤其看重对学会学习能力的培养。学会学习能力是学生适应新任务的能力和意愿，通过学习过程中的认知和情绪调节，激活学生的思维和学习动机。[6]因此芬兰教育评估系统注重学会学习能力的提高。例如，学校教师在评估学生时会强调对学习过程的评价。早在1995年，芬兰就在基础教育评估中开展了"学会学习能力评价（assessing learning to learn）"。项目围绕学习能力、个人信念和环境影响下的信念开展研究，旨在打破学科评价的界限，探寻不同因素对个体成功的相对作用以促进学生发展。FINEEC更是强调了芬兰教育重在关注学习而非考试，并尝试从学习者的角度围绕学习态度、方法、能力以及解决问题和自我评价，对学会学习进行评估。其中，学习态度的评估为，态度积极认真，具有学习兴趣和完成学习任务的责任心，了解并重视学会学习；学习方法上，能够设置明确的学习目标，结合自身实际建构学习方式；学习能力上，指在经验、感受等方面向他人学习的能力（"开箱即用"能力）；在解决问题能力方面，与其他学习者或者教师互动的能力，以及有效接受并运用教师持续反馈的能力；自我评价能力方面，能够运用多种评估方法进行自评，从而促进学习、增强自信。

（三）教师为教育评估实施主体

芬兰教育评估认为，教师是教育教学的重要资源，是教育评估不可或缺的专业力量。虽然很多国家认为教师参与评估缺乏公信力，但芬兰教育评估在评估关系上将教师作为评估实施主体，不仅从法律和制度层面予以认可，而且在评估实际过程中予以操作。比如芬兰建设了高素质专业化的教师队伍，如硕士学位、教师资格证书获取的严格把关和至少 5 年的全日制学习。再如，芬兰社会提倡形成尊师重教的良好风气。除了这些因素外，还与芬兰教育体系、教育评估系统密切相关。芬兰教育体系建立在信任与责任之上，教育评估系统则以促进发展为根本着力点，而教师则是连接信任、责任和发展的桥梁。因为信任教师成为评估主体，进而增强了职业责任、自信，推动了职业发展；因为责任教师提出的评估建议，更具针对性和可操作性，能满足发展的实际需求。正如斯塔菲尔比姆所说，"评价最重要的意图不是为了证明，而是为了改进。"[6]以教师为评估实施主体的芬兰教育评估系统正体现了这点。例如，芬兰基础教育评估中教师可根据国家核心课程和学校要求自主选择评估方式，围绕学生的素养、能力及知识掌握情况，对学生进行持续性评估，提出改进意见。学生有权对教师的评估意见质疑，也允许参与到评估中，与教师合作共同完成评估。

三、对我国教师学习评估的启示

（一）以专业发展为内核，不断完善教育评估系统

芬兰教育评估系统从 20 世纪 60 年代的教育督导评估，到七八十年代的内部外部结合评估，再到 2014 年成立了社会第三方参与的教育评估系

统，经历了 3 个阶段，逐步构建与芬兰教育发展相对符合的教育评估系统。纵观芬兰教育评估系统的变革，是一部与芬兰教育发展理念、教育改革进程保持同步的发展史。芬兰现行的教育评估系统更是提出了为教育发展服务的目标。我国近年来强调教育领域"管、办、评"分离，评估权限也在逐步下放，借鉴芬兰教育评估系统的先进经验，教师学习评估要以促进专业发展为内核，不断完善教育评估体系，增强评估的科学性、可信性，充分发挥评估的效益，为造就高素质专业化创新型教师队伍提供科学的方法与参考。

（二）实施发展性教育评估，提高教师学会学习的能力

芬兰教育评估系统是教育体系的重要组成部分，其意义在于为教育发展提供服务，而在教育评估过程中又将学会学习与教育发展、社会进步紧密联系，注重培养学会学习的能力，为芬兰国家未来建设储备人才夯实了基础。我国教师学习评估大多以考核为主，既不利于培养教师专业素养，也不利于学会学习能力的提升。发展性教育评价以发展为目标的维度，是一种依据目标、重视过程、及时反馈、促进发展的形成性评价。[5]实施发展性教育评估将形成性评价与诊断性评价相结合，通过评价的监督、诊断、改进和发展功能，提高教师学会学习的能力。学习是教育教学过程的核心部分。教育的目的是促进学习者发生预期的变化，这种变化就是学习。[7]教学则是引发学习的一种方法。教师作为教育工作者，要通过使用有效的教学促进学生发生变化也就是学习。学会学习对于教师而言，意味着获取知识并帮助学生建构知识，促进学生健康发展。教育评价不在于比较和选拔，而重在促进学习者健康全面的发展。实施发展性教育评估，将有利于提高教师学会学习的能力，推动学习者发展，进而助推教育发展。

（三）提升教师的评估地位，构建新型教育评估关系

芬兰认为，教育评估是控制与信任的一场博弈，只有两者趋于平衡才能达到评估效益最大化。芬兰教育评估系统围绕这场博弈经过多年的探索与实践，打破了评估主体和评估对象之间利益冲突的传统模式，将教师作

为评估实施的主体，使其与学习者平等地参与到教育评估过程中，逐渐形成了合作协商、互助发展的新型教育评估关系。这种新型教育评估关系，强调对话与反馈，重视学习支持，注重平等合作，鼓励知识与能力的展示，培养学习者学会自我监控管理。我国教育评估功能强调判断性，按学习水平划分评估对象，极易割裂评估主体与评价对象之间的对话关系。参考芬兰教育评估的经验，教师学习评估亟待建立新型的、合作共赢的评估关系，从而激发教师学习的动力与兴趣。从学习者的教育分析，评估涉及学习内容、学习方式，以及学习特征。合作共赢的教育评估关系以改进提升、促进发展为目标，通过交流反馈、沟通对话，提高教师的话语权，有利于教师自身能动性的发挥，便于教师及时改进教育教学中存在的问题，促进教育质量的全面提升。

虽然我国教师学习评估已经展开了一定程度的研究与建设，但仍处于探索阶段。在全面加强教师队伍建设的背景下，参考和借鉴芬兰教育评估系统的成功经验和先进做法，有利于推动我国教师学习评估的建设，为解答习近平总书记"培养什么人、怎样培养人、为谁培养人"的根本问题提供可行性参考。

参考文献

［1］朱恬恬.芬兰基础教育评估实践及其对我国的启示［J］.外国教育研究，2009（11）：22-25.

［2］丁瑞常，刘强.芬兰教育质量监测体系探析［J］.比较教育研究，2014（9）：54-64.

［3］丁瑞常，芬兰教育评价中心：社会第三方参与教育评价的新模式［J］.比较教育研究，2017（7）：56-61.

［4］张男星，孙继红.芬兰教育评估机构的重组与实践—访芬兰教育评估中心主任哈里·佩奥托涅米［J］.高端访谈，2017（9）：5-9.

［5］何兆华，梁朝阳.论发展性教育评估［J］.陕西教育学院学报，2000（4）：10-12.

［6］聂玉翠.第四条道路：芬兰基础教育质量评价体系研究［D］.山东：山东师范大学硕士学位论文，2018.

［7］理查德·E·梅耶.应用学习科学——心理学大师给教师的建议［M］.盛群力，丁旭，钟丽佳，译.北京：中国轻工业出版社，2018.

［8］NATIONAL PLAN FOR EDUCATION EVALUATION 2016–2019［EB/OL］.https：//karvi.fi/en/fineec/2016.

附　录

聚焦教师学习研究，助力专业发展转型

——首届"教师学习与专业发展"国际研讨会会议综述

刘胡权 [①]

摘要：近年来，在教师专业发展领域，研究者对教师学习予以高度关注。"教师学习"正在成为国际上教师认知研究和教师教育实践的一个前沿性课题。此次国际研讨会通过教师学习规律与实践转化、教师学习影响因素与实践应对、教师学习方式变革与实践创新、教师学习管理与实践改进等四个分论坛，聚焦教师学习研究，助力专业发展转型。与会者一致认为，未来要更加精准的把握教师学习规律、提升教师学习成效；更加深入分析教师学习的影响因素，建构良好的学习环境；提供更加多元的学习手段，丰富教师学习路径；开发更加丰富优质的学习资源，满足教师个性化学习需求。

关键词：教师学习；教师专业发展；实践；学习共同体

2018年11月28-29日，由北京教育学院主办的首届"教师学习与专业发展"国际研讨会在京召开。来自美国、英国、加拿大、芬兰、日本等国家的20余名国际学者和国内该领域的研究者、培训者及实践者等400多人参加了此次国际研讨会。

---

① 刘胡权，北京教育学院副研究员，教育学博士，研究方向为教师教育。

一、背景与意义

（一）教师学习关涉教师队伍建设的质量

中国拥有世界上最大规模的教师队伍，专任教师总数超过 1600 万，培养和教育 2.7 亿名在校大中小学生，支撑起了世界上最大的教育体系。教师乃立教之本，正所谓国将兴必贵师而重傅。中国将教师工作摆在了更加重要的地位，教师队伍建设迎来了难得的发展契机。

2018 年是改革开放 40 周年，也是中国的教师教育年。1 月，中共中央国务院印发了《关于全面深化新时代教师队伍建设改革的意见》，对建设一支高素质专业化的教师队伍作出了战略部署；3 月，教育部等五部门印发了《教师教育振兴行动计划（2018–2022）》；9 月，在全国教育大会上，习近平总书记强调，育才由育师始，育人者先受教育，"要坚持把教师队伍建设作为基础工作"；10 月，北京市率先召开全市教育大会，健全首都教育 "4+N" 政策体系，加强教师队伍建设。提升教师教育质量，已成为党和国家在新时代教育领域关注的重点问题。

2018 年也是北京教育学院成立 65 周年。北京教育学院是中国教师专业发展体系中的引领者，是教师学习与专业发展方面的一面旗帜。北京教育学院作为专门从事教师职后教育学术研究与实践探索的高等院校，坚持走服务基础教育的办学道路，以服务基础教育改革发展、干部教师专业成长和学校办学质量提升为己任，为北京市基础教育、干部教师队伍建设贡献了巨大的力量。

新时代，学院不断探索教师职后培训的优质发展路径，积极推进人才培养模式改革，着力完善人才培养体系。在过去的几年中，北京教育学院已经建立起面向新入职教师、优秀青年教师、骨干教师以及特级教师等不同发展阶段教师的各级各类专题培训，以及创设出的富有北京教育学院特色的 "3+1+N" 人才培养体系，这是北京教育学院基于中国本土发展情况所做的卓有成效的探索。学院召开此次 "首届教师学习与专业发展国际研讨会"，有助于加快内涵发展，提高教师培训质量，加强教师培训研究，为首都教育现代化做出更大的贡献。

（二）教师学习的研究亟待加强

教师站在教育改革的最前线，肩负着教育改革的重责大任。教师专业发展是持续的教育改革和学校改进的关键因素。近年来，在教师专业发展领域，研究者对教师学习予以高度关注。"教师学习"正在成为国际上教师认知研究和教师教育实践的一个前沿性课题。有国际学者指出，要用"教师学习"一词来代替"教师专业发展"。因为教师专业发展是一个学习过程，专业发展就意味着教师学习。香港大学原副校长程介明教授认为：学习科学是教师专业发展的支撑。教师专业发展的根本是学生为重、学习为主、经验与科学相联合。

当前，无论是全国教育大会精神，还是中共中央4号文件都对教师质量提出了更高、更具体和更科学的要求，教师的素质是提高学生学业成就的关键变量，而教师参与高质量的学习则是提高教师素质的最为有效的途径。世界各国无不重视有效教师学习研究与实践。"教师成为学习者"的理念在中国也"呼之即出"。然而，在国内，关于"教师学习"的研究仍处于日常话语阶段，还没有形成真正的研究领域，相关研究成果屈指可数。理念到现实的转变亟待相关研究作为支撑。

为更深入探讨这一话题，我们通过大量的文献研究，结合实践发展的问题导向，初步将"教师学习与专业发展"的核心议题分为四个领域：教师学习规律与实践转化、教师学习影响因素与实践应对、教师学习方式变革与实践创新、教师学习管理与实践改进。在理论研究方面关注教师学习规律、影响因素、学习方式及学习管理，在实践操作方面关注实践转化、应对、创新与改进。我们试图通过这些核心议题搭建理论研究与实践探讨的交流平台，整合多种视角，涵育学术，激活思想，助力实践改善。

二、多元视角下的教师学习与专业发展

新时代教师学习与专业发展应该是怎样的？与会的相关专家学者从政

策梳理、学术研究、实践关怀等不同视角表达了自己的观点。

香港大学教育学院的院长方德温（A·Lin Goodwin）教授关注 21 世纪的教与学，她通过对个体知识、背景知识、教学知识、社会知识等知识领域的分析，认为我们应该超越实际和政治、文化、设施、人力资本、资源分配和地方规范的限制，深入到表层之下去触动学与教的核心，从长远的视野为未知的未来做好准备。

英国剑桥大学教育学院的海沃德（Geoff Hayward）教授以问题聚焦对话教学法为例，认为教师应该增加他们对于相关领域的理解和知识而不仅仅只是基于书本，同时还需要进一步理解学生可能存在的一些误解和错误的观念以及帮助他们克服这种错误的观念。他认为，未来我们需要以对话式的方式，以问题解决为核心进行教学。

北京师范大学教育学部朱旭东教授则关注中国教室的"九个一"文化①以及在"九个一"的教室文化中学生是如何学习的。他认为这是一种集体性个体主义学习，教室的专业意识与教室文化之间的关系构成了专业意识和专业物质之间的辩证关系。关键是，我们如何保留中国的优势以及我们怎么去突破我们的劣势从而找到一条真正为孩子们创造幸福教室和能够有学习发生的这样一种教室环境。他认为，未来我们要探索以中国特色的教室文化为基础的集体性个人主义学习模式下教师的专业发展。

美国布鲁金斯学会布朗教育政策中心主任汉森（Michael Hansen）博士分析了在提高教师质量方面的各种促进措施及其成效，重点是教师指导对于提高教师专业水平的作用。他作为一个经济学家，从需求—供给这样一些因素，包括经济手段对教师的专业发展会带来什么影响，提供了一个思考的视角。

北京教育学院的钟祖荣教授通过翔实的文献研究，分析了教师学习的概念、理论、话题与研究趋势。他认为，未来在研究方法方面可以更多地开展实证研究和行动研究；在研究内容方面，更多地进行分类的深入研究；

---

① "九个一"：一本教材，一本练习册或作业本，一支笔，一张桌子，一张椅子，一块黑板，一台电脑，一个屏幕，一个讲台。

在研究力量方面，更多地吸纳多学科研究力量和壮大研究队伍，构建"教师学习研究"共同体，加强交流与讨论，促进该领域的知识积累和进步。

北京师范大学未来教育高精尖创新中心执行主任余胜泉教授认为，当人工智能技术把我们教师从知识传授的这种桎梏中解放出来时，教师就有更多的时间培养学生的核心素养及核心能力。所以，教师要学会人与人工智能的协同工作。

原北京四中刘长铭校长认为，生活的变化会给我们带来一些非常重要的学习内容。教会学生怎样去享受生活，发现生活中的美好，怎样去享受生活中的幸福，发现幸福，这些是教师应该关注的。我们希望学生身上有的，我们老师身上首先要具有，教育从某种意义上来讲是一种文明的获得性遗传。他认为，在职教师的学习是一种反思性的学习，尤其是从理性层面上进行反思，这是教师进一步学习提高的重要渠道。

北京小学李明新校长认为，考虑教师的学习问题必须回到学生学习上来，伴随时代的发展变化，教师就必须改造自己的学习，使自己的学习适应学生学习的需要。他认为，自媒体时代教师越来越趋向于自组织学习而不是被组织或他组织学习，我们的培训要切合教师的个性化学习需求。

此外，各位专家从"连接""自觉""环境创设""学习与反省""随时""态度""持续改进"等方面关注教师学习的未来发展，提出了很好的发展建议。

三、教师学习与专业发展的核心议题

此次国际研讨会通过教师学习规律与实践转化、教师学习影响因素与实践应对、教师学习方式变革与实践、教师学习管理与实践改进等四个核心议题，聚焦教师学习研究，助力专业发展转型。

（一）教师学习规律与实践转化

教师学习本身是一个复杂的过程，本论坛主要探讨教师学习的内在规律与机制，如可见的学习、具身学习、社会情感能力；探讨激发教师作为学习者的学习动力与积极性的路径；诊断和发现教师学习需求，设计实践转化的教师培训课程，实现从教师学习到教师改变的转变。大多数与会者关注如何将研究成果进行实践转化，而教师培训机构可以担任"桥梁"，实现理论与实践之间的平衡。

芬兰图尔库大学的瓦林诺斯基（Anu Warinowski）教授介绍了芬兰的基础教育和"教师教育发展计划"，旨在改革综合学校、学习环境和教师能力。在芬兰，除了幼儿园教师要求获得本科学位之外，其他各级别教育的教师都必须获得硕士学位。大学可以选择最有才能和最具积极性的教师教育申请者，而入选者还不到申请者的 10%。

中加教师研修中心外籍教师菲利普斯（Gord Phillips）认为，"让学习可见"本质上就是一种形成性评价方法，即评中有学（帮助学生拓展知识面）和学中有评（让教师了解学生对知识点的掌握情况）。

首都师范大学教师教育学院的汪明分享了"教师即学习者"的意蕴与意义，他认为教师是教育者，更是学习者。教师作为学习者，能够促进教师专业发展、学生全面发展和学校内涵发展。

北京师范大学教师教育研究中心的裴淼副教授介绍了教师学习的一种新方式——具身学习，即教师通过身体体验和感知运动获得专业经验，从而丰富专业知识、增强专业能力。教师具身学习应该并且能够在教育和成人实践中实施和实现，它能带动个体全面地参与学习过程，实现不同社会层级学习者的教育公平；它还能够引发转化性学习。她认为，角色扮演和教育戏剧等综合性活动是具身学习的有效路径。

广东金融学院的许国动副研究员运用 CiteSpace 对 1998-2017 年教师专业发展的 CSSCI 数据进行了文献计量分析，结果发现教师专业发展作为一个上位概念，其内涵已经从传统的研究对象教师个体的发展到重视教师学习的过程乃至多元路径下的教师改变。教师改变作为教师专业发展概念中的一个新兴概念，蕴含了教师与教育实践两个变量，再现了教师与教育实践应有的双向度的互动关系。因此，他认为对教师改变开展系列研究，对丰富教师专业发展内涵具有重要的理论价值。

北京教育学院的刘琳娜副教授在心理学、社会学和成人学习理论的基础上，提出教师学习动力四因素假设：个体内驱力、职业吸引力、组织推动力和社会支持力，并运用自编问卷对中小学教师进行实证调研，采用探索性因素分析方法验证了教师学习动力的四因素说。结果发现，年龄、教龄、职称和地域是教师学习动力的重要影响因素。

北京教育学院的曹慧博士关注教师的社会情感学习（Social-Emotional Learning），她认为教师社会情感能力是教师专业发展过程中的核心能力之一，对教师的教育教学结果具有重要影响，也能够通过培训进行改变。未来的教师发展和培训设计，应该包含社会情感能力的培养，并且根据教师的特质进行针对性设计。

（二）教师学习影响因素与实践应对

该论坛基于教师学习的育人取向聚焦三个核心问题：教师学习要学什么？怎样学？怎样评？大家一致认为，无论是专家型教师还是作为"准教师"的师范生，由于教育情景的复杂性和动态性，教师的专业知能很难被界定。同时，专业知能受三个因素的影响：知识结构、心智模式和工作经验。大家认为，基于这些影响因素，以学习共同体的方式来推进教师的深入学习，以学以致用的方式来转化迁移教师的学习效果，是教师学习实践应对的最佳方式。

北京德威英国国际学校的学习主任吉尔摩（James Gilmour）介绍了他们对于学习文化的建设，他们开展了系列培训，为教师提供包括 IT、财经、金融等多领域的支持。所有培训要保证所有员工都能够把自己学到的技能运用到实践当中，PD 部门在学校也会组织相关培训，营造一种好的文化氛围，提高教师的教学质量。另外，学校的培训项目对其他学校感兴趣的教师也是完全开放的。

芬兰图尔库大学的莱蒂思（Erno Lehtinen）教授分享了教师专业化的轨迹，他认为教学实际上是一个专业的技能，要达到专业的技能必须做好很多工作，不仅仅是关于教学法的广泛意义上的学习，同时也要对自己所在领域有足够的了解。教师教育者必须帮助该教师实现教师专业技能的不断发展。

南非斯泰伦博斯大学的法塔尔（Aslam Fataar）教授对师范生的专业知能做了梳理：关于教学的知识、教学知识和教育学知识。在三个类型之下又将之拓展为五种知识领域：学科知识、教与学知识、实践性知识、基础知识、情景式知识。他提倡通过四年师范生的专业学习来促进师范生在五个知识领域的深入发展。

深圳大学的张兆芹教授以深圳光祖中学"PCM 教师培养项目"为例，分享了基于学习共同体视域下"PCM 三导师制"[①]的教师培养模式，并从项目宗旨与目标定位、指导思想、培育目标、培育方式等方面阐述了项目实践实施的核心要点。"PCM 三导师制"教师培养模式是名师理论学习的平台、学科教学研究的平台、高层次名师的孵化器。

南京师范大学的杨跃教授，基于省属师范院校本科师范生抽样调查的初步探索，分析了师范生的学习素养：内涵、结构与现状分析。她抽样调查发现，对教师专业学习内容与有效方法的目标意识，对掌握教师专业学习有效方法并取得学习成就的自我效能感，积极投入教师专业学习、克服困难并主动规划和寻求学习资源的学习准备，以及认同专业学习价值、自我负责的学习责任感，是师范生学习素养的主要体现。她发现，当前本科师范生学习素养的总体状况虽然良好，但仍存在可望提升之处，需要深入推进教师教育课程、教学及评价等全方位改革。

北京教育学院的余新教授以 563 位培训者学习"世界咖啡"后应用情况为例，对教师"学以致用"行为与培训转化作了研究，从"学以致用"的阻碍要素、动机来源、问题解决途径、学习效果和变化发展等方面，分析了成人学习者的"学以致用"行为现象，提出"学以致用"经常遇到知识性、技能性、态度性、条件性和时间上五类障碍，破解"学以致用"难题的关键在于为学习者及时创造"学以致用"的迁移转化条件和有效培训策略。

北京教育学院的杨瑞芬博士探讨了幼儿教师实践性知识的文化性格，她认为幼儿教师实践性知识文化性格具体表现在对物质文化的感受性、对

---

① PCM 分别是指 Professor（理论导师）、Coach（实践名师）、Mentor（学科导师）。

制度文化的理解力以及精神文化的自我建构性。其形成源于幼儿教师在日常生活中经历个体、文化、社会的有效互动及集体意识与个体意识的相互转化，具体体现在吃穿住用行的基本生活、家庭生活、公共生活和职业生活及彼此间的相互影响中。

（三）教师学习方式变革与实践

本论坛聚焦教师学习方式的变革，在研究设计上探索了教师学习方式的研究模型，关注教师学习共同体的建设；在研究视角上关注传统文明的核心元素和现代教育的前沿发展趋势；在研究内容上，探讨了教师学习的多种方式，如学校的特别活动、学习共同体的协作、人工智能与信息技术、认知学徒制等。

日本创价大学的长岛明纯教授分享了一位日本教师通过学校组织的特别活动来加强自己专业学习的专业发展过程，以及他如何从教学一线的实践转向研究的完整历程。整个历程描述非常细腻，虽然里面谈到的特别活动对于我们来说可能并不特别，但是他们对于特别活动的设置方式、研究方式以及资料收集和分析评价方式对我们来说却非常特别。这种特别就体现在对学生变化的细腻观察和深度解释。

德国的大卫·巴尔托什（David Bartosch）教授讨论了怎样从古代的精英教育中提取现代教育的价值，讨论了中国、希腊和欧洲的传统教育中的精英教育思想以及这些精英教育思想对现代教育可能带来的影响。他从哲学的高度，从人类发展、文明发展的历程来反观我们现代教育需要关注的一些问题，给教育研究本身带来了新的研究思考和研究视角。

北京师范大学的宋萑教授分享了如何带领教师们从舒适的协作走向边界学习，建设一个学习共同体。他在边界学习的过程当中讨论了两个问题：第一是边界物的选择，选择了课例研究作为边界物；另外就是边界人的确定。通过这样的研究过程我们能够看到研究前一个理论框架的预设对于未来资料的收集以及研究模型建构的重要性，该研究设计也是对教师教育和教师学习模型的一种探索和创新。

北京京西学校的程慧漫校长分享了京西学校的一个活动，先让教师提出自己专业发展的方向，然后根据教师自身专业发展的方向确定专业发展的路径和学习的内容，再在各种关系的交流互动过程中，完成教师自己的专业发展。

北京教育学院的于晓雅副教授通过把传统的信息素养培养和信息技术应用能力提升到人工智能背景下信息技术与教育深度融合的视角，来思考和探索教育信息化 2.0 时代教师主动拥抱人工智能、提升信息素养的内容和方法，还通过案例分析从学生数字胜任力来说明了教师智能素养的重要性和应用途径。

北京教育学院的胡峰光用大量的图片和文献资料呈现了他对认知学徒制理念下新任体育教师学习共同体构建的研究历程。依据认知学徒制"真实的工作任务""模仿"两个重要元素构建新任体育教师学习共同体，始终注重真实的课堂教学共同任务、鼓励新教师模仿师傅的学习方式，让新任体育教师们在培训期间始终浸润在真实的课堂教学实践情境中，在专家的指导下进行问题解决，通过实际操作（教学实践）逐渐学会专家（师傅）的专长和默会知识，得到解决复杂实践问题所需的认知策略层面的知识培养。

（四）教师学习管理与实践改进

本论坛聚焦教师的学习管理与实践改进，集中讨论了教师学习社区或学习共同体的建设、教师的同课异构及实践策略，关注教师的专业成长力及关键能力，实现了理论和实践的对接，学术和实际的交融。

耀中教育集团的总监徐涛介绍了耀中这三年来在教师学习社区方面的一些思考和实践的探索，她特别强调教师学习社区有四个基本的维度：教育愿景，领导文化，教师学习，氛围创建。她将实践探索分成三个阶段：第一个阶段是远景达成阶段，第二阶段是教师间的协作领导和共同学习，第三阶段是社区发育相对成熟、自治文化已经凸现。每一个阶段都围绕前四个方面的维度来建设，从而引发了包括组织、制度、人类行为方式等的系列变化，最终落脚在学生的发展与教师的成长。

陕西师范大学的龙宝新教授论述了教师的专业成长力，他认为教师专业成长力是在不同发展阶段引发教师成长提速的根本原因，其首要类型是专业学习力。教师专业学习力是指那些在教师专业自我与教育环境交互作用中驱动、促进教师专业快速成长的力量总和。教师学习力由学习原动力与学习操作力两部分组成：前者指教师专业学习的内驱力，后者包括教师的理论吸收力、经验借鉴力、情境理解力和问题研究力等。每一种教师学习力都包含着一些具体学习力类型。

日本创价大学的董芳胜副教授通过同课异构的实践性教育活动的交流，来阐述教师如何在与不同文化背景的学生课堂交流中，提高自己的国际化素质和加深自己的学习创造的氛围，进而提高自己的教师专业性。

中国教育科学研究院的李新翠副研究员讨论了学习共同体如何撬动教师专业发展。她认为，教师学习共同体是促进教师专业发展的有效路径和方式。教师学习共同体作为一种新型教师专业发展理念和模式，具有支持和共享的领导、集体创造力、共享的价值观和愿景、支持性条件和共享的个人实践五大特征。教师学习共同体的构建需要从明确主题和主体两个方面出发，把握好教师需要什么以及教师需要做什么的基本问题，并处理好行动与反思、自我与集体和合作与发展等之间的关系。

北京教育学院附属丰台实验学校郝玉伟校长以北京教育学院附属丰台实验学校为例，对教师专业发展、合作共享、实践反思、互动共筹的实例进行了剖析。他认为，中国学生核心素养和关键能力的提出，对教师终身学习和专业发展提出了更高要求。从内部因素入手提升教师的学习意识，从外部因素入手构建学校教师学习共同体，对教师专业发展有促进意义。在对学校教师学习共同体的内涵进行初步探讨，以点线面搭建教师学习共同体基本结构的基础上，从价值取向、组织架构、相关制度、任务安排、资源筹措、活动原则等方面具体阐述了学校教师学习共同体的构建。

北京教育学院的王漫博士辨析了"同课异构"及实践策略，她认为，"同课异构"与"异课同构"的目的，侧重教学规律的学理探究，重点在教学设计；"同课同构"与"同课重构"的目的，侧重教师个体（或有限群体）教学能力的发展，重点在教学实施技能。

北京教育学院的胡佳怡博士以建构主义理论为基础，采用人文科学常用的质性研究中的半结构式访谈的方式，对 20 位持续三年从事小学主题式课程实践的教师进行深度访谈，将小学主题式课程实践中教师的关键能力归纳为：课程设计能力、课堂管理能力、评估能力、全纳教育能力、教育团队合作能力、信息技术与信息应用能力及自我反思与专业发展能力，并将这七大关键能力归纳为关键能力模型，包含基础能力、"硬"能力和"软"能力三大类能力。这七大关键能力的提升是保障教师有效开展主题式课程的重要手段。

四、共识与反思

（一）共识

此次国际研讨会汇聚了国内外教育领域对"教师学习"卓有研究的专家学者。与会者认为要加强"教师学习"的理论研究，认识教师学习的规律，教师学习是什么，它的发生、变化过程等。大家一致认为，应该扩大国际视野，学习和借鉴西方教师教育研究的优秀成果，构建具有中国特色的教师学习理论体系。此外，为研究和解决教师专业发展的现实问题，与会者认为要加强"教师学习"的实证研究，大家一致认为，教师学习应该是基于使命感的学习，教师学习应该走向自主学习，教师学习应从个体学习转向学习共同体的构建，教师学习应该是终身学习。

此次研讨会中有关教师学习研究的视角比较丰富，有关教师学习研究的方法与路径也比较多元，既有理论探讨、文献研究，又有调查研究、实践研究，拓展和丰富了关于教师学习的认识论、方法论以及实践论的视野。大家一致认为，教师培训不应只关注专业发展，还应该关注到教师的生活、职业、情感等多方面的共同作用机制，关涉教师共同体的发展；教师培训机构要深入研究教师学习规律及其影响因素，设计恰当的培训内容与培训方式，提升教师学习动力与学习能力。

此次研讨会通过不同学科、不同专业背景的互动交流与跨界合作，彼此分享研究思路和研究设计，本身就是一种很好的学习方式。通过这样的学习方式，让我们更加认识到跨界、融合合作的必要，更加理解、体验深度学习。所谓的深度学习就是基于原有经验，通过观点的深度碰撞后产生我们对问题的拓展性思考，进而去建构新的方向。虽然未来融合、拓展和创造的路还很长，但我们毕竟在努力建构、探索创新。

（二）反思

对教育管理者而言，应深入贯彻落实《意见》精神，加强教师队伍建设的综合管理、协同管理，创新教师编制、聘任、评价、激励等管理制度，为教师学习提供政策、制度保障，搭建多元平台，促进教师有效学习。

对教师教育机构而言，也要不断加强内涵品质建设，创新培养培训模式，聚焦教师教育这一核心任务，以学习者为中心，认真学习和借鉴国际教师教育的优秀经验与做法，总结、梳理中国教师教育的经验和特色，为教师教育发展提供中国本土经验和解决方案。

对教师教育研究者而言，理应担当起促进或引领教师学习的使命和责任。首先，要加强"教师学习"理论的研究。随着教师学习研究成为教师教育研究的一个前沿课题，研究者应有目的、有意识地扩大国际视野，学习和借鉴西方教育研究的优秀成果，构建具有中国特色的教师学习理论体系。其次，要加强"教师学习"的实证研究。实证研究是教育学走向科学的必要途径。按照会议研讨的内容，研究者可以在教师学习的规律、影响因素、方式变革、管理等方面加强实证研究，为教师专业发展提供实证支撑。最后，教师教育者也要加强自身的素养提升。

对教师而言，教师学习应该是带着使命感的学习，应服从和服务于学生发展，是融教学、学习、生活于一体的"全纳"学习，是与生命成长相关联的终身学习，不仅要重视任务导向的外在驱动，更应重视精神成长的内在自觉。教师学习应该走向自主学习。如果没有对教师学习主体性的激发，很难有教师的创新思维。教师应付出更多的自我意识来组织自己的学习，选择学习内容，主动对学习过程作出更多的关注、反思和调适。教师学习应从个体学习转向学习共同体的构建。

参考文献

[1] 李志厚.西方国家教师学习研究动态及其启示 [J].外国教育研究，2005（8）.

[2] 刘学惠，申继亮.教师学习的分析维度与研究现状 [J].全球教育展望，2006（8）.

[3] 宋崔.校本教师发展与教师专业学习共同体的建构 [J].集美大学学报，2007（3）.

[4] 李政涛.论教师的有效学习 [J].教育发展研究，2008（2）.

[5] 张敏.教师自主学习调节模式及其机制 [D].浙江大学，2008.

[6] 钟祖荣.在观察学习中实现成长——北京市"农村教师研修工作站"实施模式分析 [J].中小学管理，2009（12）.

[7] 王凯.教师学习的生态转向及其特征 [J].教育研究，2010（11）.

[8] 孙德芳.教师学习：从外在驱动到内在自觉 [J].中小学教师培训，2010（7）.

[9] 孙德芳.教师学习研究：基点、论域与方法 [J].中小学教师培训，2010（2）.

[10] 孙德芳.从外源到内生：教师学习方式的变革 [J].人民教育，2010（19）.

[11] 毛齐明.国外"教师学习"研究领域的兴起与发展 [J].全球教育展望，2010（1）.

[12] 肖正德.论生态取向教师学习内容的层级设计 [J].教育研究，2011（12）.

[13] 毛齐明，蔡宏武.教师学习机制的社会建构主义诠释 [J].华东师范大学学报（教育科学版），2012（2）：19-25.

[14] 龙宝新.论教师的专业学习力 [J].当代教师教育，2013（1）.

[15] 朱旭东.论教师的学习专业属性 [J].教育科学研究，2017（9）.

[16] 张兆芹，彭炫.基于学习共同体视域下"PCM三导师制"教师培养模式的探索——以深圳光祖中学"PCM教师培养项目"为例 [J].现代教育论丛，2017（6）.

[17] 杨跃.从"教教师如何教"转向"教教师学习如何教" [J].北京教育（普教版），2017（7）.

[18] 裴淼.教师具身学习的概念内涵、价值意义和达成路径 [J].陕西师范大学学报（教育科学版），2018（1）.

[19] 王美.适应性专长与教师学习 [M].上海：华东师范大学出版社，2018.

[20] 刘胜男.教师专业学习的实证研究 [M].上海：上海三联书店，2018.

后　记

　　北京教育学院是专门从事职后教师教育学术研究与教学实践的专业院校，2017 年 11 月，学院第三次党代会明确提出"建设一流教育学院"的战略目标，学院各项工作的推进都紧紧围绕一这战略目标展开。2018 年 11 月 28-29 日，北京教育学院成功组织召开了首届"教师学习与专业发展"国际研讨会。本次国际研讨会抓住新时代教师队伍建设的历史机遇，聚焦"教师学习"这一国际前沿主题，将教师学习与发展作为发力点，在中西方教师教育理论与实践的差异中探索优质教师职后培训的发展路径。

　　在召开会议之前，大会筹备组委会就确定了要组织编写和出版这两本著作，并且在会议召开之前就组建了学术研究小组，启动了关于教师教育的学术文献的系统梳理和深入研究，希望以此来梳理和呈现首届国际研讨会的成果，也为第二届国际研讨会的延续召开奠定坚实基础。

　　《教师学习与专业发展：关键问题研究与多元实践探索》收录了从大会提交论文中精选的 18 篇论文，论文作者既包括国内高校教师教育领域知名学者，也包括北京教育学院的科研骨干教师和新秀。

　　《教师学习与专业发展：历史回溯与未来展望》呈现了关于教师教育的学术文献的系统梳理和深入研究。

　　参与这本著作撰写的有北京教育学院副院长钟祖荣教授、北京教育学院科研处处长李雯教授以及北京教育学院的刘胡权副研究员、钟亚妮副研究员、王军副教授、陈丹副教授、胡佳怡博士、张玉静博士、刘博文博士等，附录由刘胡权副研究员负责整理和编写。作为国际研讨会筹备组委会成员，刘胡权副研究员在两本书出版准备过程中做了很多联系和整理工作。对于各位老师的辛勤付出，在此一并真诚致谢！

编　者

2020 年 6 月